당신이 꿈꾸는 인생을 설계하는 데
작은 도움이 되길 바랍니다.

_____ 님께

_____ 드림

살아갈 날을 위한
미래 나침반

THE PATHFINDER
Copyright ⓒ 1998 by Nicholas Ayars Lore
All rights reserved

Korean translation copyright ⓒ 2006 by Next Wave Publishing Co.
Korean translation rights arranged with Jane Rotrosen Agency LLC
through EYA(Eric Yang Agency)

이 책의 한국어판 저작권은 EYA(Eric Yang Agency)를 통한 Jane Rotrosen Agency LLC사와의 독점
계약으로 한국어 판권을 흐름출판이 소유합니다.
저작권법에 의하여 한국 내에서 보호를 받는 저작물이므로 무단전재와 복제를 금합니다.

살아갈 날을 위한
미래 나침반

니콜라스 로어 지음 | 하영목 편역

흐름출판

| 이 책을 읽어야 할 사람 |

아침 출근길, 지하철과 버스에서 일터로 향하는 사람들을 본다. 아침 시간이지만 대부분의 사람들이 졸고 있다. 운전을 한다면 신호를 기다리는 동안 주변 사람들을 본다. 어떤 이는 짜증스런 표정을 짓고 있고, 어떤 이는 지치고 무표정한 얼굴을 하고 있다. 종종걸음으로 출근하는 사람들의 발걸음도 가벼워 보이지는 않는다. 시간에 쫓겨 허겁지겁 움직이고 있을 뿐이다. 이때 갑자기, 당신도 그 무기력한 사람들 중 한 사람이라는 사실을 깨닫는다.

또는 희망에 부풀어 사회생활을 시작했다. 한때는 비전도 있었다. 그런데 어느 정도 세월이 흐르고 보니 이제는 일하는 것이 전혀 즐겁지 않다. 단지 월급을 받기 위해 소중한 젊음을 소모하고 있다는 느낌이다. 당신의 잠재능력을 발휘할 기회는 없다. 틀에 박힌 지루한 일상이 어깨를 짓누른다. 뭔가가 잘못되고 있다는 사실을, 고통스럽지만 이제 깨닫는다.

또는 다행히도 당신은 아직 직장생활을 잘하고 있다. 일과 관련해서 문제를 일으킨 적도 없다. 책임감 있게 일 잘한다고 칭찬도 듣는다. 다만 문제가 있다면 처음 일을 시작할 때 가졌던 목적의식과 가치가 희미해진 것뿐이다. 눈을 뜨면 틀에 박힌 일상이 기다린다. 좀 더 가치 있는 일을 하고 싶다. 한 번뿐인 내 인생의 의미를 찾고 싶다.

또는 취업을 하기 전에 나에게 맞는 일을 찾기 위해서 진로상담도 받아보았다. 경력관리와 경력개발에 대한 책도 여러 권 읽었다. 나의 천직이 무엇인지 찾기 위해서 할 수 있는 일은 다 해보았다. 이제 나 자신에 대해서는 좀 더 알게 되었지만, 앞으로 가야 할 길은 여전히 안개 속이다.

또는 훗날 직장인이 되었을 때 신이 나서 저절로 콧노래가 나오고 날마다 충만함이 넘치는 그런 일을 하며 살고 싶다. 어떤 친구들은 자신의 운명을 부모님께 맡긴다. 그런 친구들 앞에 어떤 미래가 기다리고 있을지는 이미 잘 알고 있다. 당신은 적어도 그 친구들과 다르게 살고 싶다. 문제는 '어떻게' 해야 하는지 모른다는 데 있다.

이 이야기들이 남 얘기 같지 않다면, 당신도 이런 고민에 빠져 밤새 뒤척이거나 생기 없는 눈으로 아침을 맞는다면 이 책은 당신을 위한 것이다.

| 머리말 |

너무 늦기 전에 찾아야 할 삶의 나침반

누구에게나 인생은 한 번밖에 주어지지 않는다. 그 소중한 삶에 당신은 투자를 하고 있는가, 아니면 그냥 소비하고 있는가.

판단 기준은 간단하다. 일이든 공부든 하기 싫은 것을 누군가가 시켜서 혹은 먹고 살기 위해서 마지못해 하고 있거나 하는 척만 하고 있다면 당신은 소중한 인생과 젊음을 낭비하고 있는 것이다. 그것은 당신에게 생을 허락한 조물주에 대한 죄악이다.

그럼 반대로 당신이 진정 좋아서 일을 한다면 어떨까? 지금까지 그런대로 잘해왔다고 해도 앞으로는 훨씬 더 잘할 수 있을 것이다. 더 많은 성과를 내고 칭찬과 인정도 받을 것이다. 덤으로 마음의 풍요와 보람까지 얻을 것이다. 그러면 당신이 생의 제단에 바친 시간은 당연히 가장 값진 투자가 되는 것이다.

그런데도 세상에는 소모적인 삶을 기계적으로 살아가는 사람들이 생각보다 많다. 왜 그럴까?

사람들이 부딪히는 문제는 대부분 '알고는 있지만 실천하지 못해서'

생긴 것들이다. 아는 것이 부족해서 문제가 된 적은 없었다는 얘기다. 따라서 이 책은 다른 책들처럼 '어떻게 해야 하는지' 알려주는 데 그치지 않고 당장 무엇부터 해야 하는지 실천 요령을 제시한다. 당신이 아는 것을 '실천' 하도록, 그래서 기대하는 '결과'를 얻도록 끝까지 당신과 함께할 것이다.

이 책을 계속 읽어 나가는 것은 당신만의 커리어 코치를 곁에 두는 것과 같다. 많은 독자가 이 책이 마치 자신에게 개인적으로 코치를 해주는 것 같다는 반응을 보였다. 그러나 잊지 말자. 결과는 실천에서 오고, 실천은 코치가 대신해줄 수 없다는 것을! 따라서 이 책은 당신의 확실한 실천을 돕기 위해 여러 차례에 걸쳐 잔소리를 할 것이다. 반복해서 말하는 이유는 그만큼 중요한 내용이기 때문이다.

이 책은 경력관리 지침서이자 진로 탐색을 돕는 책이다. 경력관리가 직장인들에게 꼭 필요한 것이라면, 진로 탐색은 청소년과 취업대상자들에게 먼저 필요하다. 이 두 가지는 인생의 다른 시점에서 필요하므로 서로 무관한 내용처럼 보이지만 사실은 동일한 선상에 있다. 왜냐하면 진로 탐색과 진로 결정을 제대로 하지 못한 사람은 살면서 경력관리에서 반드시 어려움을 겪게 되기 때문이다.

이러한 측면에서 이 책은 일차적으로는 경력관리와 경력개발을 통해서 충만한 삶을 살고자 하는 직장인을 위한 책이다. 한편 취업을 앞두고 어떤 직장을 선택해야 할지 고민하는 대학생과, 진학을 앞두고 전공 분야를 선택해야 하는 고등학생을 위한 책이기도 하다. 고등학생이 진로 결정을 위해 이 책을 읽는다면 1부와 3부, 4부는 생략하고 2부만 읽어도 좋다.

자신의 경력관리보다는 자녀의 진로 지도를 위해서 이 책을 손에 든 부모도 있을 것이다. 부모들은 우선 자신이 가진 경험의 수준과 눈높이를 자녀가 이해할 수 있는 수준으로 낮추어야 한다. 인생 선배로서 얻은 지혜는 나누어 주되 결정권과 주도권은 자녀에게 쥐어주면 좋겠다. 자신의 인생에 대한 주인의식을 가진 자녀는 부모에게 의존하지 않는다. 그래야만 "내 힘으로 해냈다"고 외치는 최종 승리자가 될 수 있다.

자신의 경력관리나 경력개발을 목적으로 이 책을 펼친 직장인은 '경력관리'란 인생의 어느 한 시점에서만 하는 것이 아니라 살아있는 동안은 꾸준히 실천해야 하는 과제임을 인식하기 바란다. 일과 인생은 분리해서 생각할 수 없고, 일을 떠나서는 풍요로운 삶이나 충만한 인생을 생각할 수 없기 때문이다. 그만큼 일과 삶의 균형Work-Life Balance 문제는 우리 모두의 과제가 되었다.

휴가여행을 어디로 갈 것인가를 놓고는 인터넷 검색과 자료조사, 장단점 분석과 계획을 세우면서도, 그보다 수백배 중요한 자신의 미래에 대해서는 진지하게 준비하지 않는 사람들이 넘치고 넘친다.

단지 주어진 삶을, 의미도 찾지 못하고 수동적으로 살아가고 있는 사람이 주변에 있다면, 자신의 소중한 삶에 주인이 되고, 자신의 미래를 성공으로 채워가는 능동적 주인공으로 살도록 이 책을 권해주길 바란다. 인생이라는 자동차에서 운전석에 앉는 것과 조수석에 앉는 것은 비교가 안 될 정도로 다르다.

자신의 커리어에 대한 진지한 질문과 탐색, 관리와 개발에 대한 체계적인 지식이 부족한 사람에게도 좋은 동반자가 되겠지만, 많이 알고는 있는데 실천하지 못하는, 또는 작심삼일에 그치는 사람들에게도 이 책은 값진 지침서가 될 것이다.

　많이 아는 것이 중요한 게 아니라, 아는 대로 끈기 있게 실천하는 노력이 성공과 실패를 갈라놓는다는 점을 잊지 말자.

　이 책을 읽는 독자 모두가 자신에게 주어진 삶의 의미와 가치를 찾기를 바란다. 가슴 뛰게 하는 커리어 비전과, 진정 자신이 즐길 수 있는 그런 일을 찾을 수 있기를 바란다. 그러면 우리 모두가 염원하는 성공은 저절로 따라오지 않겠는가. 건투를 빈다.

CONTENTS

이 책을 읽어야 할 사람 4
머리말 : 너무 늦기 전에 찾아야 할 삶의 나침반 6

PART 01
내가 있어야 할 곳은 어디인가 — 방향 찾기

- Chapter 01 왜 방향이 속도보다 중요한가 15
- Chapter 02 한 걸음 더 내딛는 용기가 변화를 부른다 37
- Chapter 03 문제를 풀어가는 과정, 그 안에 답이 있다 43
- Chapter 04 영혼이 응답하는 간절한 목표를 가져라 47
- Chapter 05 내 인생의 대본은 스스로 쓰는 것 55
- Chapter 06 자신에게 질문하라, 삶의 방향이 바뀐다 61
- Chapter 07 살아있는 정보에 자신을 노출시켜라 74
- 1부 핵심정리 87

PART 02
진정 내가 하고 싶은 일은 무엇일까 — 강점 찾기

- Chapter 08 있는 모습 그대로 자신과 대면하라 91
- Chapter 09 내 기질을 알면 잘할 수 있는 게 보인다 95
- Chapter 10 성공의 기본 공식, 재능 + 시간과 에너지 125
- Chapter 11 타인의 기준에 맞추지 말고 내 기준을 세워라 144
- Chapter 12 일은 돈벌이 방식이 아닌 삶의 방식을 택하는 것 159
- 2부 핵심정리 171

PART 03
하고 싶은 일을 하는 사람은 행복하다

— Chapter 13 간절히 바라는데도 얻지 못했던 이유 175

— Chapter 14 자기방어기제부터 점검해보라 186

— Chapter 15 '내 일'을 할 때 진짜 능력이 발휘된다 191

— Chapter 16 행복의 선순환 고리를 만드는 법 207

— Chapter 17 탄탄한 미래를 위한 목표 설계 215

— Chapter 18 일과 삶의 균형을 이루는 7가지 방법 235

— 3부 핵심정리 243

PART 04
내일은 늦다, 지금 바로 실천하라

— Chapter 19 SMART 실천법 — 하루가, 1년이 달라진다 247

— Chapter 20 이력서는 자신의 브랜드 명세서 252

— Chapter 21 면접은 자신의 브랜드 품평회 256

— 4부 핵심정리 259

PART 01

내가 있어야 할 곳은 어디인가

― 방향 찾기 ―

"당신이 무엇을 할 수 있든, 무엇을 꿈꾸든
일단 그것을 하기 시작하라.
과감하게 행동으로 옮길 때 천재성이 드러나고
마법과 같은 힘이 생긴다."

― 괴테 ―

1부에서 학습할 내용

인생길에서 가장 중요한 것은 자신이 '마땅히 가야 할 길'을 찾는 일이다. 일단 방향이 바르다면 길은 언젠가 목적지로 인도하게 되어 있다. 우리가 '소명'이라 부르는 그 길은 찾기가 쉽지 않기 때문에 어떤 사람은 한 번도 시도조차 하지 않았고, 어떤 이는 이미 오래 전에 포기한 상태이다.

그러나 '원하는 일을 찾고, 삶의 방향을 바르게 유지할 수 있는 쉬운 방법'이 있다. 그 방법을 1부에서 함께 찾아볼 것이다.

이 과정에서 중요한 것은 이론을 익히는 데 그쳐서는 안 된다는 점이다. 실제로 몸을 움직여봐야 한다. 그래야 모호했던 생각이 정리되고, 눈으로 익힌 지식이 실용 가치를 지닌 지혜로 바뀐다. 눈으로만 읽지 말고 손으로 읽고, 발로 읽자.

Chapter 01

왜 방향이 속도보다 중요한가

인생 여정은 사막 길과 같다. 언제 모래폭풍이 닥쳐 가던 길이 흔적도 없이 사라질지 알 수 없다. 코스가 정해져 있는 마라톤이나 지도가 있는 등산로와는 다르다. 그래서 인생길에서는 가야 할 방향을 분명히 하고 있어야 어쩌다 방향을 잃어도 순발력 있게 대처할 수 있다.

사막 한가운데서 길이 사라졌는데, 태양이나 별마저 보이지 않고 나침반마저 없다면, 어떻게 방향을 잡을 수 있을까. 육감에 의지해 무조건 앞으로 나아가기에는 한 번뿐인 삶이 너무나 소중하다. 그 때문에 정확한 방향 설정이 필요한 것이다.

한때는 나도 평범한 직장인이었다

나는 안정된 일터에서 열심히 일했고, 그 결과 성과를 인정받고 상도 많이 받았다. 그러나 내게는 2퍼센트 부족한 것이 있었다. 바로 삶에 참 기쁨과 열정이 없다는 것이었다.

'내게 주어진 삶으로 무엇을 할까' 진지하게 고민하다가 '매일 아침 눈을 뜨자마자 일하러 가고 싶은 욕구가 솟구치는 그런 직업을 찾겠다.'고 나섰다. 하지만 이름 있는 전문가들조차 내가 찾는 해답을 갖고 있지 않았다. 심지어는 전문가라는 사람들도 그런 일을 찾고 있는 듯했다.

결국 나는 내가 추구하는 것을 채워줄 회사를 직접 설립했다. 그때가 1980년이었다. 내가 설립한 록포트 인스티튜트는, 고객의 커리어 설계 과정을 성공적으로 안내하는 프로그램을 개발하는 선구자 역할을 맡아 왔다. 여기서 말하는 '커리어career'란 '직업적인 생애'를 의미한다. '경력'이나 '직장'보다는 넓은 의미다.

록포트 인스티튜트는 젊은 사람과 나이 든 사람, 부유한 사람과 가난한 사람, 직업을 바꾸려는 전문가, 예술가, 학생, 그리고 잠시 일을 쉬었다가 다시 일을 시작하려는 사람에 이르기까지 각계각층의 사람들을 돕고 있다. 미국뿐만 아니라 전 세계 지도자들, 《포춘》 500대 기업의 CEO들, 미국 행정부의 고위 정책 입안자들, 그 밖에도 여러 분야 사람들을 위한 커리어 코치로 일하고 있다.

27년 동안 책임자로 일하면서 내가 만난 고객들은 대부분 한 가지 공통점을 갖고 있었다. 바로 자신의 재능을 마음껏 발휘할 수 있는 직업을 찾고 싶다는 강한 열망이다.

나는 그동안 열정을 쏟아부으며 일한 대가로 얻은 모든 노하우를 이 책에 압축해 담았다. 실제로 상담실에서 나와 얼굴을 마주보며 코칭을 받는 것처럼 느낄 수 있도록 썼으니 끝까지 이 책과 함께하기를 바란다.

마음만 먹으면 당신은 할 수 있다

우리 몸은 마음이 시키는 대로 움직인다. 지금까지 어떤 어려움과 역경, 좌절을 경험했든 상관없다. 시련과 역경은 준비되지 않은 마음은 무너뜨리지만, 준비된 마음 밭에서는 인내와 끈기, 재생 능력의 밑거름이 되고 아름다운 열매를 맺는다.

무슨 일을 하든 모든 에너지를 집중하고, 원하는 목적지에 다다를 때까지 절대 포기하지 않는다면, 당신은 반드시 뜻하는 바를 해낼 수 있을 것이다. 그것도 "내 힘으로 해냈다"고 외치면서, 성공의 작은 순환 고리를 그리기 시작할 것이다. 그렇게 시작된 선순환은 결코 멈추지 않을 것이다.

시도조차 해보지 않고 지레 겁먹거나, 안 된다고 미리 단정해버린 적이 몇 번이던가. 나 자신이 성공을 확신하지 못하는데, 누가 나를 신뢰하고 지지해주겠는가. 확신과 자기신뢰가 없으면 하는 일마다 난관에 부딪히는 게 당연하다.

지금까지의 인생 여정이 너무 편안했다면, 닻을 올리자. 안전한 항구를 벗어나 블루오션으로 나가자. 큰 바다는 분명 파도가 거칠 것이다. 그러나 항구에만 머물 요량이었다면 애초에 배를 진수할 이유가 없었다.

본격적으로 시작하기 전에 워크북을 펼쳐보자. 워크북에는 '당신의 소중한 인생으로 무엇을 할지'를 찾아가는 과정과, 당신의 생각과 아이디어를 적을 것이다. 컴퓨터 워드프로세서를 이용해도 괜찮다(이 경우에는 길을 찾기 위해 노력한 시행착오의 과정이 기록으로 남지 않는다는 문제가 있다. 그러므로 기록한 것을 모두 인쇄해두어야 한다).

성공의 비밀은 일을 즐기는 데 있다.

마크 트웨인

빛이 강하면 그림자도 짙다

호수 위에 떠 있는 백조를 관찰해본 적이 있는가. 수면 위 우아한 모습을 유지하기 위해 수면 아래 발은 쉴 새 없이 움직여야 한다. 우리의 직업 세계도 그렇다. 수면 아래서 부단히 움직이는 백조의 발을 보지 못하듯, 직업 세계의 그림자를 보지 못한다.

모든 직업은 어느 정도 환상에 싸여 있다. 그래서 외부인들은 그 직업의 밝은 면만 보게 되어 있다. 그것이 선택 기준을 모호하게 한다.

가장 인기 있는 직업인 법조인을 예로 들어보자. 사람들은 자유로운 생활과 사회적인 인정, 높은 소득만 생각한다. 비양심적인 의뢰인을 변호하기 위해 밤을 새워가며 양심과 영혼을 돈에 팔아야 하는 고통을 외부인들이 알 수가 없다.

의사도 마찬가지다. 10년 이상 공부해야 하는 건 차치하고, 수련의 과정에서 받는 비인간적인 대우나 고통은 드라마에서 보는 것 이상이다. 겪어보지 않은 사람은 그늘진 면을 알 수가 없다.

이제 당신은 세상물정 모르는 철부지가 아니다. 알 만큼 알고 있는 지금, 순진했던 어린 시절을 떠올리며 미소 짓고 있을지도 모르겠다. 당신이 꾸었던 꿈이 합리적이고 실용적이지 않을 수 있다. 하지만 그 꿈은 당신을 들뜨게 만들었다. 당신을 생동감 있는 삶의 한복판에 서 있게 만들어주었다.

'일'이라는 단어가 어린 시절 꿈꾸었던 직업과 얼마나 잘 들어맞는가? 뭔가 좀 안 어울리는 구석이 있지 않은가?

우리가 소망하던 직업은 일이라기보다는 노는 쪽에 더 가까웠다. 변호사가 되고 싶다는 꿈을 꿀 때, 양심도 없는 의뢰인을 변호하느라 산더미같이 쌓여 있는 서류더미 속에 파묻혀 있는 모습은 떠오르지 않는다. 소방수를 꿈꾼다면 불과 싸우는 모습을 상상하지 소방호스를 감는 일이나 소방서에서 대기하며 밤을 새우느라 포커를 하는 모습은 상상하지 못한다. 이렇듯 상상의 직업세계는 항상 환상적이다.

TV에서 보는 연예인이나 작가, 성공한 기업인, 노벨상 수상자처럼 일반인들과 거리가 있어 보이는 사람들은 정말 모든 것이 술술 잘 풀리기만 하는 것일까. 그렇지 않다. 우리는 단지 태양빛에 드러난 한 면만 보고 있는 것이다. 그늘에 가려진 모습을 볼 수 없을 뿐, 그들도 그 화려함에 상응하는 고민과 걱정을 안고 있고 남모르게 눈물도 흘린다.

우리들의 자화상

어린 시절 친구들과 나는 검은 정장을 입고 필라델피아로 가는 기차를 타기 위해 기차역으로 걸어가던 사람들의 긴 행렬을 바라보곤 했다. 우리는 대나무 숲 끝자락에 위치한 비밀 장소에 숨어서 문명화된 세계를 처음으로 바라보던 정글 속 타잔처럼 사람들을 훔쳐보았다. 우리가 바라보던 사람들은 모두 보이지 않는 신비스런 자석에 빨려 들어가는 것 같았고, 보이지 않는 엄청난 짐을 이고 가는 것 같았다. 밀교의 교주가 부르면 화답하는 광신도처럼 보이기도 했다. 사람들 얼굴에서 삶의 즐거움 따위는 찾을 수 없었다.

나는 가끔씩 이른 아침 지하철에 오른다. 거기에는 어린 시절 대나무 숲에서 보았던 모습들이 있다. 얼핏 보면 다들 괜찮아 보인다. 어떤 사람들은 신문을 뚫어져라 바라보고 있고, 어떤 이는 생각에 잠겨 있다. 하지만 졸고 있는 사람이 더 많다. 일상에 지치고 체념한 모습이 아닌가. 이 사람들 대부분이 그저 주어진 상황을 참고 받아들이고 있다. 지하철에 탄 사람들은 분명히 일하러 가고 싶지 않아 보인다. 다들 잠이 덜 깬 상태인 것 같다.

때로는 퇴근시간에도 지하철을 타본다. 달라진 게 있다면, 아침보다 더 악화된 상태라는 것. 소망대로 살 수 없다는 체념 위에 일상의 피로가 겹쳐 있다. 링 위에서 15라운드를 뛰고 온 권투선수처럼 보이는 이들도 있다.

밤늦은 시각 지하철에도 올라본다. 술 냄새가 진동한다. 그 곳에서는 알코올의 힘을 빌린 사람들만 살아 있는 듯하다. 그래서 사람들은 점점 알코올에 의존하게 되는가 보다.

단지 생활비를 주겠다는 조건으로 벽을 향해 돌을 던지고
또 던지는 일을 시킨다면, 사람들은 모욕적으로 받아들일 것이다.
하지만 지금도 많은 사람들이
자기가 하는 일의 가치조차 모른 채 일하고 있다.

헨리 데이비드 소로

우리들의 또 다른 모습

 좀 더 과학적으로 대비해보기 위해 좋아하는 야구팀 경기를 보러 가는 사람들로 가득 찬 지하철도 타 보았다. 열차 안은 흥분과 열기로 가득 차 있다. 낯선 사람들에게도 말을 걸고, 농담을 한다. 분위기는 활기차고, 대화가 자유롭게 이루어지며, 삶에 대한 열정이 느껴진다. 그 분위기에 동화될 수밖에 없다.

 연구 분석을 통해 살펴본 결과, 지하철 승객들의 마음에 깔린 어두움은 지하철에 타고 있다는 사실 그 자체가 아니라는 것을 분명히 깨닫게 되었다. 그들이 무기력한 이유는 바로 일하러 가기 때문이라는 것이다.

 지하철 안에 있는 모든 사람들이 일을 끔찍하게 여기는 것은 아니다. 사실, 생각보다 많은 사람들이 겉으로 보이는 모습과 달리 일에 만족하고 있다. 그것을 숨기고 있을 뿐이다.

만약 아침 출근길에 당신이 뮤지컬 주인공처럼 점프를 하고 콧노래를 부르고 밝게 웃으며 지하철을 타면 어떨까? 사람들은 아마 당신을 이상한 눈으로 바라보면서 속으로 검지를 귀 주위에서 빙빙 돌릴지 모른다. 사람들은 다만 당신이 달콤한 아침잠을 깨우지 않기만을 바랄 것이다. 그래서 당신을 무섭게 노려볼 것이다. 일하러 가는 게 즐거운 사람들도 자신의 열정을 숨기고 체념한 표정을 짓고 있는 이유는 분위기에 압도되었기 때문이다.

> 쳇바퀴 경주가 괴로운 이유는, 비록 그 경주에서 이긴다고 해도
> 여전히 다람쥐 신세를 면치 못하기 때문이다.
> 릴리 톰린

일에 얼마나 만족하는가

전반적인 직업 만족도를 기준으로 지하철에 타고 있는 사람들을 범주화해보면, 만족도가 아주 다양하게 나타난다. 록포트 인스티튜트가 1,500명에게 설문조사를 했더니 다음과 같은 결과가 나왔다(결과는 반올림했다).

이 표에는 나쁜 소식도 있지만 좋은 소식도 들어 있다. 먼저 나쁜 소식은 미국 직장인의 40퍼센트가 일에 불만을 가지고 있다는 것이다. 10

퍼센트는 '일터가 바로 지옥'이라고 하는 단계에 있는데, 이 정도면 자신뿐만 아니라 주변 사람들에게도 대단히 위험한 상태다. '중립'도 포함하면 우리들 중 적어도 70퍼센트는 열정이나 희망 없이 일하러 간다는 계산이 나온다.

그래도 좋은 소식이 있다면 우리들 중 약 30퍼센트는 중간 정도의 직업 만족도를 보인다는 점이다. 내가 가장 큰 충격을 받은 것은 10퍼센트 정도가 자신의 일을 사랑한다고 말했다는 점이다. 여기에 해당하는 소수의 사람들은 자신의 꿈을 실현하는 데 필요한 중요한 요소와 자원을 총동원해 자신의 가치를 높이는 데 집중적으로 투입한다.

10퍼센트에 속한 사람들이 최고의 직업 만족도를 누린다면, 우리에게도 희망이 있다는 말이 아닌가. 일을 대하는 자세를 바꾸거나 자신에게 맞는 일을 찾기 위해 모든 노력을 기울인다면, 상위 10퍼센트 안에 들기는 그다지 어려운 일이 아닐 것이다.

직업 만족도 등급표

만족 지수	추정 인구비율	일반적인 특성	삶에 끼치는 영향	직장에 대한 기여
10	10 퍼센트	**일이 바로 신나는 놀이** – 일하러 가고 싶어한다. 일은 나를 표현하는 수단이다. – 일은 즐겁고 신나는 것; 역경은 곧 긍정적인 도전으로 해석된다. – 일을 하면서 내적 성장을 이루고 자신감이 충만해진다; 일과 삶의 경계가 모호하다. – 목적의식을 가지고, 가진 재능을 모두 활용하여 일한다. 성격과 일이 완벽한 조화를 이루어 열의가 있고 활달하다.	자아실현형. 스스로에게 관대하고 종종 다른 사람에게 봉사한다. – 삶을 사랑하고, 두루 적극적으로 즐긴다. 예술을 즐긴다. 쾌활하다. – 강한 자아 존중감과 자신감이 넘친다. – 장수할 가능성과 질병에 대한 저항력이 증가한다.	일은 내가 존재하는 목적을 표현하는 수단이다. – 자가발전형. 감시가 필요하지 않다; 매우 신뢰할 만하다. 목표를 달성할 때까지 끝까지 해낸다. – 거의 언제나 직장에 기여하고 역할에 잘 맞는다. – 역경을 기회로 삼는다. 이 단계의 사람들은 함께 일하는 다른 사람들도 끌어올린다.
8	20 퍼센트	**긍정** 일을 대체로 즐기는 편. – 상황에 따라 만족도가 달라진다. 일에 대한 즐거움을 역경 속에서도 느낀다. – 스스로 '쓸모 있는 사람'이라고 생각한다. 대개 자신의 일에 목적이나 의미를 부여한다. – 직업이 욕구에 어느 정도 부합되고 긍정적인 자신감에도 영향을 끼친다.	만족스런 직업이 삶의 다른 영역에도 활기를 불어넣는다. – 가족을 비롯해 다른 사람과의 관계뿐 아니라 업무적인 관계에서도 대개 성공적이다. – 긍정적인 자신감, 장수할 가능성, 질병에 대한 저항력이 높다. – 삶을 전반적으로 즐기는 편이다.	조직과 다른 사람들에게 긍정적인 공헌을 한다. – 성과를 내는 직장인이고, 상당히 유연성이 높다. – 100퍼센트 자가발전형은 아니기 때문에 최소한의 감독이 필요하다. 책임을 질 줄 안다. – 개인적인 성향보다는 해야 할 의무를 쫓아 의사결정을 한다.

		– 일, 재능, 성격이 3박자를 이룬다. 높은 수준의 역량을 갖추고 다른 사람들의 가치도 인정한다. 하고 있는 일이 어떠냐는 물음에 "정말 괜찮아. 내 일이 좋아"라고 대답한다.		
6	30 퍼센트	**중립** – 종종 일을 어려움 없이 받아들인다. – 절차 중심의 조직에서 높이 평가받을 가능성이 있다. 정부나 대기업과 같이 안정적인 조직에서 일하는 전형적인 타입이다. – 일을 좋아하는 사람들도 있는 반면 일에 대해 불평하는 사람들도 있다. 투덜대는 것은 불평이 있어서라기보다 주변 사람들과 어울리기 위해서다.	– 자신의 색깔이나 목소리를 드러내지 않는다. – 공동체에 그다지 긍정적인 영향력을 발휘하지 않지만 그렇다고 부정적인 영향을 끼치지도 않는다. – 인간관계나 일 외에 다른 영역에서 '정상적'이지만 폭넓지는 않다.	– 반복적인 업무를 할 때 좋은 성과를 낼 가능성이 있다. 공헌을 한다고 해도 자발적인 것은 아니다. 진정한 리더십이나 주도성, 창의성을 발휘할 가능성은 희박하다. – 변화에 저항감을 갖고 있다. 보수적인 기준에서 사물을 판단한다. – 누군가를 고용할 때는 적임자보다 이력서가 훌륭한 사람을 뽑는 편이다. 자기 역량 이상의 자리에 앉게 되면 조직에 해를 끼친다.
4	30 퍼센트	**부정** – 어쩔 수 없는 상황 때문에 일한다. 일을 전반적으로 싫어한다. 일터에서의 하루가 괴로움, 고통, 시계 보기, 분노, 체념으로 가득 차 있다.	– 스트레스가 심하다. – 비록 삶의 다른 부분에서는 건전할지라도, 업무 스트레스가 인간관계·건강·장수에 악영향을 끼친다. – 많은 시간을 업무 스트레스를 극복하는 데 보낸다.	– 직장에 해로운 존재다. 비록 불만을 숨긴다고 해도, 곧 다른 직원들에게 영향을 미친다. – 선한 의도에서 공헌하려고 할지라도 근무태만 때문에 빛을 잃는다.

		- 일과 관련 없는 다른 부분에서는 만족하기도 한다. - 가진 재능을 발휘하지 못하는 일을 하거나, 갖고 있지 않은 재능을 요구하는 일을 한다. 자신의 성격이나 가치관과 일의 성격이 맞지 않는다. - 일에 대해 불평한다. 해고될까 두려워한다. 자기 몫을 챙기는 데는 적극적이다. 상황에 따라 책임을 회피하기도 한다.	- 자신감 상실로 인해 삶의 다른 영역에서 체념하게 되거나 무기력해진다.	- 생각이 대개 다른 곳에 가 있기 때문에 성과가 낮다. - 스스로 하기보다는 해야 하기 때문에 한다. 높은 수준의 성과를 얻기 위해선 감독이 필요하다.
2	10 퍼센트	**일터가 바로 지옥** - 일이 바로 괴로움이고, 매일 일하러 나가는 데 의지가 필요하다. 강한 분노와 심한 괴로움을 드러낸다. - 일에 필요한 재능, 성격, 가치관과 자신의 것이 충돌한다. - '부정' 상태와 증상이 비슷하지만 불만이 극도에 이르렀고 스스로 완전히 궁지에 몰렸다고 생각한다. - 매일 매일 일하면서 자신감을 잃어간다. 삶의 다른 부분에도 부정적인 영향이 심각하게 미친다.	일을 너무나 힘들어 하기 때문에 살아남는 것 외에 다른 것을 생각할 정신적 여유가 없다. - 다른 사람을 도와줄 능력은 거의 없다. - 건전한 관계를 유지하기가 어렵다. - 일터에 대한 적대감이나 체념으로 생명이 몇 년 단축된다. 면역력이 약해진다.	위험하고 해로운 존재다. 자신, 다른 사람, 직장에 대한 의무감이 적다. - 감독에 대한 (수동적인) 저항, 집중력 부족 상태가 일반적이다. - 개인의 욕구가 조직의 목표와 항상 상반된다. - 다른 사람의 실패를 자기변명의 구실로 삼는다. - 전혀 신뢰할 수 없다. 자기 일에 자꾸 남을 개입시킨다. 언제나 감시가 필요하다.

죽음이 우리 삶에서 가장 큰 손실은 아니다.
가장 큰 손실은 몸은 살아 있으되 정신이 죽어 있는 것이다.
노먼 커즌스

꿈, 재능과 무관한 선택을 했는가

이미 성인이 되었는데 아직까지 확실한 진로를 찾지 못했다고 해서 누구를 탓할 필요는 없다. 진로 결정 과정을 되짚어보고 바로잡으면 그만이다. 중학생 시절 부모님과 친척들이 "커서 뭘 하고 싶은지 생각해봐라" 하고 물었을 때 답이 떠오르지 않았다. 세월이 흘러 대학생이 되었을 때, 당신은 취업 전망이나 장래 비전을 나름대로 고민해가며 전공을 선택한다. 그러나 전공과는 전혀 상관없는 직장을 잡아서 사회생활에 첫발을 내디딘다.

사람들은 외식 장소를 정하거나 데이트 코스를 짤 때, 휴가지를 선택할 때는 많은 노력을 기울이고 창의력을 발휘하면서 정작 자신의 인생을 결정하는 일에는 그만한 노력도 하지 않는다. 그러다 보니 자기가 가진 재능이나 꿈과는 무관하게 삶이 흘러가기 십상이다. 어떤 사람들은 잘못된 선택의 결과와 타협하느라 일생을 허비하기도 한다.

진로상담을 직업으로 하는 전문가들도 별반 나을 게 없다. 몇 년 전 뉴잉글랜드에서 직업상담 전문가로부터 조언을 받은 사람들을 대상으로 조사를 했다. 68퍼센트의 사람들이 여전히 무엇을 하며 살지 결정하지 못했다고 응답했다. 대부분의 직업상담가들이 나름대로 길을 찾아주려고 애썼지만, 그들이 사용하는 방법은 직업 세계가 지금보다 단순하던 4~50년 전에 개발된 것이다. 그것도 일반 기업보다는 단순한 공공부문 취업자를 염두에 두고 개발된 것이어서 요즘같이 복잡하고 하루가 다르게 변하는 직업 환경에 적용하기에는 무리가 따른다.

만일 당신이 만족스런 직업을 찾기 위해 열심히 노력했는데 아직도 그 답을 찾지 못했다면, 다음 문장을 마음속에 깊이 새겨둘 필요가 있다.

"그것은 내 잘못이 아니다!"

자신을 탓하지 말기 바란다. 당신에게 정신적인 문제나 성격적인 결함이 있어서가 아니다. 단지 그동안 당신이 사용해 온 도구가 적절하지 않았기 때문이다. 단호하게 결정을 내리지 못하고 좌절하거나 우울했다면, 그것도 극히 정상이다. 사람들은 타인의 문제는 쉽게 결정하지만 정작 자신의 문제가 눈앞에 닥치면 결정을 못한다. 그것이 인간이다.

일의 만족도는 삶의 질을 결정한다

아무리 힘찬 물고기라도 몸통 지름의 두 배 깊이의 물을 만나지 못하면 헤엄칠 수 없다. 아무리 강력한 엔진을 가진 자동차라 하더라도 타이어가 땅에 닿지 않으면 달릴 수 없다.

정말 자신이 하고 싶은 일을 만나는 것은 물고기가 물을 만나는 것과 같다. 자동차 타이어가 도로에 닿아 있는 것과도 같다. 그러므로 결코 포기할 수 없는, 가장 중요한 조건이 된다.

직업이 자신과 얼마나 잘 맞는가는 인생의 성공과 직접 연관된다. 재능이나 성격, 커리어 목표와 잘 맞는 만족스럽고 도전적인 직업을 갖고 있는 사람들은 그렇지 않은 사람들보다 더 높은 성취감을 얻고, 더 건강하게 장수하며, 인생의 다른 부분에서도 더 높은 만족도를 보인다. 그들은 '인생이란 의미 있고 즐거운 것'이라고 여긴다.

반대로 자신과 잘 맞지 않는 직업을 가진 경우에는 심한 스트레스와 우울증을 겪고, 자긍심에도 큰 손상을 입는다. 성과가 낮아지니 성취감도 있을 수 없다. 삶의 질이 저하되는 것은 당연하다.

혹시 발에 맞지 않는 신발을 신고 걸어본 적이 있는가. 신발 크기 260과 265는 큰 차이가 없어 보일 수 있다. 하지만 실제 발 크기가 265인 사람이 평생 동안 260인 신발을 신고 걸어간다고 생각해보자. 순간의 선택이 평생 엄청난 고통을 준다는 것을 매 걸음마다 뼈저리게 느낄 것이다.

어떤 사람들은 잘못된 선택을 수정하지 않고 일생을 보내기도 한다. 어떤 사람은 새로운 직업에 도전하지만, 새로 바꾼 직업도 별로 나아진 게 없는 경우도 흔하다. 그러면서도 자기 나름대로는 최선을 다했다고 한다. 그렇다면 어떤 것이 '최선'인가. 최선은 자신에게 맞는 일을 찾는 것이다.

> 만일 일을 하면서 내적으로 성장하고 있고,
> 삶의 폭과 깊이가 넓어지고 깊어지고 있다고 느껴지지 않는다면,
> 맡은 업무가 활력의 원천이 되지 않는다면,
> 그곳은 당신이 있어야 할 곳이 아니다.
> 오리슨 스웨트 마든

내게 딱 맞는 일을 찾아야 하는 이유

첫째, 하루가 활력으로 넘친다

장수에 가장 중요한 요소는 좋은 유전자와 건강 관리다. 여기에 또 한 가지 중요한 요소가 있으니 바로 만족스럽고 목표를 가진 삶을 사는 것이다. 건강하게 장수하는 사람들은 자기가 중요하다고 생각하는 목표를 향해 전력투구하는 데 모든 에너지를 바친다.

일에서 만족하는 사람은 질병에 대한 저항력도 강한데다가 병에 걸려도 빨리 낫는다. 그러니 괴로웠던 하루하루를 이제 즐거운 하루하루로 바꾸는 게 어떨까? 억지로라도 말이다. 적지 않은 사람들이 은퇴하고 나서 5년 이내에 죽는 이유는 자신에게 꼭 맞는 일이 사라졌기 때문이다.

둘째, 인간관계가 돈독해진다

돈독한 인간관계를 원한다면 삶을 충실히 살아야 한다. 사람들은 자신의 영혼을 고양시켜 줄 사람과 함께 있고 싶어한다. 당신의 열정이 주변 사람들에게 전염되면, 그 사람들도 더 나은 사람이 된다. 일 자체를 즐거움의 원천으로 삼으면, 인간관계도 진실해지고 깊어진다. 자연히 당신은 '함께 있고 싶은 사람'으로 인정받게 되는 것이다.

셋째, 경제적 여유와 명성이 따른다

직업적인 만족과 물질적인 성공은 아주 밀접한 관계를 갖고 있다. 일을 즐기는 사람은 자신의 마음과 영혼을 일에 쏟아붓는다. 당신이 즐기는 일에 완전히 푹 빠져 있을 때 성취도가 얼마나 더 높아지겠는가. 하고 싶지 않은 일을 억지로 할 때의 성취도와는 비교도 안 된다.

넷째, 자긍심이 높아진다

우리는 자긍심을 갖기 위해 애써 왔다. 자긍심이란 간단히 말해 나에 대해서 스스로가 내리는 긍정적 평가다. 다른 사람의 존경을 받지 못하는 사람은 자기 스스로를 존경할 수 없다. 당신 자신도 자랑스러워할 수 있는 미래를 그려보자. 그 미래를 당신이 좋아하는 일로 채우자.

다섯째, 훌륭한 롤모델이 된다

당신 자신이 최선을 다해 살지 않으면서 자녀나 후배, 부하들에게 무슨 수로 최선을 다하며 살라고 할 것인가. 그들은 당신의 행동을 지켜보다가 말과 행동이 일치하지 않으면, 당신을 위선으로 가득 찬 사람이라고 생각할 것이다. 당신의 자녀는 당신의 모습과 행동을 본받을 것이다. 자랑스러운 자녀를 갖고 싶다면, 먼저 스스로 본보기가 되는 삶을 살아야 한다.

여섯째, 가치 있는 삶을 산다

일이야말로 당신이 세상에 공헌할 최고의 기회다. 더군다나 그 일이 당신에게 의미 있는 일이라면 당신의 삶은 더더욱 빛날 것이다. 소모적인 삶을 사는 것은 생명에 대한 죄악이다.

일곱째, 살아갈 날들에 대한 기대감을 가진다

웃음이 전염되는 것처럼 귀찮은 마음과 불만족, 지루함도 전염된다.

권태로움은 퇴근하는 당신을 집까지 쫓아와서 회사 밖의 생활, 개인적 삶도 망가뜨린다. 하지만 당신이 자신에게 딱 들어맞는 직업을 갖게 되면 어떨까? 어린 시절 갖고 있던 열정이 되살아난다. 내일이 기대되는 삶을 살 수 있다면 그것은 가장 큰 축복이다.

여덟째, 풍부한 유머감각을 갖게 된다

편안함과 만족감에서 우러나오는 유머는, 체념에서 나오는 유머와는 전혀 다르다. 절망감에서 나오는 유머보다 행복감에서 우러나오는 재치가 백배 더 낫다. 당신의 일이 만족스럽다면 출근시간에 꽉 막힌 도로에서도 일에 대한 성취감과 삶에 대한 보람으로 미소 지으며 휘파람을 불고 있을 것이다.

우리가 추구하는 것은 살아 있음을 경험하는 것이다. 그러면
육체적인 수준에 머무르던 우리 삶의 경험이 우리 안의 가장 깊은 곳과
현실에까지 울려 퍼지고, 살아 있다는 황홀감을 경험할 수 있게 되는 것이다.

조셉 캠벨

탐구 과제 1

나는 어떤 직업적 환상을 갖고 있는가? 워크북 6쪽

다음 질문에 대한 당신의 생각을 적어보자. 정답이나 오답은 없다. 그저 떠오르는 대로 적으면 된다.

1. 몇 분 동안, 어린 시절 당신이 꿈꾸었던 미래가 어떤 것이었는지 돌아보자. 어른이 되면 해야겠다고 가슴에 품고 있던 그 완벽한 직업은 무엇이었는가?

2. 따분한 느낌이 들 때마다 요즘 떠올리는 미래의 꿈은 어떤 것인가? 어떤 일을 하고 있는 당신을 그리는가?

3. 어린 시절부터 품어왔던 직업에 대한 환상을 살펴보자. 현재 당신이 하는 일을 할 때보다 환상 속의 일을 한다고 상상할 때 더 흥분되는가? 그렇다면 당신의 마음을 사로잡는 가장 중요한 요소는 무엇인가?

4. 이러한 요소 가운데 미래의 직업이 가져야 할 중요한 요건은 무엇인가?

5. 지금 적은 것들을 당신의 미래 직업이 갖추어야 할 필수조건에 포함시킬 것인가? 어떤 것이 반드시 필요한 것이고, 어떤 것이 단지 희망사항인지 구분해보자. 올바른 직업 선택 과정에서 가장 중요한 질문은 "내 장래 직업이 꼭 갖추어야 할 '필수요건'은 무엇인가"이다.

탐구과제 2

지금 하고 있는 일이 나와 얼마나 잘 맞는가?

워크북 11쪽

1. 다음 질문을 읽어보고 자신에게 해당한다고 생각되는 것에 체크(∨) 표시를 해보자. 논리적으로 따지지 말고, 자신의 느낌대로 즉시 체크하기 바란다. 분석 결과는 체크리스트 끝에 있다. 먼저 결과를 보지 말고 체크를 해보자.

[체크리스트]

_____ 1. 당신은 물 만난 고기와 같다. 당신이 하고 있는 일은 당신의 재능과 개성을 맘껏 발휘할 수 있는 것이다.

_____ 2. 지금 하고 있는 일이 당신과 너무 잘 맞아서 종종 일 자체가 놀이처럼 느껴진다.

_____ 3. 하고 있는 일이 자랑스럽고 다른 사람에게 그 사실을 말하는 것이 즐겁다.

_____ 4. 일을 잘하기 때문에 직장에서 인정받는다.

_____ 5. 일을 할 때는 다른 사람처럼 의도적으로 행동할 필요가 없다.

_____ 6. 당신이 갖고 있는 소질을 그대로 보여주는 것이 회사에서 원하는 것이다.

_____ 7. 일하는 환경이 최적이어서 당신도 최선을 다하지 않을 수 없다.

_____ 8. 아침에 눈을 뜨면 일하러 가고 싶은 간절한 마음이 든다.

_____ 9. 일을 통해서 충분히 보상받는다. 일을 하면서 내적인 성장, 성취, 수입, 안정성 같은 목표를 이룰 수 있다.

_____ 10. 당신이 쏟는 노력은 당신이 중요하게 여기는 것들에 도움이 된다. 당신이 별로 중요하게 여기지 않는 것들을 위해 하루를 보내는 생활은 생각할 수도 없다.

_____ 11. 당신의 커리어(일과 관련된 일생) 목표를 이루는 데 현재 하는 일

이 직접적인 공헌을 한다. 다른 목표를 이루는 데 방해도 되지 않는다.

_____ 12. 함께 일하는 동료들을 좋아한다.

_____ 13. 함께 즐겁게 일할 수 있는 사람들과 성공적인 팀을 이루어 일하고 있다.

_____ 14. 하루 일과를 마칠 무렵이면 에너지가 방전되어 있는 것이 아니라 오히려 더 충전되어 있다.

[체크 결과]
- 10개 이상 : 지금 당신의 삶은 에너지로 넘치고 아주 잘하고 있다는 증거다. 표시되지 않은 것은 당신이 개발해야 할 부분이다.
- 7개에서 9개 사이 : 당신은 지금 아주 평범한 삶을 살고 있다. 자신의 삶에 가치와 의미를 더하기 위한 작업이 필요하다.
- 6개 이하 : 당신은 지금 자신의 길이 아닌 길로 가고 있다는 증거다. 인생이 소모되는 것을 막기 위하여 어떤 대책이 필요하다.

2. 위에서 체크하지 않은 것 중에 당신이 앞으로 선택할 직업에서 얻을 수 있었으면 하는 것은 무엇인가?

3. 당신이 이전에 했던 일 중에서, 지금 하고 있는 일과 달리 만족스러웠던 점은 무엇인가? 그 이유를 천천히 생각해보자.

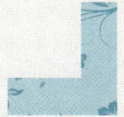

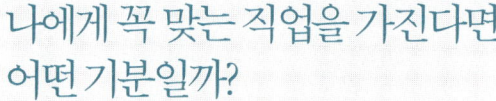

탐구과제 3

나에게 꼭 맞는 직업을 가진다면
어떤 기분일까?

워크북 13쪽

1. 만약 당신이 일하러 가는 즐거움에 가슴 설레며 잠자리를 박차고 일어난다고 가정해보자. 하루 종일 진정으로 좋아하는 일을 한다면 어떤 기분일까?

2. 당신이 좋아하는 일을 즐겁게 하면서 능력도 개발하고 최고의 성과도 낸다면 어떤 기분일까?

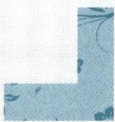

Chapter 02

한 걸음 더 내딛는 용기가 변화를 부른다

인생은 선택의 연속이다. 그러나 올바른 결정을 내리는 것만으로는 충분하지 않다. 결정한 것을 행동으로 옮기는 결단력이 있어야만 합리적인 결정이 빛을 발한다. 올바른 결정은 논리성만 갖추면 된다. 합리적인 생각을 가진 사람이라면 쉽게 결심할 수 있다.

그러나 결단은 차원이 다른 문제이다. 여기서는 위험을 감수해야 하고 행동이 따라야 하므로 어려워진다. 더군다나 위험이 예상될 때는 위험을 회피하는 방향으로 행동하게 된다. 즉 과감한 결단을 하지 못하는 것이다. 그러다가 결국 기회를 놓치고 만다.

위대한 결과를 만드는 비밀

닐 파커 대령은 현재 세계에서 가장 아름다운 스쿠너 요트 '웬더민

Wendameen'의 선장이자 소유주다. 웬더민은 메인 주 로크랜드에서 출발해 승객들을 태운 뒤 황홀한 하룻밤을 맛보는 크루즈 여행을 제공하고 있었다. 그런데 몇 년 전 웬더민이 뻘에 가라앉아 결국 쓸모없는 폐선 신세가 되었다. 당시 웬더민을 소유하고 있던 해사박물관 측에서는 웬더민이 더 이상 가망이 없다고 공식 발표했다. 그러나 파커 대령은 웬더민에 이미 정이 들었기 때문에 웬더민을 어떻게든 구해서 과거의 영예를 회복시키겠다고 약속했다. 예산이 많은 해사박물관도 포기한 웬더민을 사들여 일단 물에 뜰 수 있게 조치한 뒤 메인 주로 옮겼다.

사람들은 파커 대령이 헛수고하고 있다고 비웃었다. 하지만 그는 자본도 넉넉지 않은 상태에서 묵묵히 웬더민을 손보았다. 메인 주의 추운 겨울을 견디며 1912년 처음 진수했던 그 날의 상태로 웬더민을 되돌려 놓기 위해 보수작업을 강행했다. 아무리 힘든 장애물을 만나도 결코 주저하는 법이 없었다.

몇 년이 흐른 뒤 웬더민은 이제 해군 함대의 자랑이 되었다. 파커 대령은 모든 사람들이 불가능하다고 한 일을 해낸 사람으로서 마땅한 명예를 누리고 있다.

한번은 그를 만나 어떻게 그런 일을 해냈는지 직접 물어봤다. 그는 이렇게 대답했다. "일단 한번 결심했으면 돌아보면 안 됩니다. 전 그저 하겠다고 약속한 것을 지킨 것뿐입니다."

이것이 바로 어떤 분야에서든지 위대한 결과를 이루어낼 수 있는 비밀이다.

여기서 결정하고자 하는 것이 '자신의 장래에 관한 문제'이니 어려운 것은 당연하다. 특히 아직 한 번도 경험해보지 못한 미래세계에 관한 결정이므로 망설이게 되고, 가능하면 안전지대에 머물고 싶은 유혹을 떨칠 수가 없다. 그래서 많은 사람들이 이 책에서 제시하는 방법을 따르지 않으려 한다. 아무리 남의 말을 잘 믿지 않는 스타일이라 하더라도, 매뉴얼 따위는 절대 읽지 않고 기기를 작동하는 독립성이 강한 사람이라 하더라도 여기서만큼은 책에서 요구하는 대로 일단 따라와주기 바란다. 절대 후회하지 않을 것이다. 행동하지 않는다면 책을 읽는 것만으로 크게 달라질 것이 없다.

단계별로 미래를 설계하기

자신의 천직을 찾아가는 과정이 어렵고 복잡해야 할 이유는 없다. 이 책의 다양한 질문에 답해가다 보면 자연스럽게 길을 찾게 된다.

처음으로 집을 구하는 경우에 비유해서 설명해보겠다. 첫 번째로 "집을 하나 마련하겠다."고 마음먹는 것이 필요하다. 그다음에 어떤 집을 마련할 것인지 자신에게 질문한다. 이때부터 그동안 당신이 꿈꾸어왔거나 바라던 집에 대한 생각과 정보로 머릿속이 복잡해진다. 그러나 생각을 정리할수록 이전에는 꼭 필요하다고 여기던 조건들이 바뀌게 될 것이다. 결정을 내리는 과정을 거듭하면서 당신이 갖고 있던 꿈과 바람을 조금씩 고쳐가게 될 것이다. '집은 이래야 한다.'고 생각해왔던 것들이 '반드시 그럴 필요는 없겠다.'로 바뀌기도 한다.

여기서 반드시 알아야 할 중요한 사실이 하나 있다. 당신이 풀어가야 할 문제는 마치 퍼즐 조각을 맞추어가는 것과 같으며, 퍼즐 조각들은 모두가 같은 중요도를 지닌 것이 아니라는 점이다. 예를 들면 집을 구하는 과정에서 침실 수, 예산, 직장이나 학교와의 거리 등을 먼저 정해놓으면 다른 조건이 아무리 좋아도 거들떠보지도 않을 것이다. 자신의 천직을 정하는 과정도 다를 것이 없다.

삶을 대하는 방법에는 두 가지가 있다.
하나는 산 제물이 되는 것처럼 피해의식을 갖고 대하는 것이고,
다른 하나는 전사처럼 용감하게 대하는 것이다.
주도적인 삶을 살 것인지, 대응하는 삶을 살 것인지는 당신이 결정해야 한다.
만일 당신의 삶을 어떻게 요리할지
스스로 결정하지 못한다면, 삶이 당신을 요리할 것이다.
멀 쉐인

탐구 과제 4

인생 로드맵 그리기

워크북 15쪽

자, 이제 자신의 미래 속으로 여행할 준비가 되었는가? 그렇다면 자신이 살아온 여정과 앞으로 기대하는 삶의 이정표를 지도에 그려보자.

1. 자신이 지나온 '과거 여정'을 그린다. 왼쪽은 탄생을, 오른쪽은 인생의 마감을 의미한다. 연필로 자신이 살아온 길과 앞으로 살아갈 길을 지그재그 형태로 그린다. 선 주위에는 글을 쓸 수 있도록 여백을 남겨둔다. 과거와 현재를 10년 단위로 표시한다. 당신의 현재 나이에 해당하는 위치에 '현재'라고 쓴다.

2. 탄생 이후 지금까지 있었던 중대한 사건들을 해당되는 시기에 적는다. 개인적으로 변화를 경험한 일, 크게 성장한 일, 중요한 목표를 추구하거나 성취한 일, 실패한 일, 어떤 식으로든 크게 바뀌게 된 일 등을 그림으로 그리면서 적으면 된다. 단, 그림의 선이 위로 올라가는가, 아래로 내려가는가는 자신의 느낌에 맡긴다. 상승이라고 여긴다면 위로, 하락이라 여긴다면 아래로 향하게 할 수 있다.

3. 이제 아래로 향한 선을 살펴보자. 만약 자신이 실패한 것으로 표시한(선이 아래로 향한) 부분이 과거라면 이에 대한 해석을 달리 할 수는 없는지 살펴보자. 과거는 해석의 문제이다. 일본 내쇼날 창업자인 마쓰시다 고노스께는 '어떻게 그렇게 성공할 수 있었느냐'고 부하가 묻자 '나는 가난과 배우지 못한 것, 허약한 몸을 축복으로 타고났다.'고 대답했다.

이제 미래로 눈을 돌려보자. 장래 어떤 시점에 어떤 일을 달성하고 싶은가. 스스로에게 이렇게 물어보면 도움이 된다. "X살에서 Y살 사이에 내가 가장 성취하고 싶은 것은 무엇일까?" "나는 무엇을 이루고 싶은가?" "지금은 아니지만 그때쯤이면 내가 어떤 사람이 되어 있기를 바라는가?" "그때까지 내가 갖고 싶은 것은 무엇일까?"

앞으로 매주, 무슨 일이 있어도 2주에 한 번은 워크북에 방금 자신이 그린 인생 로드맵을 펼쳐보자. 그때마다 그중에서 이미 실현한 것이 있다면 '성취'라고 표시한다.

자신이 실천하고 있는 것이 있다면 '완료하고 싶은 시한'을 적어보자. 실천하는 데 도움이 될 것이다.

새롭게 실천하겠다고 다짐한 것이 있는지도 살펴보자. '희망사항 리스트'가 사라질 날을 기대해보자.

Chapter 03

문제를 풀어가는 과정, 그 안에 답이 있다

우리네 인생은 문제해결 과정의 연속이다. 큰 문제이든 작은 문제이든 문제해결 과정에는 제약조건과 한계점이 있기 마련이다. 그러나 '문제'는 언젠가 '해결' 되기 위해서 있는 것이다. 그렇다면 제약조건과 '한계점'도 '극복' 되기 위해 존재하는 것이다. 시간 차이만 있을 뿐 극복하지 못한 문제는 없었다. 과학기술의 발전을 봐도 그렇고, 올림픽의 역사를 봐도 그렇다. 한계점에 도달했을 때 도전할 대상이 생기는 것이고, 포기만 하지 않는다면 언젠가 그 한계는 뛰어넘게 되어 있다. 물론 한계를 극복하는 능력에는 개인차가 존재한다.

인간의 능력이 유전인가 훈련의 결과인가는 오랫동안 논쟁의 대상이었다. 그동안 유전적 요인과 환경적 요인이 반반이라는 주장이 설득력을 지녔으나, 근래에는 인간은 다른 동물과 달리 환경보다는 유전적인 영향을 훨씬 더 많이 받는다는 증거가 압도적으로 많이 발견되고 있다.

그러나 그것이 중요한 게 아니다. 정작 중요한 것은 다른 데 있다.

당신이 가진 장점이 무엇이고 단점이 무엇이든, 그것이 타고난 것이든 개발된 것이든 중요한 것은 지금 그대로의 당신이 이 우주에서 유일한 존재라는 사실이다. 당신과 똑같은 사람은 이 지구상에 존재할 수 없다. 당신은 유일무이한 존재이므로 더욱 가치 있는 존재이다.

장점 활용과 단점 극복, 어느 것이 우선인가

누구나 장점과 단점을 갖고 있다. 장점만 있는 사람도, 단점만 있는 사람도 없다. 정도의 차이는 있지만 누구나 양쪽을 모두 가지고 있다. 중요한 것은 그 빛과 그림자가 합쳐져 당신의 유일무이함을 이룬다는 점이다.

가치 있는 존재가 되려면 자신의 단점까지도 사랑할 수 있어야 한다. 그렇다고 단점을 강화하란 뜻은 아니다. 단점이 꿈을 실현하는 데 유일한 걸림돌이라면 어느 정도는 극복하려고 노력해야 한다. 그러나 단점을 극복하려는 노력은, 단점이 결정적인 하자나 걸림돌이 되는 것을 방지하는 소극적인 차원에 그쳐야 한다. 단점을 극복해서 강점으로 만들어버리겠다는 공격적이고 도전적인 생각은 비생산적이며 현실적으로 가능하지도 않다.

자신의 강점을 찾아 가장 잘 활용할 수 있는 일을 한다면 마치 시냇가에 심은 나무가 빠르게 성장하듯 빠른 성공을 이룰 수 있다. 하지만 그 반대로 접근한다면 강물을 거슬러 올라가는 연어 떼처럼 엄청난 노력을 투자해도 성과는 미미할 것이다.

자신의 강점에 투자한다고 해서 무조건 그것에만 집중하는 것 역시 옳은 전략은 아니다. 반드시 경쟁 관계를 고려해야 한다. 모든 것은 상대적이기 때문이다. 가능하면 경쟁자가 없거나 경쟁이 적은 자신만의 블루오션을 찾아 거기에서 자신의 강점을 이용할 수 있다면 마치 물고기가 깊은 물을 만난 것처럼 재능을 마음껏 뽐낼 수 있다.

놀라운 사실은 많은 사람이 이 과정에서 '있는 그대로의 자신'으로 미래를 기획하는 것이 아니고 이상적인 '상상 속의 자신'으로 미래를 계획한다는 점이다. 그것이 모든 실패의 원인이다.

때로는 단점이라 여기던 것이 역으로 장점이 되기도 한다. 예를 들면, 나는 어릴 때 내가 수다스럽다고 여기고, 그것을 단점이라고 생각했다. 그런데 성인이 되어 사람들을 코칭하고 가르치면서 '말이 많다는 것'이 내가 하는 일에서는 큰 장점이라는 점을 깨달았다.

이제 있는 그대로의 당신에게 완벽하게 잘 들어맞는 맞춤형 미래를 설계할 차례다. 당신이 그동안 단점이라고 여겨왔던 것들이 걸림돌이 될 것 같은가. 그렇다면 그것이 결정적인 하자가 되지 않을 정도로만 극복하면 된다. 그 대신 단점을 대체하고도 남을 정도로 강점을 극대화하거나 숨은 강점을 발견하면 된다.

자신의 단점조차 가치 있게 활용하자. 만일 당신이 권위를 거부하고 조직생활을 싫어한다면 프리랜서로 일하는 전문가가 되면 된다. 만일 건물을 날려버리는 상상을 수시로 한다면 고층건물을 철거하는 폭파전문가가 되어보는 것은 어떨까?

"누가 사장감이지?"라고 묻는 것은
"중창단에서 누가 테너를 맡지?"라고 묻는 것과 같다.
당연히 테너 파트를 소화할 수 있는 사람이다.

헨리 포드

Chapter 04

영혼이 응답하는 간절한 목표를 가져라

일찍 바다로 나가는 갈매기가 물고기를 많이 잡는다. 문제는 아침바다에는 안개가 걷히는 날이 거의 없다는 것이다. 하지만 갈매기는 안개가 걷힐 때까지 비행을 미루지 않는다. 비행을 미루면 먹이를 놓친다는 것을 알기 때문이다.

우리의 인생행로도 그렇다. 올바른 의사결정을 하도록 필요한 정보가 모두 제공된다면, 합리적인 의사결정을 못할 사람이 없을 것이다. 그러나 그런 일은 있을 수 없다. 우리 삶에서 필요로 하는 정보는 미래에 관한 것이다. 아직 일어나지도 않았고 아무도 정확히 예측할 수 없는 것들이다. 어느 정도 예측은 가능하지만 어디까지나 예측은 예측에 불과하다. 과거의 사실에 근거를 둔 가정은 들어맞지 않을 가능성이 더 크다. 그렇다고 마냥 기다리기만 하면 어떻게 될까. 기회는 가버리고, 때늦은 후회만 남을 뿐이다. 그것이 인생이다.

건강한 불안은 우리를 대비하게 한다

미래에 대한 확실한 정보도 없고, 미래를 미리 경험해본 사람도 없다. 그런데도 앞일을 결정하면서 아무런 불안도 두려움도 없다면 그게 오히려 위험하다. 위험을 예상하면 불안해지지만, 오히려 그러한 긴장이 있기 때문에 위험에 대비하게 된다. 어느 정도의 위험이 우리를 긴장하게 만들고 건강하게 만드는 것은 이런 이유 때문이다. 이러한 위험을 우리는 '계산된 위험'이라 부른다.

계산된 위험을 알아보려면 먼저 도전해보고 싶은 목록이 있어야 한다. 왜냐하면 위험이란 단독으로 존재하지 않고 도전적인 과제에 수반되는 것이기 때문이다.

아래 빈 칸에 한번 적어보자. 당신이 원하기만 한다면 산타 할아버지가 가져다 줄 것이라는 믿음을 갖고 적어보자. 실현 가능성은 아직 따지지 말자. 간절히 원하는 것이라면 무엇이든 자유롭게 적어보자. 일단 이 부분을 다 채우기 전에는 책장을 넘겨서는 안 된다.

내가 갈망하는 것은 무엇인가

이제 당신의 미래를 펼칠 첫 밑그림을 그린 셈이다. 멋지다! 지금까지 적은 수많은 '희망사항' 중에는 정말 모든 것을 바쳐서라도 이루고 싶은 게 있는가 하면, 된다면 좋지만 안 돼도 어쩔 수 없다고 생각하는 것도 있을 것이다.

성공의 원리는 간단하다. 레이저와 같이 한 점에 모든 에너지를 집중할 때 쇠붙이를 자르는 강력함이 나오는 것이다. 그러므로 많은 것 중에서 정말 중요한 것을 가려내야 한다. 목표에 대한 간절함의 정도는 목표 달성에 지대한 영향을 미친다.

추상적인 내용을 적은 사람도 있을 것이다. 이를테면 '어떤 직업이 나에게 잘 어울릴지 더 잘 이해한다. 내 성격에 잘 맞는 것이 무엇인지 더 자세히 배운다. 장래 직업으로 무엇을 선택할지 더 분명히 깨닫는다. 불확실함과 혼란을 줄인다. 내가 즐길 수 있는 직업이 무엇인지 통찰을 얻는다.' 이런 식으로 적었다면 더 분명하고 구체적으로 생각해야 한다.

여기서 한 가지 주의할 점이 있다. 수천 명에게 커리어코칭을 제공하면서 깨달은 것인데, 사람들은 미래에 대한 불확실성 때문에 최종 목표를 까맣게 잊고, 달성하기 편한 단기(잠정) 목표를 정해 쉽게 안주한다는 사실이다. 그러니 처음의 밑그림을 다시 그려보자. 당신이 작성한 목록에서 핵심만 남겨보자. 이 과정을 통해서 무엇을 이루고 싶은가? 당신의 최종 목표는 무엇인가?

언어가 지닌 마력을 이용하자

훨씬 나아졌는가? 좋다. 그러면 이제 한 걸음 더 나아가서 목표를 간명하게 다듬는 일을 해보자. 그것이 꿈을 현실화하는 비밀 열쇠 중 하나다. 언어에는 엄청난 마력이 있어서 당신이 의도하는 바를 정확히 표현하는 것이 중요하다. 비틀즈가 팝 차트에 전설적인 기록을 남기기 오래 전에 그들은 '팝계의 왕중왕'이라는 목표를 갖고 있었다.

이제 언어가 지닌 마력을 이용하기 위해 자신이 적은 목표를 명쾌하게 다듬어 분명하게 적어보자. 가능하면 구체적이고 측정가능하며, 시한이 정해져 있으면 좋다. 정리된 생각을 아래에 적어보자.

구체적 목표

_____

_____

측정 방법

_____

_____

시한

_____

_____

이제 마지막 단계다. 지금까지 당신이 달성하고 싶은 것을 적었다면 이번에는 그러한 것을 달성함으로써 궁극적으로 얻고자 하는 것은 무엇인지를 적어보자. 그러면 자연히 자신의 가치관과 원칙을 알게 된다. 예를 들면, 연말이 가기 전에 마음에 드는 직장을 구하는 것이 목표라면 직장을 구함으로써 궁극적으로 얻고자 하는 게 무엇인지를 다시 적어보는 것이다. 만약 인맥을 배로 넓히는 것이 목표라면 마당발 인맥을 통해서 무엇을 얻고자 하는지를 적어보는 것이다. 그렇게 함으로써 그 목표가 달성되지 않을 경우 궁극적인 목적을 달성하게 해줄 다른 대안을 찾을 수 있다.

이 과정에서 사람들이 저지르는 실수는 질보다는 양으로 채우는 것과 의지를 담지 않는 것이다. 예를 들면 큰 목표 하나를 작은 목표 5~6개로 나누어 적을 수 있다. 이 경우 중간 목표와 최종 목표는 상호 연동되어 있으므로 중간에 하나가 실패하면 모두 실패하게 된다. 그러면 좌절감만 더하게 될 것이다. 아래 빈 칸에 어떠한 일이 있어도 이루고야 말겠다는 의지가 담긴 최종 목표만 모아서 적어보자. 아마 내용이 많지 않을 것이다.

나의 최종 목표

1.
2.
3.
4.
5.
6.
7.

이제 한 가지 약속할 것이 있다. 이 장을 제대로 마치지 않고는 다음 장으로 넘어가지 않겠다는 약속이다. 머릿속의 생각은 휘발성이 강하다. 오늘의 생각도 내일이면 기억조차 흐려질 수 있다. 그러므로 반드시 적어두자. 그래야 언어의 마력을 지렛대로 쓸 수 있다.

> 하거나 하지 않거나 둘 중 하나다.
> 그냥 한번 해보겠다는 것은 없다.
> 요다

용기가 필요하지 않은 일에서는 성취감도 없다

자신의 인생대본을 직접 쓰는 작가가 되기 위해서는 약간의 용기가 필요하다. 꿈을 현실로 바꾸는 과정이 쉽다면 이 세상에 성공하지 못할 사람이 어디 있겠는가. 불확실성과 애매모호함을 참고, 안개가 걷히기 전이라도 아침 바다 위로 날개를 펴는 용기 있는 갈매기만이 큰 먹잇감을 낚는 법이다.

용기란 단지 위험을 감수하는 것만은 아니다. 때로는 자신이 다짐한 목표조차 실천하기 싫어질 때가 있다. 그때 게으른 마음의 노예가 되지 않고 일단 행동으로 옮기는 결단이야말로 어떤 면에서 진짜 용기라고 할 수 있다.

탐구과제 5

나만의 주요 목록 만들기

워크북 16쪽

1. 이 탐구과제의 목표는 장래 커리어를 설계하는 데 활용할 3가지 필수 도구를 마련하는 것이다. 3가지 도구는 다음과 같다. 첫 번째가 '원하는 것 목록'이다. 당신이 원하거나 바라거나 꿈꾸거나 갖고 싶은 것 모두를 적는다. 두 번째는 '도전과제와 전제조건 목록'이다. '장래 직업에 꼭 필요하고 중요한 요소' 또는 '직업을 얻기 위한 전제조건'이 바로 필요조건 목록이다. 세 번째 목록은 '질문 목록'이다. 불확실하다고 느끼거나 더 알고 싶어하는 모든 것, 그리고 '당신의 인생으로 무엇을 할 것인가' 하는 질문에 대답하기 위해 파악해야 할 질문을 적는다.

2. '원하는 것' 목록에 다음 질문을 큰 글씨로 써보자.

나는 무엇을 원하고 열망하고 꿈꾸고 바라는가?

3. 그다음에 상단에 큰 글씨로 '필요조건 목록'이라고 쓰인 페이지가 있다. 첫 페이지에는 다음 질문을 큰 글씨로 쓴다.

내 장래 직업에서 꼭 필요하고 중요한 요소는 무엇인가?

4. 다음에 상단에 큰 글씨로 '질문목록'이라고 쓰인 페이지가 있다. 첫 페이지에는 다음 질문을 큰 글씨로 쓴다.

장래 직업을 선택하기 위해 내가 답해야 할 질문은 무엇인가?

그럼 이제 첫 번째 주요 목록부터 작성해보자.

탐구과제 6

내가 원하는 것 목록 만들기

워크북 19쪽

1. '원하는 것' 목록에 직업과 관련해서 당신이 원하는 것들을 쓴다. 머릿속에 가끔씩 떠오르는 열망이나 희망, 꿈 등 당신이 원하는 것들을 모두 적는다. 아직 현실성은 따지지 말자. 그저 한눈에 자신이 원하는 것을 모두 볼 수 있으면 된다. 목록을 얼마나 많이 채우는가는 그리 중요치 않다. 어떤 사람들은 큰 것 몇 가지만 적는 데 반해 어떤 사람들은 세부적인 것을 적고 싶어한다. 지금 떠오르지 않는 것은 당신이 그리 원하는 것이 아니다.

2. 적은 내용 중에서도 '가장 원하는 것'을 선택한다. 5~10개 정도 골라서 색칠하거나 밑줄을 그어 표시한다. 그렇게 표시한 것들을 우선순위에 따라 순서를 정한다. 이런 작업은 펜보다는 연필로 하는 것이 좋다.

3. '원하는 것' 목록을 다시 보자. 꼭 이루겠다고 다짐할 수 없는 것들은 두 줄을 그어 삭제한다. '보류한 것' 목록을 따로 만들어보는 것도 좋은 방법이다. 미래 특정한 시점에 원하는 것을 모아두는 창고인 셈이다. 예를 들어 책을 한 권 쓰고는 싶지만 지금은 행동으로 옮길 수 없는 경우, 이 욕구가 머릿속을 떠나지도 않고 버리고 싶지도 않다면 '보류한 것' 목록에 적어두는 것이다. 그러면 가능성은 여전히 존재하지만 더 이상 그 욕구가 당신의 마음을 흔드는 일은 없을 것이다.

4. 어떤 사람들은 원하는 것 모두를 목록으로 만들어서 성취하겠다고 다짐하기도 한다. 그러나 수고를 좀 줄이고 싶다면 목록에서 중요한 것만 달성하겠다고 다짐하는 것도 나쁘지 않다. 과도한 목표는 성공률만 떨어뜨린다.

필요조건과 기존조건 목록, 추가조건 목록도 작성해보자.

Chapter 05

내 인생의 대본은 스스로 쓰는 것

우리의 미래는 과거와 현재의 바탕 위에 세워진다. 갑자기 하늘에서 뚝 떨어지는 별도의 세계가 아니라는 뜻이다. 이 두 세계는 일관성을 유지하면서 동일한 패턴을 형성하고 있어서, 과거의 그림자를 벗어나 미래를 구상하기가 어렵다. 이와 같이 과거가 미래에 큰 영향을 미치는 이유는 '경험'이 가장 강력한 학습이기 때문이다.

그렇다면 과거의 영향력에서 벗어나 자유롭게 멋진 미래를 만들어 나가기 위해서는 어떻게 해야 할까?

자신의 과거를 미래 계획에 유리하게 재해석하는 것이다. 그러면 과거에 형성된 선입견이나 고정관념에서 벗어날 수 있다. 예를 들어, 과거에 몇 차례 시험에 낙방한 경험이 있는 사람이라면 "나는 시험 운이 없어"라는 생각을 하고, 지레 겁을 먹고 회피할 수 있다. 그러나 "기존의 실패는 새로운 도전에 대비하기 위해 나를 단련시킨 것이었어."라고 재해석한다면 과거의 나쁜 기억이 발목을 잡는 일을 방지할 수 있다.

자신의 미래를 개척하는 데는 두 가지 수단이 필요하다.

첫 번째는 자신에게 스스로 질문하고 탐구하는 것이다. 자신에게 올바른 질문을 던지고 바른 답을 찾아가는 과정을 통해 자신을 더 깊이 알게 되고, 내가 정말 지향하는 방향이 어디인지, 행여 잘못된 길로 들어선 것은 아닌지 알아차릴 수 있다. 질문에 대한 답을 탐색하다 보면 새로운 가능성을 열어주고 자신의 삶을 한 차원 승화시켜줄 해답을 발견할 수도 있다.

두 번째는 새로운 도전과제를 자신에게 주는 것이다. 이때 도전과제는 성취 욕구를 자극하는 것이어야 한다. 새로운 도전에 직면하고 이를 성취하기 위해 최선을 다하는 과정을 통해 우리는 자신이 과거에 스스로 한계점이라고 설정해 놓았던 경계를 뛰어넘을 수 있고, 고정관념이 된 사고와 행동방식을 떨쳐버릴 수 있다. 자신이 이전에 갖고 있던 낡은 관점과 패턴을 원하는 것으로 대치할 수도 있다. 도전해야 할 과제를 스스로 찾는 것은 강력한 효과를 발휘한다. 무엇이든 자유의지로 선택한 것일 때 그만큼 실현될 가능성이 높아지기 때문이다. 자신이 통제권을 가진 것에 자발적인 에너지가 모이기 때문이다.

스스로에게 던지는 질문과 도전과제, 이 두 가지 도구는 원하는 삶을 창조하는 데 매우 중요하다.

의사결정이란 퍼즐 맞추기

퍼즐 맞추기를 하는 사람은 모든 퍼즐 조각이 있다는 전제하에 맞추기를 한다. 만약 몇 개의 퍼즐 조각이 분실되고 없다면 결코 퍼즐을 완성할 수 없을 것이다. 진로와 관련된 의사결정도 그렇다.

그런데 의사결정을 지도하는 프로그램을 보면 모든 퍼즐 조각이 내면에 갖추어졌을 때 퍼즐을 맞추라고 한다. 과연 그것이 가능한 일인가.

불행히도 우리는 자신의 미래에 관한 퍼즐을 맞추는 게임을 하면서도 모든 퍼즐 조각을 가지고 있지 못하다. 세 가지 이유 때문이다.

첫째는, 미래의 불확실성과 불연속성 때문이다. 둘째는, 우리 자신을 이해하는 데는 체험이라는 과정이 반드시 필요한데 모든 것을 직접 체험해볼 수는 없기 때문이다. 셋째는, 일단 체험을 하고 나면 체험에 의한 정보가 너무 강렬해서 다른 간접 정보에 우선해서 판단에 영향을 미치기 때문이다.

예를 들어보자. 자신이 무엇을 가장 잘할 수 있는지를 아는 사람은 적다. 자신이 무슨 일을 가장 좋아하는지를 아는 사람도 적다. 안다 하더라도 자신이 경험한 범위 내에서 우선 생각하게 되어 있다. 대체로 자신이 잘 못하는 것과 싫어하는 일은 잘 알고 있지만, 그 반대편 정보는 거의 가지고 있지 않다.

 탐구과제 7

도전과제와 필요조건 찾기

워크북 36쪽

자신의 천직을 찾는 과정은 자신이 살 집을 짓는 것과 같다. 집을 지으려면 먼저 설계가 필요하다. 그다음에는 벽돌을 준비하고, 벽돌을 한 장 한 장 쌓아 올려 건물의 형태를 갖춘다.

이 탐구과제는 장래 직업을 설계하는 데 필요한 도구 중 가장 중요한 도구다. 이번 장에서 장래 직업을 선택하는 과정에 계속 사용하게 될 여러 목록을 작성하게 될 것이다. 그중에서도 가장 중요한 것이 바로 '전제조건' 목록이다. 여기에는 장래 직업에 꼭 필요한 모든 것을 기록한다. 이 목록에 추가하는 각각의 요소가 직업이라는 건축물을 짓는 데 필요한 단단한 벽돌이 된다.

1. '전제조건' 목록은 마치 퍼즐 조각 모음과 같다. 앞으로 나올 자기탐색에 꼭 필요한 것들이다. 전제조건 목록에는 개인의 가치관과 기질, 삶의 원칙 등에 따라 다양한 것이 나올 수 있다.

2. 전제조건 목록에는 '기존조건'과 '추가조건'이라는 두 종류가 포함된다. 그 차이는 이렇다.

'기존조건'은 살아가는 동안 몸에 배었거나 이미 갖고 있던 것들을 말한다. 대개 자라면서 부모에게 받은 영향이나, 자라온 환경과 문화의 영향인 경우가 많다. 또 친구의 영향도 있고 유전적인 요소도 작용을 한다. 예를 들어 직업은 당연히 '전문직'이어야 한다는 생각 같은 것이다.

'추가조건'이란 진로(직업, 경력) 탐색 프로그램에 참여하여 당신이 새로 찾아낸 조건을 말한다. 앞으로 이 책에서 '조건'이라는 단어를 사용할 때는 위 두 가지 중 하나일 것이다.

먼저 '기존조건'부터 살펴보자. 워크북의 '전제조건' 파트에서 첫 두 페이지에 '기존조건'이라는 제목을 추가해보자. 일과 관련된 요소 중에서도 의심할 여지없이 분명한 것을 적어 내려가자. 이렇게 적은 것이 당신의 '기존조건'이다. 더 이상 그것을 가지고 씨름할 필요도 없고 그것이 직업에 필요한 요소인지 아닌지 알아볼 필요조차 없을 정도로 분명한 것들이다.

너무나 뻔하고 당연한 것이라 해도 모두 적어보자. 예를 들어 당신은 어쩌면 손으로 하는 일을 하고 싶거나 사람을 다루는 일을 하고 싶을지도 모른다. 당신만의 라이프스타일을 즐기기 위해 충분한 수입을 원할지도 모른다. 더 이상 직업과 관련된 훈련을 받지 않겠다거나 필요하다면 몇 년간 대학원에 진학해야겠다고 확신할 수 있다. 또 지금 살고 있는 지역에 계속 살겠다거나 정장을 입어야 하는 일은 하지 않겠다고 확신할 수도 있다. 내근업무는 하지 않겠다거나, 반대로 외근은 하지 않겠다는 것도 될 수 있다.

지금 당신이 확신할 수 있는 것을 모두 써보자. 탐색과정을 진행해나가면서 이 작업을 반복하고, 계속해서 당신 안에 있는 기존조건들을 찾아보자.

3. 이제부터 재미있는 부분이다. 바로 '추가조건'을 만들 차례다. 자신을 새로운 세계와 새로운 가능성으로 이끌어줄 새로운 조건을 찾는 능력은 인간이 가진 가장 신성한 재능이다. 물론 이 재능을 활용하는 사람은 소수다. 하지만 이것이 당신의 미래를 만들고 다듬는 데 사용할 가장 중요한 도구이며 당신은 이미 이것을 갖고 있다.

당신이 무언가를 단지 원하거나 열망한다고 해서 엄청난 일이 일어나는 법은 없다. 그것을 이루겠다고 약속하고 약속한 것을 지키기 위해 필요한 일을 할 때만 위대한 일이 일어날 수 있다.

당신의 장래 직업에 꼭 필요한 요소나 특징으로 무엇을 꼽고 싶은가? 무엇이든 포함시킬 수 있다면 당신은 그 목록에 어떤 것을 넣겠는가? 이 모든 요소에 대해 분명히 다짐할 용의가 있는가? 만일 그렇다면 그것을 모두 '전제조건' 목록에 쓴다.

리스트를 만드는 이유는 당신의 삶에 새로운 일이 일어나도록 하기 위해서다. 아주 멋지고 새로운 영역으로 당신을 데려갈 조건을 만드는 데 필요한 근거를 찾기는 쉽지 않을 것이다. 왜냐하면 '자기합리화'의 경향이 너무 강해서 당신이 도약하지 못할 근거를 찾는 것이 더 쉬울 것이다. 그러나 당신은 도약해야만 한다. 과거의 패턴을 끊임없이 반복하는 삶에서 벗어나 이제 새로운 삶을 누리고 싶다면 말이다.

4. 직업을 선택하고 미래를 구체화하는 과정 중에 '전제조건' 목록(과 다음 장에서 다루게 될 '질문목록')에 계속 새로운 항목을 추가시킨다. 만일 당신이 나와 비슷한 사람이라면 이 과정을 진행하는 중에 구체적인 내용에 몰입하느라 가장 중요한 탐구과제를 잊을지도 모른다. 핵심 질문에서 눈을 떼지 않을 수 있는 방법을 찾아야 한다.

직장에 출근하면서 스스로 이렇게 질문을 던져보자. "내 장래 직업에 꼭 필요하고 중요한 요소라고 분명히 말할 수 있는 것은 무엇인가?" 사랑하는 사람과 잠자리에 들기 전에 질문을 던져보자. "내 장래 직업에 반드시 필요한 요소라고 정말 확언할 수 있는 것은 무엇인가?" 아무리 자주 물어보아도 지나치지 않다. 이 책이 제시하는 어떤 탐구과제든 일단 마치고 나면 당신이 적어둔 '원하는 것' 목록, '전제조건' 목록, '질문' 목록을 다시 한 번 펼쳐놓고 더 추가할 만한 것이 없는지 살펴보자.

5. 필요하다면 작성한 목록 간에 항목을 이쪽저쪽으로 옮기는 것도 괜찮다. 규칙은 없으니 당신 마음대로 해도 좋다. 하지만 '전제조건' 목록만은 예외다. 여기엔 꼭 들어맞는다고 확신이 서지 않으면 집어넣지 않는다. 결단이 서기 전까지 기다려보자.

6. 목록을 다듬는 작업은 매일 해야 한다. 일단 직업을 결정했다면 '전제조건' 목록을 매주나 격주 단위로 꺼내보자. 인생이라는 배에서 이보다 더 추진력 있는 엔진은 찾기 어려울 것이다.

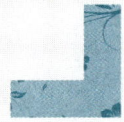

Chapter 06

자신에게 질문하라, 삶의 방향이 바뀐다

만일 당신이 더 나은 미래에 영향을 줄 수 있는 중요한 질문을 모두 생각해내고 각각의 질문에 모두 답변할 수만 있다면 직업 선택은 아주 간단할 것이다. 이번 장에서 그 방법을 배우게 될 것이다.

나를 더 잘 알게 하는 질문 기술

이미 알고 있듯이 인생과 관련된 중요한 질문에 대답하기는 쉽지 않다. 알지 못하는 내용과 씨름하다 보면 어쩔 수 없이 혼란스럽고 눈앞이 캄캄해지는데 이러한 과정을 겪지 않고 질문에 성공적으로 답변할 수 있는 방법은 없다. 하지만 문제에 대한 답을 찾는 방법을 익힘으로써 질문에 답하는 고통을 최소화하는 법을 배울 수는 있다.

제대로 질문하는 기술이 부족하기 때문에 중요한 과제를 해결하기가 더 힘들다는 것을 아직도 많은 사람들이 깨닫지 못하고 있다.

주위를 둘러보면 어려운 질문에 아주 능숙하게 해답을 찾는 사람들이 있는데, 그들은 모든 분야에서 괄목할 만한 성과를 낸다. 그렇다고 그들이 반드시 우리보다 더 똑똑한 것은 아니다. 그들은 적절하게 질문하는 기술을 갖고 있을 뿐이다.

중요한 과제를 해결하기 위해서는 강력한 질문이 필요하다. 만일 불확실한 느낌을 해결하지 못하고 있다면, 문제의 원인은 잘못된 질문에 있는 경우가 많다.

대부분의 사람들은 질문을 좀 더 예리하게 다듬어야겠다는 생각을 하지 않는다. 우리가 심사숙고하고 있는 대부분의 질문은 머릿속에서 막 떠오른 것들이다. 신중하게 질문을 다듬어야 한다는 생각이 드는 경우는 별로 없다. 하지만 질문의 수준이 답변의 수준을 결정한다고 해도 과언이 아니다. 따라서 질문이 중요하다. 완벽한 답변은 올바른 질문을 할 때 자연스럽게 흘러나오기 때문이다.

"대학에 편입해야 할까?"라는 질문을 예로 들어보자. 이 질문을 큰 글자로 인쇄해서 침실 천장에 붙여두고 몇 달 동안 매일 아침저녁으로 생각에 생각을 거듭해도 해답 근처에도 가지 못할 수 있다. 그 질문을 있는 그대로 보더라도 답변하기가 거의 불가능하다. 왜냐하면 질문의 형태가 해답을 얻기 위한 최선의 형태라고 하기 어렵기 때문이다. 질문자의 의도를 정확히 대변하지도 않는다. 이런 딜레마를 해결하기 위해서는 질문을 좀 더 깊이 들여다볼 필요가 있다. 질문에 숨겨진 진짜 의도를 대변하는 질문은 다음과 같을 수 있다.

"대학에 편입할 의지가 내게 있는 걸까?" "경제 상황도 뻔하고 일도 바쁜데 이런 상황에서 대학에 편입할 수 있는 현실적인 방법은 없을까?" 아니면 진짜 문제는 이런 데 있을 수도 있다. "스무 살 된 아이들이 북적대는 강의실에 함께 있으면 소외감이 들지는 않을까?"

따라서 겉으로 드러난 질문 속에 더 근본적인 질문이 숨어 있지는 않은지 항상 확인해보자.

종종 근본적인 질문이 하나 이상 들어 있을 때도 있다. 여러 개의 질문이 질문 하나로 뭉뚱그려져 있는 경우다. "대학에 편입해야 할까?"라는 질문도 다음과 같은 여러 개의 질문을 포함하고 있을 수 있다. "정말 그럴 만한 가치가 있을까? A라는 진로가 정말 몇 년 동안의 학교생활을 감수해야 할 만큼 이상적이라고 확신할 수 있을까? 전적으로 학업에만 몰두할 방법은 없을까? 야간 대학에 편입하면 시간이 단축될까? 하루 종일 일하고 나서 나머지 시간을 모두 학업에만 투자할 마음의 준비가 된 것일까? 내가 필요한 과정을 가르치는 개방과정에 등록할 수 있을까?"

겉으로 드러나 있는 질문이 더 초점이 명확한 질문으로 이어지는지 브레인스토밍을 통해서 확인해볼 수도 있다. 만일 표면에 드러나지 않고 숨어 있던 질문을 하나 이상 발견하게 되면 그중 하나가 핵심 질문이 아닌지 알아보아야 한다. 그 핵심 질문이 해답을 발견하거나 결정을 내리는 열쇠가 되기도 하기 때문이다.

관점을 넓히기 위해 상상력과 창의력을 발휘하자. 다음과 같은 질문을 자신에게 던져보는 것도 좋다. "내가 해결하고 있지 못한 다른 문제 때문에 대학 편입을 생각하는 것은 아닐까? 현실의 삶이 너무 힘들어서 회피하려는 것은 아닌가? 대학에 편입하지 않고도 내가 원하는 결과를 얻을 수 있는 다른 방법은 없을까? 다른 사람이라면 어떻게 했을까? 내가 너무 고지식한 것은 아닐까? 가능성을 너무 좁게만 제한하고 가정하고 있는 것은 아닐까? 원하는 것을 모두 이룰 수 있는 방법은 없을까? 원하는 모든 것을 이루기 위해 내가 습득해야 할 기술이나 필요한 조건은 무엇일까?"

이처럼 질문을 잘 만들어내는 기술이 향상되었다면 답을 얻기가 훨씬 수월해졌을 것이다.

질문의 해답을 찾는 방법

해답을 찾는 과정의 절반이 질문을 적절하게 제기하는 것이라면 나머지 절반은 바르게 답변하는 것이다. 중대한 문제를 해결하려 할 때 해답을 찾는 일은 엄청난 작업처럼 느껴진다. 어디서부터 답을 찾을지 감조차 오지 않을 때가 많다.

그러나 다행히도 어떤 질문이든지 답을 찾을 곳은 세 군데뿐이다. 자신의 내면에서, 바깥세상에서, 그리고 (안팎으로 찾아도 답이 없을 때는 언제든) 답을 만들어내는 것이다. 답을 어디서 찾을 수 있을지 아는 것이 답을 찾는 데 필요한 첫 단계다. 아무 답도 없는 곳에서 계속 찾거나, 답을 어디서부터 찾아야 할지 몰라 질문 자체에만 매달리는 사람이 얼마나 많은지 안다면 아마 놀랄 것이다.

내면에서 답 찾기

당신의 선호 경향과 성격, 욕구, 꿈, 이상, 필요조건, 경험 등의 질문에 대한 해답을 찾을 때 필요하다. 심오한 것에서부터 평범한 것, 터무니없는 것까지 다양한 질문에 대한 해답을 내면에서 찾을 수 있을 것이다. "나에게 가장 중요한 것은 무엇인가?" "이번 주말엔 무엇을 할까?" "나는 어떤 음식을 좋아하는 걸까?"와 같은 질문에 대한 대답을 자신 안에서 찾을 수 있다. 그저 올바른 질문을 던지는 것만으로 장래 직업에 대해 구체적이고 분명한 필요조건을 이미 발견했을 것이다.

바깥세상에서 답 찾기
자신의 내면을 아무리 들여다보아도 노동시장에서 '컨설턴트'의 수요가 늘어나고 있는지 어떤지는 알 길이 없다. 그럴 때는 조사를 해보는 게 답을 찾는 열쇠다.

답 만들어내기
답이 필요하지만 어디에서도 찾을 수 없을 때 필요하다. 많은 사람들이 자신 안에서 끊임없이 해답을 구하지만 소용이 없다. 나는 직업 상담을 하면서 삶의 소명이나 목적을 찾겠다고 몇 년을 헛되이 보낸 수백 명의 사람들을 만났다. 자신이 어떤 숙명적인 목적을 가지고 이 세상에 태어났다고 믿고 있던 그 사람들은 엄청난 좌절감을 맛보았다. 그들은 결코 해답을 얻지 못했다. 그 이유는 엉뚱한 곳, 즉 안팎에서 해답을 구했기 때문이다. 그들은 진작 알았어야 했다. 어디에서도 해답을 찾을 수 없을 때 선택할 수 있는 유일한 방법은, 질문을 포기하거나 해답을 자신이 직접 만드는 것이라는 사실을.

사람들이 갖고 있는 가장 일반적인 통념은 자신 안에서 모든 해답을 찾을 수 있다고 생각하는 것이다. 이런 통념은 이성과 과학이 지배하는 시대에 저항하는 '철학 중심적 사고'를 가진 사람들에 의해서 생겨났다. 과학자들과 객관적인 현실주의자들은 탐구를 통해 바깥세상에서 해답을 구할 수 있다고 말한다. 사람의 내면에서 찾아낸 지혜는 현실적이지 못하고 가치가 없는 것으로 치부되었다. 그러나 자기 내면에서 탐색해야 한다고 믿는 사람들은 이에 정면으로 저항했다.

이러한 균열은 지금까지도 이어져 우리 문화가 2개 진영으로 나뉘게 된 것이다. 그 하나가 '내부 탐구자'이고 다른 하나가 '외부 탐구자'다. 오늘날 '외부 탐구자'들은 스스로를 '좌뇌 사용자'라고 부르고 '내부 탐구자'들은 자신을 '우뇌 사용자'라고 부른다. 두 진영 모두 서로를 비웃으며 지혜가 필요할 땐 각자의 방식으로 찾는다. 사실, 두 관점은 동전의 양면과도 같다. 둘 다 과거를 돌아보며 이미 존재하고 있는 답을 찾아내는 형식이다.

진정한 마법은 제3의 해답이 있는 곳, 바로 해답을 창작해내는 능력에서 나온다. 노력했지만 답을 찾지 못한 이들에게 매우 반가운 소식이 아닐 수 없다. 해답을 창작해낸다는 것은 선택한다는 것을 의미한다. 인생이라는 열차 안에서 그저 승객으로만 머무르는 것이 아니라 과감하게 열차에서 내려 자기만의 철길을 만드는 것이다.

해답을 창작해내는 한 가지 방법은 여러 가지 가능성 있는 답변 목록을 만든 뒤 그중에서 하나를 고르는 것이다. 상상력과 창의력을 최대한 동원하자. 브레인스토밍을 하자. 준비한 워크북의 한 장을 펼쳐서 떠오르는 새로운 가능성을 모두 적는다. 떠오른 생각을 편집하지 말고 그대로 옮겨보자. 실용적인 것뿐만 아니라 엉터리 같은 것들도 모두 적는다.

브레인스토밍한 결과가 부족하거나, 더 폭넓은 관점이 필요하다면 친구의 조언을 구하는 것도 좋다. 당신과 같은 사고방식을 가진 친구의 말만 듣지 말고 당신과 다른 면을 가진 친구의 얘기도 들을 필요가 있다. 그들에게 다른 각도에서 질문을 던져보자. 일반적인 충고보다는 수많은 가능성을 찾아달라고 부탁해보자. 브레인스토밍을 할 때 지켜야 할 유일한 기본 규칙은 누구의 의견도 비평하거나 판단하거나 꼬투리 잡아서는 안 된다는 것이다.

참가자들이 생각해낼 수 있는 모든 것을 계속 말하도록 독려하자. 질보다 양이다. 이 작업의 목적은 댐의 수문을 열어 창조적인 물줄기가 쏟아지게 하는 것이다. 아무리 얼토당토않은 아이디어라도 모두 받아 적는다. 진공청소기처럼 모든 아이디어를 빨아들인다.

자신과 친구들에게서 창조적인 아이디어를 한 방울도 남김없이 모두 짜낸 뒤에야 비로소 그때까지 모은 아이디어를 평가한다. 당신이 갖고 있는 자기합리화의 덫에 걸리지 않게 주의하자. 뛰어난 아이디어들이 하루살이 인생으로 끝난 이유는 무엇보다 아이디어를 만들어낸 사람 자신의 편견 때문이다. 친구들에게 악역을 맡기자. 당신이 해답의 단서가 될 만한 생각을 죽이려고 할 때마다 친구들이 그 아이디어를 변호하게 하자. 한계를 넘어서보자. 아마 지금쯤이면 불가능해 보이던 것도 해결할 수 있을 것이다. 이러한 사고법을 수평적 사고법, 또는 틀을 벗어난 사고법이라 한다.

해답을 어디에서 찾아야 하는지 아는 방법

3개의 문 중에 어느 문 뒤에 해답이 숨어 있는지 어떻게 알 수 있을까? 먼저 해답을 안과 밖, 어느 쪽에서 구할 수 있을지 결정한다. 이것은 비교적 결정하기 쉽다. 만일 질문이 "더 추운 지방으로 이사해보는 것은 어떨까?"라면 해답은 내 안에서 찾을 수 있다. 질문이 "강남 학원가의 영어강사들이 일 년에 얼마나 벌까?"라면 그 분야에 대해 아는 사람에게 물어보는 것이 가장 빠르다.

사람들이 어려워하는 부분은 해답을 안팎에서 찾아야 하는지, 아니면 창의적으로 만들어내야 하는지를 결정하는 것이다. 그런데 이것을 결정하는 일은 놀랍도록 쉽다. 일단 자신의 내면을 탐색한다. 내면 이곳저곳을 누비며 해답이 있는지 찾아보는 것이다. 만일 그 안에 해답이 있다면 금방 나타날 것이다. 때때로 주제에 대해서 심각하게 생각해보거나 명상해야 할 때도 있다. 어떤 때는 해답이 발견되거나 상황이 호전되기를 며칠씩 기다려야 할 때도 있다.

며칠이 지나도 해답을 찾을 수 없다면 아마 영영 찾기 어려울 것이다. 내면 깊이 어딘가에 해답이 숨겨진 동굴이 있는 것은 아니기 때문이다(프로이트학파의 정신분석가들 때문에 이러한 통념이 생긴 것이다. 정신분석가들은 고객이 몇 년 동안 상담을 받아야 생계를 유지할 수 있기 때문에 우리 모두를 이렇게 속여 온 것이다). 당신 안에 있는 것들은 대부분 쉽게 접근이 가능하다. 만일 자신 안에서 해답을 찾지 못하면 더 이상 그곳에서 찾을 가망이 없다. 당신이 직접 답을 만들어내고 스스로 결정해야 한다.

답을 만들어낼 때는 당신이 원하는 어떤 것이든 선택할 수 있다. 어머니 품처럼 안전하고 든든한 느낌을 주는 답을 고를 수도 있다. 또는 당신이 원하는 것 그 이상이 될 수 있는 답을 만들어내는 것도 좋다. 답을 만들어내는 것은 매우 간단하다. 내가 가장 선호하는 방법은 다음과 같다. 먼저 답이 어땠으면 좋겠다고 정한다. 예를 들어 안팎으로 찾아봐도 답을 발견하지 못한 질문이 "회사를 하나 차려볼까?"라고 해보자. 이때 당신에게 선택권이 주어진다면 어떤 것을 택할지 정해보자. 어떤 답변이 당신의 인생을 한 걸음 더 나아가게 할 수 있을까? 어떤 답변에 더 끌리는가? 그다음 단계는 당신이 더 끌리는 답변이 바로 유일한 당신만의 답이라고 결정만 내리면 된다. 그 후에는 그것을 이루기 위해 무엇이든지 하겠다고 다짐하는 것이다. 그게 전부다. 해답을 창작해낸다는 것은 가장 바람직한 가능성을 고른 뒤 거기에 의미를 부여하는 것일 뿐이다.

때때로 답을 찾기 위해서 두 군데 이상 찾아보아야 할 때도 있다. 예를 들어 당신이 어떤 협회에 가입할지 결정해야 한다면 당신의 내면과 세상 밖을 모두 보아야 할지도 모른다. 다양한 협회에 대해 광범위한 지식을 갖고 있지 않으면 조사 작업이 필요하다. 조사 작업을 통해 구한 정보를 당신이 어떻게 생각하고 있는지 검토하면 된다.

답을 찾을 때 편하게 느끼는 곳이 세 군데 중 한 군데는 있게 마련이다. 자기 내면을 들여다보는 '내부 탐구자' 유형과 바깥을 둘러보는 '외부 탐구자' 유형이 있다. 처음부터 답을 만들어내는 데 익숙한 사람은 드물다. 편하게 느끼는 곳을 떠나서 편안하게 느끼지 않는 두 군데를 자주 방문하는 것이 현명하다. 왜냐하면 당신을 괴롭히던 질문에 대한 해답을 자주 방문하지 않던 곳에서 발견하게 될 확률이 높기 때문이다.

탐구과제 8

질문 목록 만들기

워크북 37쪽

지금부터 당신은 이 책의 탐구과제 중에서 가장 중요한 과제를 시작하게 된다. '전제조건' 목록만 이 과제와 동일한 중요성을 갖고 있다. 인생이라는 과정뿐만 아니라 직업 선택의 과정이 질문과 대답의 연속이라는 사실을 기억하자. 이 기회를 통해 당신의 질문을 명확히 하고 그것을 모두 작업대 위에 올려서 어떻게 이 중요한 질문에 답변할지 생각해낼 수 있다.

이 과제를 통해 답변해야 할 모든 질문을 만들어내고 목록을 만드는 작업을 하게 될 것이다. 어디에서 해답을 찾을지도 적어볼 것이다. 마지막으로 질문에 대답하기 위해 필요한 사항을 적어볼 것이다. 이 질문 목록은 직업 선택을 위해 '할 일' 목록이다. 만일 이 중대한 결정 과정이 올바른 질문을 던지고 답변하는 것이라면 질문 목록은 최종 결정을 위해 탐구해야 할 것들과 답변으로 채워진 목록이 되어야 한다. 당신이 중요한 질문에 모두 답변하기 위해 무엇이든 감수한다면 당신은 목표를 달성할 수 있다(또는 아직 생각해보지 않았던 질문이 더 남아 있다는 것을 발견할 것이다).

생각해보고 조사하고 대답하고 결정해야 할 모든 것을 적어둘 필요가 있다. 당신이 '전제조건' 목록에 올려둔 것들과 관련해서 필요한 모든 질문을 작성하고 그에 대해 효과적으로 대답하는 과정을 거치게 된다. '당신의 인생으로 무엇을 할 것인지' 결정하는 전 과정 동안 '질문' 목록에 계속 항목을 추가하고 답변이 완료된 질문은 삭제한다.

1. 워크북의 '질문 목록' 파트를 찾아 펼친다.

2. 장래 직업을 선택하기 위해 결정해야 할 필요가 있는 것들을 모두 목록에 적어보자. 질문을 머릿속에 저장해두지 말고 종이에 잘 정리해두어야 한다. 가능한 모든 질문을 다 적을 때까지 계속해서 써 내려간다. 핵심 질문만 몇 개 적고 그만두는 일은 없기를 바란다. 직업을 선택하는 것과 관련된 그 어떤 질문이

라도 목록에 적는다. 다른 사람이 보지 말았으면 하는 사적인 질문이 있다면 '일급비밀' 질문 목록을 만들면 된다. 내용을 암호로 적고 비밀장소에 보관하자. 사소하거나 난처한 질문도 모두 적어야 한다. 이 책을 읽어나가면서 정기적으로(매일 또는 이틀에 한 번) 목록을 추가하자.

중요한 질문을 찾기 위해 당신의 장래를 생각하면서 그동안 작업해 온 것들을 모두 되돌아보자. 본질적인 질문은 무엇인지 알아보기 위해 표면 아래에 감춰진 것도 들여다보자. 만일 당신이 무엇인가를 간절히 원하면서도 그것을 목표로 삼고 추구하겠다고 결심하지 않거나 아예 포기한다면, 당신이 던져볼 수 있는 구체적인 질문이 반드시 있을 것이다. 그것이 불확실한 느낌을 떨칠 수 있게 해줄 것이다.

3. 질문을 모두 작성했다면, 워크북에 적힌 내용 중에서 가장 중요하다고 여겨지는 질문 12개를 고른다. 워크북의 양식에 따라 질문을 분해해보자. 제일 왼쪽 열에는 '질문', 중간 열에는 '답변을 어디서 찾을 것인가', 제일 오른쪽 열에는 '어떻게 답변할 것인가' 라고 쓰여 있다. 이 양식대로 적어보자.

4. '질문' 칸에 모두 적고 나서 각 질문의 '답변을 어디서 찾을 것인지' 검토해보자. 해당 사항에 따라 '안' 이나 '밖' 또는 '창작' 이라고 적어 넣는다. 때로는 한 군데 이상 찾아보아야 할 때도 있다는 것을 명심하자. 예를 들면 세상 '밖' 의 정보를 조사하고 나서 최종 답안을 만들어내야 하는 경우도 있다. 이 단계는 매우 중요하다. 해답을 어디서 찾을지 안다면 인생을 살아가는 것이 훨씬 수월해진다.

위의 단계를 모두 마치고 나면 '중요한 질문' 목록으로 돌아가서 각 질문에 답변하기 위해 무엇을 해야 할지 결정할 차례다. 제일 오른쪽 열 '어떻게 답변할 것인가' 란에 채워 넣는다. "이 질문에 답변하기 위해 무엇을 해야 할까?" 라고 스스로에게 물어보라. 구체적으로 써야 한다. 여기서 묻는 것이 '내가 이것을 해야 할까?" 가 아니라 "이것을 어떻게 해야 할까?" 라는 점을 명심하자. 예를 들어 알지 못하는 사람에게 전화를 걸거나 방문하는 일이 불편하게 느껴진다고 가정하자. 그런데 특정 질문에 답하려다 보니 알지도 못하는 많은 사람들에게 전화를 걸어야 한다. 이때 당신은 답변을 얻으려고 이렇게 불편한 일을 해야 하나, 갈등에 빠질 수 있다. 당신이 느끼는 제한 요인이 질문에 답변하는 방법에 영향을 미치게 해서는 안 된다. 어떤 방법이 쉽고 합리적이고 편안할지가 아니라, 질문에 답변할 수 있는 최상의 방법을 적어 넣어야 한다.

질문을 직시하자. 자기 자신을 기만하지 말자. 어떤 질문은 복잡하기도 하고, 해결하는 데 몇 단계를 거쳐야 하는 경우도 있다.

질문에 답변하기 위해 필요한 것을 행동으로 옮길 의사가 있는지 결정하자. 만일 그렇다면 질문 옆에 별모양을 그려 넣는다. 이것은 답변을 찾기 위해 무엇이든지 하겠다는 다짐을 상징한다. 만일 행동으로 옮길 의사가 아직 없다면 내키지 않는 이유를 정면으로 직시하고, 돌아서 가는 방법을 찾거나 또 다른 방법을 도출해낼 수 있을 것이다.

스스로 생각해낼 수 있는 모든 질문을 찾아냈고 지금까지 지나온 단계를 완벽하게 마쳤다면 다음 단계로 넘어가자.

이번 단계는 이 책을 계속 읽어가다 보면 마주치게 될 질문의 긴 목록을 점검해보는 것이다. 어쩌면 당신은 이미 이 질문들 중 일부를 가지고 씨름하고 있을지도 모른다. 어떤 질문에 대해서는 만족스러운 해답을 찾아냈을 수도 있다. 질문 목록 대부분이 그다지 중요하지 않게 여겨질 수도 있다.

이 목록의 핵심은 당신이 생각해본 적이 없을지도 모르는 중요한 질문을 찾는 것이다. 이 목록의 질문에 모두 답변하려고 애쓰지 말자. 중요하다고 생각되는 질문은 '중요한 질문' 목록으로 옮겨서 이전 단계를 따라 다시 한번 검토한다.

이제부터 이 질문들을 풀어보자. 내가 만일 당신이라면 '중요한 질문' 목록을 이틀에 한 번 정도 들여다보며 곰곰이 생각해보겠다. 직업뿐만 아니라 인생 전반에 관해서 이 작업을 실행해본다면 지금 당신이 상상할 수 있는 그 이상으로 인생이 확연히 달라질 수 있다고 나는 장담한다.

작성한 목록을 다시 읽어보자. 새로운 시각에서 읽어보자. 질문을 풀기 위한 계획을 더 좋은 방향으로 수정하자. 플래너나 다이어리를 펼치고 질문에 답변하기 위한 다음 주 계획을 작성하자. 이것은 당신만을 위한 '할 일 목록(To-Do List)' 이라는 것을 기억하자. 질문에 답변하는 일에 에너지를 집중시키지 않는다면 앞으로 한 걸음도 나아갈 수 없다.

당신만의 질문을 모두 생각해내 목록을 작성한 다음에야 비로소 워크북에 있는 질문 목록 예를 참고하기 바란다. 쉬운 방법이 언제나 최상은 아니다. 당분간 당신이 생각하기에 가장 중요한 질문부터 처리해 나간다. 지금 답을 찾을 수 있는 것은 모두 답변한다. 그런 다음에는 답변할 수 없는 질문들과 씨름할 차례다.

긴 '질문 목록' 의 앞으로 돌아가보자. '전제조건' 목록을 펼쳐본다. 스스로에게 "내 장래 직업에 꼭 필요하고 중요한 요소는 무엇인가?"라고 물어보자. 탐구과제를 구석구석까지 마무리해서 스스로 100퍼센트 만족할 수 있을 때까지 새로운 '질문목록' 을 만들고 '해답' 을 구한다.

Chapter 07

살아있는 정보에 자신을 노출시켜라

당신의 미래 방향을 선택하는 첫 단계에서, 당신의 내면을 들여다보는 데 시간과 에너지를 대부분 투자했다. 일단 퍼즐의 일부분을 맞추었다면 이제부터는 현실 세계를 광범위하게 조사할 차례다. 언제든 당신이 원하는 해답을 세 군데 중 하나에서 찾을 수 있다는 사실을 기억하는가? 내면과 바깥세상을 먼저 찾아보고 그래도 찾을 수 없을 때는 답변을 만들어내면 된다는 것을 분명 기억할 것이다.

이번에는 내면이 아닌 바깥세상에서 답변을 얻을 수 있는 질문에 대해 얘기할 것이다. 여기서 해야 할 일은 다음과 같다.

- 당신이 구체화한 조건에 딱 맞는 직업을 찾아낸다.
- 당신이 고려하고 있는 직업과 가능성에 대해 알아본다. 해당 분야에 종사하는 사람들의 의견과 독서를 통해서 사실과 환상을 구분하는

법을 배운다. 이러한 과정을 통해 당신을 지지해줄 인맥, 특히 해당 분야의 지도급 인사를 찾는다.
- 당신의 욕구와 내면의 다짐을 들여다보고, 실제로 다짐하기 전에 그것이 정말로 당신이 원하는 것인지, 당신의 능력 범위 안에 있는 것인지 확인한다. 새로운 분야에 뛰어들기 위해 당신이 해야 할 일이 무엇인지도 찾아낸다.
- 앞으로 일하게 될 수도 있는 회사들을 확인하고 그 회사들에 대해 알아본다.

정보는 어디서 찾는가

정보를 찾을 수 있는 곳은 아주 많다. 더 많은 정보원(情報源)을 활용할수록 더 가능성 있는 결정을 내릴 수 있을 것이다. 몇 가지 정보원을 소개한다.

친구, 친지 등의 인맥

가장 근본적인 정보원이 되어야 한다. 알고 지내는 사람들에게만 물어보는 것으로 그쳐서는 안 된다. 밖으로 나가서 더 넓고 깊은 인맥을 창출하여 당신에게 정보를 주거나 도움을 줄 사람을 찾아라.

도서관

한 번에 광범위한 자료를 검색해볼 수 있는 곳이다. 직업 정보와 관련된 책자를 많이 소장하고 있을 법한 가까운 도서관이나 시립도서관을 찾아보라. 이곳에서는 다양한 직업, 직업별 성장 전망, 회사명부 등의 정보가 실린 자료를 볼 수 있다. 직업 시장에 대한 조사 자료를 찾을 수도 있고, 당신이 찾고 있는 다른 정보들을 찾는 방법을 알게 될 수도 있다. 어떤 분야에 대해서 알아보기 위해 책을 읽을 때는 다양한 각도에서 볼 수 있도록 광범위한 분야의 책을 읽어보는 것이 좋다. 예를 들면, 해당 분야에 종사한 사람이 쓴 책, 해당 분야의 권위자가 쓴 책, 저널리스트가 해당 분야에 대해 쓴 책, 당신이 알아야 할지도 모르는 주제에 대해 가르쳐주는 교재 등이 있다. 만일 교재가 재미없게 느껴진다면 당신은 그 분야에 대해 생각만큼 흥미를 갖고 있지 않은지도 모른다. 책을 통해 배우는 것과 해당 분야에서 실제로 일하는 것은 전혀 다른 개념일 수 있다. 도서관의 기업 분야를 찾아보자. 특정 기업이나 조직에 대한 정보, 그 조직의 성장, 상품, 경쟁자, 철학, 장래 전망에 이르는 다양한 정보를 얻을 수 있다. 주기적으로 도서관을 이용하자. 주기적으로 도서관에서 정보를 찾으면서, 지난 몇 년간의 직업에 대한 기사가 실린 잡지를 통해 엄청난 것들을 배울 수 있다.

인터넷

세계에서 가장 큰 도서관이다. 아드바크(남아프리카에 사는 개미핥기의 일종)에서부터 발효측정기에 이르기까지 어떤 정보를 찾더라도 모두 인터넷 안에 있다. 우리는 인터넷에서 셀 수 없이 많은 직업과 트렌드, 그리고 회사 정보를 검색해볼 수 있다. 해당 분야 전문가나 종사자들의 홈페이지나 블로그, 카페를 통해 많은 정보를 얻을 수도 있고, 직접 그들과 이메일을 주고받을 수도 있다. 이메일로 해당 분야의 권위자에게 직접 연락해볼 수 있다. 만일 그 사람의 사무실을 찾아갔더라면 수위의 검문을 통과하기가 쉽지 않았을지도 모른다. 하지만 마우스 클릭 한 번으로 그 사람에게서 직접 조언을 들어볼 수도 있는 것이 사이버세상이다.

업계지

어떤 분야든 내부 실정을 가장 잘 파악할 수 있는 곳이다. 광고와 협회 간행물을 통해서 해당 분야에서 어떤 일이 벌어지고 있는지, 실제로 몸담고 있는 사람들은 무슨 생각을 하고 있는지, 어떤 문제를 해결하는 데 당신이 참여하고 싶은지 등을 알 수 있다. 이것은 살아있는 현장 그 자체다. 해당 분야에 어떤 사람들이 있고 가장 뜨거운 화제는 무엇인지 알 수 있고, 그 분야 권위자들의 신상에 대해서도 파악할 수 있으며, 연락을 취해볼 만한 사람들의 명함을 얻을 수도 있다. 나라면 관심 있는 분야에서 가장 인기 있는 업계잡지를 골라서 적어도 지난해 분을 처음부터 끝까지 읽어보겠다. 특히 제품 광고나 구인 광고, 새 소식 난을 꼼꼼히 읽어보아야 한다. 종종 기사보다 더 영양가 있는 정보가 들어있는 경우가 있다. 해당 분야의 소식지 편집자를 알아보기 위해 업계잡지를 활용하자. 그 사람을 당신의 인맥으로 만든다. 편집자들은 독자들의 전화를 매일 몇 통씩 받을 것이다. 친근함과 존경심을 보여준다면, 당신과 얘기하고 싶어 하지 않을 이유가 없으니 안심하고 시도해보자.

컨퍼런스, 컨벤션, 무역박람회, 세미나, 업종별 모임

당신이 조사하고 있는 분야에서 종사하는 사람들을 만나기 가장 좋은 곳이다. CEO에서부터 다양한 직급의 사람들을 만날 수 있고 전문가들과 이야기를 나눌 수도 있다. 또 다양한 관련제품을 제공하는 부스를 방문해볼 수도 있다. 최소의 시간으로 최대의 효과를 얻고 싶다면 이 방법과 인터넷을 병행하도록 추천하고 싶다. 비록 관련분야 행사에 참석할 자격이 없다고 해도 행사가 개최되는 호텔 주변에서 서성거리며 기회를 찾아볼 수도 있고 행사에 참여하는 조직이 주최한 예비모임이나 사후모임을 방문해볼 수도 있다. 또 행사장 로비에서 쉬는 시간에 사람들을 만나볼 수도 있다. 관심 있는 주제를 다루는 전문분야 세미나에 참석하거나 업종별 모임에 가입해보는 것도 사람들을 만나고, 그 사람들을 통해 배울 수 있는 훌륭한 방법이다.

협회

관련된 직업에 대한 탁월한 정보원이다. 관련 직업을 찾는 사람들을 위해 특별히 개발한 자료를 갖고 있는 경우도 있다. 연로한 직원들은 대개 그 분야의 맥을 잘 짚고 있다. 그들을 잘 설득해서 전용 도서관의 자료를 열람해보는 것도 좋다. 왜냐하면 대개 관련 분야에 대해 풍부한 자료를 소장하고 있기 때문이다.

전문 커리어 코치

조사 작업을 위한 훌륭한 파트너가 될 수 있다. 아마 당신 대신 밖에 나가서 조사 작업을 해주지는 않을 것이다. 그러나 조사 작업에 대한 전략을 효과적으로 짤 수 있도록 도와주고, 정보원을 소개해줄 것이다. 또 당신에게 올바른 방향을 가르쳐주고 당신이 발견한 내용을 잘 이해할 수 있도록 분석하는 것을 도와줄 것이다.

자원봉사와 인턴십

해당 분야의 심장부를 경험할 수 있게 해준다. 그 안에서 일하는 것이 어떨지 느껴볼 수 있다. 아무리 많은 사람들과 대화를 나누고 아무리 많은 책을 읽는다고 해도 직접 관심 있는 분야에 뛰어들어 체험해보는 것과는 비교되지 않는다. 다만 자원봉사나 인턴십은 대개 가장 단순한 수준의 일만 하게 된다는 점을 기억하자. 예를 들어 그린피스호 선장이 되어 거친 파도를 가르며 포경선을 저지하는 일을 생각하고 있다고 하자. 그런데 지역 사무국에 앉아서 우편 봉투에 풀칠만 하는 것은 당신이 원하는 진정한 경험과는 거리가 멀 수도 있다.

필요한 정보를 어떻게 찾는가

당신의 성공적인 조사 작업을 위한 팁 세 가지를 소개한다.

예상치보다 20배 이상 조사 작업을 실행한다

조사 작업을 마치 숙제처럼 받아들여서 흉내만 조금 내고는 바로 돌아오는 고객들을 가끔 만난다. 예상 직업이 어떤지 알아보기 위해 한두 사람과 대화하는 것만으로는 충분하지 않다. 마침 그 두 사람이 당신이 꿈꾸는 직업을 싫어할지도 모르기 때문이다. 책 한두 권 읽는 것만으로도 역시 부족하다. 우리가 지금 하려는 것은 당신의 인생으로 무엇을 할 것인지 결정하는 중대한 일이다. 당신이 선택한 일이 곧 당신의 하루를, 일 년을 결정하는 것이다.

나라면 한 가지 예상 직업과 관련해서 최소한 10명과 얘기를 나누겠다. 물론 더 많을수록 좋다. 책도 엄청나게 읽어보겠다. 해당 주제에 대해 알아볼 수 있는 것은 모조리 다 찾아보겠다.

새로운 문제를 계속 발견해간다

더 많은 정보를 알아낼수록 더 새롭고 중요한 질문도 발견하게 될 것이다. 조사 작업이 진행되면서 당신이 작성한 질문은 더 개선될 것이다. 질문의 수준이 높아지면서 답변의 명료성과 효용성도 높아진다. 중요 목록, 특히 질문 목록을 계속 보면서 수정 보완하자.

스파이처럼 생각한다

지금 당신은 대학 논문을 쓰고 있는 게 아니다. 대학에서 학술자료를 조사하면서 배운 것을 실생활에 적용해보면 중요한 것이 빠져 있는 경우가 많다. 직업의 핵심을 짚는 것은 매우 중요하다. 탐정이 되어보자. 조사 작업에서 핵심과 깊이, 정확성으로 먹고사는 사람이 되어보자. 적어도 한 사람의 인생이 그 조사 작업에 달려 있다.

조사 작업은 그리 어렵지 않다. 예를 들어 일단 구체적인 직종과 일할 지역까지 선택의 폭을 좁혀두었다면 어느 회사에서 일할지 물색하는 작업은 비교적 간단하다. 서울에서 일을 찾는 시스템 분석가라면 서울에 있는 관련 회사를 쉽게 찾을 수 있다. 일단 회사를 찾았다면 도서관 자료 조사, 탐정 노릇, 그리고 인맥을 통해 각 회사에 대한 구체적인 정보를 찾을 수 있다. 그 회사가 현재 수행하고 있는 프로젝트나 기업의 성격과 문화 같은 것을 알 수 있다. 예상 직업이 실제로 어떨지 알아내는 것은 조금 더 힘든 작업이다. 그렇기 때문에 탐정처럼 생각하고 당신이 하려던 것보다 더 많은 조사 작업을 행하는 것이 매우 중요하다.

모든 대화에서 정보 수집을 하라

어떤 의미에서는 예상 직업에 대해서 사람들과 나누는 모든 대화가 정보 수집을 위한 인터뷰다. 이런 인터뷰에서 더 많은 걸 얻을 수 있는 방법은 사전에 질문을 미리 써보고 외워두는 것이다. 당신이 알고 싶은 것이 무엇인지 분명히 알수록 더 나은 대답을 들을 수 있다. 준비해 간 질문에 회사 측이 깊은 인상을 받고 즉석에서 사람을 채용한 사례가 많다. 당신이 쉽게 시작할 수 있도록 일반적인 질문 목록을 아래 준비했다. 몇 가지 질문은 당신이 궁금해 하는 것일 수도 있다. 당신만의 질문 목록을 만드는 것이 좋다. 너무 목록이 길지 않게 주의한다. 당신이 궁금한 모든 것을 물어볼 수 있겠다고 확신할 때까지 워크북에 있는 추가 질문을 참고하여 질문을 다듬는다.

- 지금 몸담고 계신 분야와 직업에 대해서 가장 만족스러운 점은 무엇이고 가장 좌절감을 느끼게 되는 점은 무엇인가요?
- 밤늦게 일거리를 집까지 가져 가야 하는 상황인가요? 또는 일과시간 외에도 업무적으로 사람들을 만나야 하나요?
- 얼마나 자주, 얼마나 많이 근무 외 시간에 일을 해야 하죠?
- 하루 중 몇 시간이나 (사람, 컴퓨터, 모니터 등을 대하며) 일하세요?

현실적으로 판단하라

당신의 새로운 직업이 그저 환상에만 머물지 않게 하려면 위의 질문에 대한 답을 알아야 한다. 확실히 하자. 예상 직업과 현실의 관계를 확인해보자.

과연 가능한가?

이 질문은 얼핏 보면 바깥세상과 관련된 것 같지만 착각인 경우가 많다. 가능성이라는 개념은 정형화된 물리적 현실에 존재하지 않는다. 인간이 이룬 성취나 발명, 사회 발전을 돌아보면 더욱 분명해진다. 모든 눈부신 발전은 그것이 현실화되기 전까지는 가능성이라는 왕국 바깥에 있는 것처럼 보인다. 상대적인 시간으로 볼 때 불과 얼마 전까지만 해도 사람들은 말을 타거나 걸어 다녔다. 그 당시 사람들에게 몇 세기 뒤면 커다란 은색 쇳덩어리를 타고 지구 저쪽 끝까지 날아갈 수 있다고 얘기한다면 대부분이 말도 안 되는 소리라고 했을 것이다. 인간의 역사는 새로운 가능성을 향한 눈부신 도약, 그리고 새로운 현실을 맞이하는 순환의 연속이었다. 발명 속도는 폭발적으로 빨라지고 있다. 10만 년 전만 해도 새로운 가능성과 눈부신 도약은 아주 느린 속도로 이루어졌다. 어쩌다가 누군가 번쩍 하는 통찰력을 얻어서 좀 더 개량된 석기도구를 개발했다.

이제 도약의 속도는 계속해서 탄력을 받아 마치 해일 뒤에 또 다른 해일이 이는 것처럼 속도가 더 빨라지고 있다. 아무 일도 하지 않고 오직 이 발전 속도만 따라가기도 힘들다는 것을 곧 깨닫게 될 것이다. 따라서 이제는 "과연 이것이 가능한가?"라는 질문은 마치 바닷가에 무릎까지 몸을 담그고 서서 "내가 물에 젖을까?"라고 묻는 것과 같은 시대가 되었다. 좀 더 본질에 가까운 질문으로 바꿔보자면 "이것을 가능하게 만들 의지가 있는 것인가?"가 더 적당하다. 스스로에게 이런 질문을 던져볼 필요가 있다. 만일 당신이 보기에 불가능한 것처럼 보인다면 둘 중 하나를 선택해야 한다. 포기하거나 아니면 살아 숨 쉬는 가능성으로 바꾸어야 한다.

내 능력을 어디까지 끌어올릴 것인가

2개의 질문은 어떤 면에서 같은 성격을 갖고 있다. 그러나 다른 각도에서 보면 완전히 다른 질문이기도 하다. "과연 이것이 현실적인가?"라는 질문의 이면에는 또 다른 질문이 숨어 있는 경우가 많다. 예를 들어 당신이 마흔 살인데 한 대기업에서 사회생활을 시작해서 지금까지 쭉 그곳에서만 일해 왔다고 가정해보자. 이제 독립해서 당신의 회사를 경영해보려고 한다. 그러면 내면의 목소리가 "과연 이것이 현실적인가?"라는 화살을 당신에게 마구 퍼부어 대서 혼란을 느끼게 될 것이다. 그 질문에 대한 대답은 '현실적'이라는 말의 의미를 어떻게 해석하느냐에 달려 있다. 현실적인 것이 안전한 것이라고 착각하는 경우가 종종 있다. 안전한 것은 아무것도 없다. 지금 당신이 있는 그 곳이 안전한가? 안전하다는 것은 무슨 뜻인가?

사람들이 "과연 이것이 현실적인가?"라고 물을 때 그 의미는 "그 목표를 이루기 위해서 나는 어떤 일이라도 할 각오가 되어 있는가? 나는 대가를 치를 각오가 되었는가? 내 능력을 어디까지 끌어올려 볼까?"와 같다. 오직 당신만이 그 질문에 대답할 수 있다. 여기서 기억해야 할 사실이 있다. 질문에 대한 해답은 언제나 세 곳에서 찾아낼 수 있다. 당신의 내면, 바깥세상, 그리고 답변을 만들어내는 것. 대부분의 사람들은 '과연 이것이 현실적인가' 라는 질문의 답을 자기 내면에서 찾으려 든다. 이때 얻을 수 있는 결과는 무엇일까? 자기합리화다. 당신은 실천할 의사가 없으면서 환상적이고 낙관적인 답변을 내놓고 싶지 않을 것이다.

"과연 이것이 현실적인가?"라는 질문은 또한 "내 전제조건과 이것이 잘 어울리는가?"라는 질문을 뜻하기도 한다. 어쩌면 아직 결정을 내릴 수 있을 만큼 충분한 정보를 갖고 있지 않다는 의미일 수도 있다. 수요가 많고 충분한 수입을 올릴 수 있는 직업을 갖겠다고 정했다면 분명히 훨씬 더 많은 조사 작업을 할 필요가 있다. 어쩌면 당신은 마음속에 갖고 있는 직업에 대한 그림이 정확하지 않다고 말할지도 모른다. 만일 이것이 "과연 현실적인가?"라는 질문의 속뜻이라고 생각한다면 다시 전제조건을 돌아보고, 모든 면에서 적절한지 확인해보아야 한다. 그러고 나면 조사 작업만 남는다. 그 조사는 당신의 전제조건과 직업이 서로 잘 어울리는지 확인하는 작업이다.

탐구과제 9

고려대상 직업 찾기

워크북 39쪽

1. 이 목록을 위해서 워크북 열 페이지를 비워 두었다. 이 작업을 통해서 실제로 가능성 있을 법한 모든 직업에 대해 알아보게 될 것이다. 하나의 '고려대상 직업'마다 한 페이지씩 할애할 것이다. 이 작업을 해나가면서 계속 목록을 채우고 지우는 작업을 반복하게 될 것이다. 첫 페이지에 가능성 있는 '고려대상 직업'을 하나 적는다. 10개까지 계속 '고려대상 직업'을 적어나간다. 당신이 목표로 하지 않는 직업이 분명한데도 단지 흥미만 갖고 있다고 해서 적지는 말자. 모든 '고려대상 직업'이 당신의 구미를 분명히 자극할 수 있어야 하고 전제조건을 모두 또는 대부분 충족시켜야 한다. 또 당신의 능력 범위 안에 있어야 한다. '고려대상 직업명' 바로 옆에 플러스(+) 표시가 있다. 그 아래에는 마이너스(-) 표시가 있다. 직업에 대해 조사하면서 알게 되는 모든 가점 요소와 감점 요소를 여기에 기입할 것이다.

이것은 지속적인 탐구과정이다. 정기적으로 목록을 가다듬는 일을 소홀히 한다면 성공을 장담할 수 없다. "내 전제조건을 만족시킬 직업은 무엇일까?"라고 계속해서 자신에게 물어야 한다. 직업 선택 과정을 진행해 나가면서 최소한 일주일에 한 번은 이 목록을 펼치겠다고 작정한다. 새롭게 다가오는 가능성의 흐름을 열어둔 채로 사람들에게 물어보고 조사하고 브레인스토밍하는 작업을 계속하자.

전제조건 목록이 충실해질수록 가능성의 범위를 점점 좁힐 수 있을 것이다. 그래서 '고려대상 직업' 목록의 초점이 자연스럽게 분명해질 것이다. 또 다른 직업이 당신의 조건에 맞는지 알아보는 탐색작업은 멈추지 말아야 한다. 이번 장을 통해서 예상 직업의 범위를 2~3개로 줄일 수 있을 것이다.

2. 일단 이 목록에 '고려대상 직업'을 적어 넣었다면 심도 있는 조사 작업을 시작한다. 가능성 있는 각 직업에 대해 질문을 던져보자. 목록에 고려대상 직업

을 계속 추가하자. 각 직업에 대해 철저한 정밀조사를 하기 위해 아래 질문 목록을 활용해보자.

- 이 직업이 왜 끌리는가? 세부적인 요소로 나누어보라. 그중에서 어떤 요소가 가장 끌리는가? 어떤 것이 덜 끌리는가? 그중에 전제조건에 포함시키고 싶은 것이 있는가?
- 어떻게 해야 이 직업에 대해서 더 자세히 알아볼 수 있을까?
- 무엇이 궁금한가? 분명히 알고 있지 못한 것은 무엇인가?
- 이 직업에 대한 비전이 현실에 맞는가? 단지 어떤 직업에 끌렸다거나 그 직업이 당신에게 잘 어울릴 것이라고 상상한다고 해서 실제 현실이 당신의 비전과 일치한다는 보장은 없다.
- 이 목록의 직업을 비교해볼 때 어떤 것이 가장 마음에 드는가? 어떤 것이 가장 덜 매력적인가? 전제조건에 포함시키고 싶은 요소가 발견되는가?

이 목록에 적어둔 직업이 더 이상 가치를 지니지 않는다면 목록에서 삭제한다. 그리고 삭제한 이유가 무엇인지 스스로에게 물어보자. 아마 새로운 전제조건을 발견하게 될 것이다. 고려대상 직업군에서 삭제하고 싶은 욕구가 강하게 느껴진다면 반드시 확실한 이유가 있을 것이다. 좀 더 구체적으로 파고들어보자. 이유를 파악하여 전제조건 목록에 추가한다.

1부 핵심 정리

1. 자신이 진정으로 원하는 직업을 구체화하는 노력을 하지 않고는 천직을 찾을 수 없다. 자신이 원하는 일이 갖추어야 할 모든 전제조건을 찾아보자. 자신에게 심층적인 질문을 던지고, 다른 사람들도 인터뷰 해보자. 이러한 작업은 책상 앞에서 끝낼 수 있는게 아니다. 발로 조사하자.

2. 올바른 질문은 생각의 한계를 뛰어넘게 도와준다. 만약 진지한 질문과 답을 찾는 탐색작업 없이 여기까지 읽어 왔다면, 더 이상 진도를 나가지 말고 반드시 전제조건 리스트를 만들고, 질문에 답해보기 바란다. 아는 것보다 중요한 것은 실천이다.

3. 이제 남은 과제는 자신에게 꼭 맞는 직업을 찾는 작업을 일회성으로 그치지 않고 지속해 나가면서 이상과 현실 사이의 간극을 줄여나가는 것이다.

PART 02

진정 내가 하고 싶은
일은 무엇일까

― 강점 찾기 ―

"우리는 반드시 자신의 정원을 가꿔야 한다."
― 볼테르 ―

2부에서 학습할 내용

드디어 당신만의 이상 직업을 실제로 설계하고 창조할 차례가 왔다. 2부에서는 완벽한 직업 선택을 위해 고려해야 할 중요한 것들을 함께 알아볼 것이다. 자기 자신도 철저히 탐색하고 분석할 것이다.

자신에 대한 이해 수준과, 자신의 직업이 갖추어야 할 전제조건이 확실하면 할수록 당신에게 가장 잘 맞는 직업과 진로를 선택할 수 있는 확률은 높아진다.

가능하다면 지금까지 살면서 투자한 에너지보다 훨씬 더 많은 에너지와 노력을 2부를 실행하는 데 투자하기 바란다. 그만한 가치가 있을 것이라 확신한다.

Chapter 08

있는 모습 그대로 자신과 대면하라

당신의 성격과 직업은 얼마나 잘 맞는가? 성격과 직업이 서로 잘 맞는지 확인함으로써 앞으로 얼마나 그 일을 하게 될지, 일의 만족도가 얼마나 높을지 예상할 수 있다. 밭을 갈던 누렁소와 경주용 말의 역할을 바꾼다면 어떻게 될까. 둘 다 새로 맡은 역할을 망쳐버릴 것이다. 경주용 말은 답답해서 밭갈이를 시키는 농부를 원망할 것이다. 밭을 갈던 소는 항상 경주에서 꼴등을 할 것이다.

성격과 직업이 서로 맞지 않을 때, 이처럼 극단적인 정도는 아니더라도 업무 성과와 만족감은 상당히 저하될 것이 분명하다. 약간만 맞지 않아도 일하러 가는 즐거움은 많이 줄 것이다. 이것은 마치 방사성 물질과도 같다. 안전한 수준이라는 것이 없다. 조금만 충격이 있어도 폭발해버린다. 뒤집어보면, 직업과 성격 간에 궁합이 완벽하다면 더 행복하고 성공적인 삶을 누릴 수 있다.

많은 사람들이 성격은 유동적이고 변한다고 믿는다. 사람의 기질은 부드러운 점토와 같아서 경험을 쌓고 교육을 받으면 언제든지 새로운 형태로 바꿀 수 있다고 생각한다. 어쩌면 주위에서 급속도로 바뀐 누군가를 관찰했을 수도 있다. 이전과 달리 더 배려하고 더 성공적이고 내면의 악마의 영향을 덜 받는 모습으로 변한 친구를 봤는지도 모른다. 그 친구의 행동양식이 바뀌었는지는 모르지만 사람 자체가 완전히 새롭게 바뀐 것은 아니다. 그 친구는 아마 더 효과적인 삶의 방식을 배웠을 것이다.

성격 중에서 유전적으로 물려받은 것은 얼마나 되고 후천적으로 습득된 것은 얼마나 되는지 누구도 알 수 없다. 정신적인 소프트웨어는 유년 시절을 거치면서 학습의 영향을 받지만 성격과 기질은 타고난다. 과학자들은 이제 갓 태어난 아기가 외향적으로 자라날지 또는 내향적으로 자라날지 태어나자마자 관찰되는 몇 가지 징후만으로 정확하게 예측한다. 타고난 기질을 바꾸기는 대단히 어렵다. 밭을 갈던 소가 경주를 꿈꿀 수도 있다. 주말에 다른 소들과 함께 경주를 취미로 즐길 수도 있는 일이다. 그러나 만일 경주용 말과 실제로 경쟁해야 한다면 문제는 달라진다.

내 말이 마치 당신의 꿈을 포기하라는 말처럼 들리는가? 전혀 그런 말이 아니다. 우리는 이상적인 유형을 이미 설정하고 있다. 천성이 느리고 꾸준한 사람인데도 밭을 가는 소보다 경주마에 더 끌릴 것이다. 우리는 성격에 관해서도 우리만의 이상과 기준을 가지고 있다. 자신을 제대로 파악하기보다 자신이 가진 기준이나 이상향에 맞춰 직업을 선택했기 때문에 직업 선택에 실패하는 경우가 있다.

우리가 존경하는 사람들은 자신을 전혀 다른 사람으로 변화시키기보다는 원래의 자신의 모습을 포용함으로써 원하는 것을 성취할 수 있었다. 그들은 자신의 기질에 맞는 일을 골랐을 뿐만 아니라 자신의 꿈을 펼치기 위해 개성을 적극적으로 활용하는 방법을 터득했다. 만일 당신의 천성에 저항하거나 전쟁을 벌이느라 에너지를 소모한다면 당신은 원하는 만큼 멀리 가지는 못할 것이다. 만일 안 좋은 생활패턴이나 관점, 습관이 아직 남아 있다면 새롭게 바꿔보자. 그러나 부디, 지금 그대로의 당신 모습에 가장 완벽하게 어울리는 직업을 선택하기 바란다.

이번 장에서는 당신이 갖고 있는 성격의 기본 구조를 알아보고 당신에게는 어떤 직업이 어울릴지에 대해 알아볼 것이다. 가장 먼저 당신의 기본적인 기질에 대해 평가하는 기회를 갖게 될 것이다. 이어서 성격과 관련된 다른 중요한 것들에 대해서도 알아볼 것이다.

탐구과제 10

지금 내가 서 있는 곳은 어디인가

워크북 52쪽

　이 탐구과제는 현재 당신의 상황을 한눈에 보기 위함이다. 이 실습을 통해서 지금 이 시점 당신이 어떤 상황에 처해 있는지 분명히 알아보는 계기로 삼기 바란다. 다음 질문에 대한 답을 워크북에 적어보자. 몇 가지 질문은 며칠 동안 생각하고 나서 답하고 싶을 것이다. 이 탐구과제를 당신의 현재 상황을 더 깊이 들여다보기 위한 현미경으로 활용하자.

　1. 현재 직장에서 당신은 어떤 일을 하는가? 구체적으로 묘사한다. "나는 747기의 부조종사다"라고 답하는 대신에 "컴퓨터가 자동으로 비행기를 조종하는 동안 나는 자리에 앉아 감자칩을 먹으면서 잡담을 하며 대부분의 시간을 보낸다."라고 대답하는 것이 당신의 일을 더 잘 드러낸다.

　2. 매월 평균적으로 시간을 어떻게 쓰는지 나타내는 파이차트를 그려보자. 만일 매월 하는 일이 달라진다면 더 많은 파이차트가 필요할 수도 있다. 예를 들어, 3개월간은 매일 제안서만 쓰고 나머지 9개월은 프로젝트를 관리한다면 당신은 두 가지 전혀 다른 일을 하고 있는 셈이다. 어떤 경우든 간에 각각의 일에 대해서 파이차트를 그려보자. 자신이 하는 역할 중에서 가장 중요한 역할이 무엇인지 보일 것이다.

　3. 당신의 직업에서 어떤 부분이 마음에 드는가? 워크북에 적는다. 마음에 드는 부분은 새로운 직장을 구하더라도 계속 살려가야 할 것이다.

　당신의 '고려대상 직업' 목록과 함께 주요 목록(원하는 것, 전제조건, 질문)을 펼친다. 이 목록에 추가하고 싶은 것이 있다면 어떤 것인가?
　내 장래 직업에 꼭 필요하고 중요한 요소는 무엇인가?

Chapter 09

내 기질을 알면 잘할 수 있는 게 보인다

고대 그리스 사람들은 누구나 분명한 기질을 타고난다는 사실을 일찍이 알고 있었다. 그들은 사람의 성격을 4가지로 분류했다. 근대에 이르러 심리학자 칼 융은 그 개념을 확장시켰다. 그 이후에 등장한 MBTI Myers-Briggs Type Indicator는 칼 융의 성격에 관한 개념을 한층 더 확장시켰다. 1960년대 미국으로 잠시 돌아가 보자. 바Bar에 들어가면 먹이를 찾는 늑대가 다가와 이렇게 말하곤 했다. "이봐, 아가씨, 별자리가 뭐야?" 요즘 늑대는 천문학에서 심리학으로 전공을 바꿨다. 심리유형 검사가 워낙 유명해져서 아마 요즘 바에 들어가면 이런 말을 들을지도 모른다. "이봐, 아가씨, MBTI 유형이 뭐야?"

이 심리유형 검사는 4가지 성격지표에 의해서 16가지 성격 유형을 찾아낸다. 여기서 16개 성격유형은 4개의 문자로 표현되는데, 다음과 같다.

E	Extroversion(외향)	Introversion(내향)	I
N	Intuition(직관)	Sensing(감각)	S
F	Feeling(감정)	Thinking(사고)	T
P	Perceiving(인식)	Judging(판단)	J

예를 들어 당신이 외향과 내향에 관한 질문에서 외향 쪽으로 기울었다면 성격유형의 첫 글자는 외향extroversion을 뜻하는 E가 될 것이다.

당신의 성격이 16가지 유형 중에서 어떤 유형에 속하는지 결정하기 위해서 다음에 이어지는 4개의 검사 목록을 직접 체크해보자. 왼쪽과 오른쪽의 단어들을 서로 비교해보고 어느 쪽이 자신과 가까운지 체크하면 된다. 너무 심각하게 고민하지는 말자. 직감적으로 떠오르는 것을 선택한다. 만일 둘 다 아니라거나 둘 다 맞는다면 어느 쪽에도 표시하지 않는 게 좋다. 각 목록을 마칠 때마다 두 개의 반대되는 지표에 체크한 개수를 각각 합한다. 각 목록의 마지막 빈 칸에 그 개수를 적는다.

E 외향	체크	I 내향	체크
에너지를 외부로 발산	☐	에너지를 내부로 축적	☐
폭넓은 인간관계	☐	소수지만 깊고 친밀한 인간관계	☐
표현을 좋아하는	☐	내면에 품고 있는	☐
대중적인	☐	사적인	☐
여러 사람과 어울리는	☐	일대일 대화를 선호하는	☐

	체크		체크
도서관에서 다른 사람의 옆자리에 앉기를 선호하는	☐	다른 사람이 침범하지 못하도록 개인적인 공간을 선호하는	☐
홀로 있으면 외로운	☐	혼자 있는 시간을 즐기는	☐
쉽게 사람과 사귀는	☐	천천히 사람들에게 알려지는	☐
여러 사람과 다양한 것에 대해 토의하는	☐	친밀한 몇 사람과 깊은 이야기를 나누는	☐
말 먼저	☐	생각 먼저	☐
큰 사무실에 다른 직원들과 함께	☐	개인 사무실에서 혼자	☐
행동	☐	반추, 침묵의 시간	☐
다른 사람들과 상의하며 아이디어를 만들어내는	☐	혼자서 아이디어를 만들어내는	☐
이목이 자신에게 집중되는 것을 즐기는	☐	이목이 자신에게 집중되는 것을 피하는	☐
객관적인	☐	주관적인	☐
쉽게 자신을 드러내는	☐	자신을 잘 드러내지 않는	☐
E의 합계		**I의 합계**	

N 직관	체크	S 감각	체크
가능성에 초점을 두는	☐	있는 그대로에 초점을 두는	☐
가능성, 잠재력	☐	실용성, 현실성	☐
미래 지향적인	☐	현실 지향적인	☐
개념적인	☐	사실적인	☐
포괄적인	☐	구체적인	☐

	체크		체크
직관, 추론, 육감	☐	사실, 실례, 증거	☐
상징	☐	글자 그대로	☐
유추, 은유	☐	자세한 정보	☐
새로운 아이디어에 대한 갈망	☐	실용적으로 적용할 수 있는 새 아이디어	☐
미래에 어떤 일이 벌어질 것을 예측	☐	일이 벌어지면 처리	☐
영감을 추구	☐	즐거움을 추구	☐
주로 만족하지 못하는	☐	주로 만족하는	☐
독창적인	☐	모방하는	☐
미래의 가능성을 현실화하기 위해 현재의 즐거움을 희생할 수도 있는	☐	미래의 목표를 위해 현재의 즐거움을 희생해야 하는 것이 마음에 안 드는	☐
주도성, 리더십, 기업가 정신을 추구하는	☐	안락함, 호화스러움, 아름다움, 여가, 즐거움을 추구하는	☐
새로운 기술을 습득하는	☐	갖고 있는 기술을 더욱 다듬는	☐
N의 합계		**S의 합계**	

T 사고	체크	F 감정	체크
객관적인	☐	주관적인	☐
원칙	☐	개인적 가치관	☐
분석적인	☐	동정 어린	☐
논리적인, 차가운	☐	열정적인, 따뜻한	☐
비판	☐	배려	☐

	체크		체크
설명하는	☐	이해하는	☐
나누는	☐	포함하는	☐
법, 규칙, 규정	☐	상황을 참작하는	☐
일반적인	☐	개인적인	☐
생각하는	☐	감성적인	☐
인간관계 이외의 것에 주로 관심을 갖는	☐	인간관계에 강한 관심을 갖는	☐
사무적인	☐	다정한	☐
정의	☐	조화, 자비	☐
성취	☐	감사	☐
개발하는	☐	간직하는	☐
대조하는, 분리하는	☐	포함하는, 연합하는	☐
T의 합계		**F의 합계**	

J 판단	체크	P 인식	체크
결정을 내려야 마음이 편한	☐	선택권이 남아 있을 때 마음 편한	☐
목표를 정하고 그것을 계획한 대로 성취하기 위해 집중하는	☐	목표는 언제든 바뀔 수 있는	☐
단호한	☐	융통성 있는	☐
분명한 마감이 있는 목표를 즐기는	☐	마감일은 수시로 조정가능한	☐
지금 일하고 시간이 남으면 즐기는	☐	지금 즐기는	☐
계획적인	☐	자발적인	☐

체계적인	☐	모호한, 애매한	☐
프로젝트를 마감하고 싶어하는	☐	새 프로젝트를 시작하고 싶어하는	☐
결과 지향	☐	과정 지향	☐
꾸준한, 한결같은 노력	☐	불규칙적인 노력	☐
결정내리고 싶어하는	☐	결정을 미루는	☐
엄격한	☐	관대한	☐
~해야 하는, 분명히	☐	~일지도 모르는, 아마도	☐
학생이라면 계획적이고 조직적인 학습계획을 가지고 있는	☐	학생이라면 공부를 최대한 미루는	☐
너무 경직된 사람이라고 오해받는	☐	너무 우유부단하다고 오해받는	☐
명확한, 명쾌한, 최종적인	☐	일시적인, 실험적인, 우발적인	☐
J의 합계		**P의 합계**	

이제 검사가 끝났다. 각 점수를 아래에 옮겨 적어보자.

E의 합계 _____   I의 합계 _____

N의 합계 _____   S의 합계 _____

T의 합계 _____   F의 합계 _____

J의 합계 _____   P의 합계 _____

각 지표에서 점수가 높은 쪽이 당신의 성격유형을 나타내는 4개의 지표가 된다.

　이 검사를 하는 목적은 당신을 4개의 문자로 한정된 유형 속에 가두기 위해서가 아니다. 진정한 내면의 모습을 보기 위해서다. 당신을 비추어 보는 거울로 이 검사를 활용하기 바란다. 만일 여러 개의 지표에서 양쪽 점수가 비슷하다고 해도 걱정할 것 없다. 왜냐하면 그런 결과는 매우 자연스러운 것이기 때문이다. 그런 식으로 점수가 나오는 사람들이 의외로 아주 많다. 점수가 그렇게 나오는 이유는 당신이 우유부단하다거나 결정력이 부족해서가 아니라, 균형 잡힌 사람이기 때문이다. 단지 불편한 점이라면 4개의 문자로 성격유형을 표현하지 못하는 것뿐이다.

　그러면 또 어떤가? 16개의 성격유형을 읽어보면서 당신에게 들어맞는다고 생각되는 표현에 밑줄을 그어 한데 모으면 그 표현이 바로 당신의 모습이 될 것이다.

　각 성격유형에 소개한 직업은 단지 참고사항일 뿐 당신이 장래에 반드시 그 직업을 선택해야만 성공한다는 뜻은 아니다. 여기서 권장하는 직업은 당신의 기질에 맞춘 것뿐이며 당신의 재능이나 관심과는 상관이 없음을 유념하자. 어떤 사람들은 자신의 기질과 완벽하게 들어맞는 직업을 선택해야겠다고 느끼기도 한다. 그런 사람들이라면 각 유형에 소개한 직업을 참고하고 연구하는 것이 큰 도움이 될 것이다.

　어떤 사람들은 원래 타고나면서부터 남들이 성장하도록 도와주는 일에 즐거움을 느끼는 특성을 지녔을 수 있다. 그런 사람이라면 아무래도 교육이나 코칭, 상담 쪽 직업을 찾는 것이 바람직하다. 당신의 유형을 설명하는 핵심어를 읽으면서 그중에서 어떤 것이 특히 당신의 직업에서 꼭 필요한지 스스로에게 물어보자. 당신에게 해당되는 유형의 핵심어가 모두 당신 자신을 정확히 표현하고, 당신이 진심으로 사랑하는 일을 하겠다고 다짐했다면, 핵심어와 잘 맞는 직업을 찾아볼 필요가 있다고 생각하지 않는가?

유형별 특성

ENFP

열정적인, 표현을 좋아하는, 감정적인, 따뜻한, 상상력이 풍부한, 독창적인, 예술적인, 즉흥성의 대가, 긍정적인, 지지하는, 협력적인, 적극적인, 열린, 반응하는, 쾌활한, 재미를 추구하는, 사교적인, 열심인, 자발적인, 이상주의적인, 새 프로젝트나 새 가능성을 주도하는 사람, 변화를 만드는 사람.

이 유형의 초점은 자기표현과 가능성에 맞추어져 있다. 삶은 축제이며 창조적인 모험이다. 새로운 프로젝트나 인간관계, 새로운 틀을 만들어내는 데 열정적이다. 조직이 생성되는 시기에 필요한 유형이다. 프로젝트나 인간관계가 일정한 궤도에 오르면 흥미를 잃는다. 자신의 이상이 실현될 수 있는 세상에 대한 비전을 다른 사람들에게 아주 잘 보여준다.

이들은 잔이 반이나 남았다거나 반밖에 남지 않았다고 말하는 대신에 잔이 가득 차 있다고 말한다. 또한 사람이나 상황에 숨어 있는 잠재성을 재빠르게 찾아낸다. 다른 사람들이 부정적으로 보는 상황에서도 긍정적인 태도를 유지한다. 비가 오는 날도 해가 뜬 날과 마찬가지로 즐거워한다. 경영 스타일은 업무 중심이기보다 사람 중심이다. 명령하기보다는 멘토로서 격려하고 봉사한다. 스스로에게 의미 있는 일, 창조력을 발휘할 수 있는 일, 자신을 모두 보여줄 수 있는 일, 어떤 식으로든 타인에게 기여할 수 있는 직업이 잘 맞는다. 다양한 계층의 친구들, 폭넓은 기호와 취미를 자랑한다. 정식으로 훈련받지 않고도 전문가 수준의 기술을 터득할 수도 있다.

▶▷ 행동주의자, 연기자, 예술가, 작가, 바이어, 코치(자기계발과 성공 분야), 상담가(인간관계, 영성, 직업), 컨설턴트(커뮤니케이션, 교육, 인사, 프레젠테이션 스킬), 영화감독, 프로듀서, 기업가, 기금조달자, 대체의료 치료사, 인사전문가, 저널리스트, 산파, 옴부즈맨, 심리학자, 홍보전문가, 레크리에이션 지도자, 사회과학자, 교사, 활동적인 참여형의 성장중심 훈련 치료사, 트레이너

INFP
이상주의적인, 따뜻한, 배려하는, 창의적인, 상상력이 풍부한, 독창적인, 예술적인, 지지하는, 공감하는, 협력적인, 촉진하는, 인정 많은, 반응하는, 감수성이 풍부한, 친절한, 다정다감한, 헌신적인, 충성스러운, 덕망 있는, 자기비판적인, 완벽주의자, 자기헌신적인, 몽상가, 끈기 있는, 단호한, 열심히 일하는, 가치 지향적, 즉흥성의 대가.

새 프로젝트나 가능성을 주도하는 사람. 변화를 만드는 사람. 이 유형의 사람들은 있는 그대로의 사실보다 가능성에 더욱 끌린다. 이들의 초

점은 자신을 이해하는 것, 자아성장, 의미 있는 방식으로 사회에 기여하는 데 있다. 겉으로 보이는 것의 이면을 잘 들여다보면, 이들은 복잡한 사람들이다. 자신과 인간관계, 그리고 자기표현에서 끊임없는 향상과 완벽함을 추구한다. 만일 직업이 이상을 반영하지 못하거나 계속해서 개선되지 못한다면 권태감에 빠지거나 불만을 갖게 된다. 다툼, 사소한 일을 처리하는 것, 의미 없는 잡담에 휘말려드는 것을 싫어한다. 이들은 주목의 대상이 되지 않는다는 조건하에서 다른 사람들의 인정과 감사를 받을 때 더욱 고무된다. 사적인 업무공간과 자율성을 필요로 한다. 관료주의적 규정은 가급적 최소화될 때 능률을 발휘한다.

▶▷ 관리자(교육이나 비영리 사회봉사 분야), 대체의료치료사, 인사전문가, 건축가, 예술가, 잘못된 것을 개선하는 일에 헌신하는 검사, 코치(자기계발과 성공 분야), 상담가(인간관계, 영성, 직업), 컨설턴트(교육, 인사), 훈련 프로그램 개발자, 편집자, 기업가, 사서, 산파, 간호사, 심리학자, 연구자, 사회과학자, 사회사업가, 작곡가, 연주자, 언어병리학자, 교사, 치료사, 작가, 시인, 저널리스트

ENFJ
열정적인, 배려하는, 협력적인, 쾌활한, 외교수완이 있는, 상호작용하는, 촉진자, 근면한, 감정적인, 진실한, 인간관계에 민감한, 따뜻한, 지지하는, 관대한, 창의적인, 상상력이 풍부한, 명료한, 뛰어난 사교성, 말솜씨 좋고 설득력 있는 동기부여가, 교사, 설교사, 타고난 리더, 활동적인, 활기찬, 유머 있는, 다른 사람을 즐겁게 해주는, 위트가 있는, 가치 지향적.

다른 사람이 필요로 하는 것과 동기부여해 줄 수 있는 것이 무엇인지 알아내는 불가사의한 능력을 지녔다. 종종 지도자의 자리에까지 오른다. 인류가 더 나아지는 데 관심을 가지고 있고 긍정적인 변화를 끌어내기 위해 일한다. 이들이 실제로는 솔직하게 마음을 열고 말하는데도 불구하고 다른 사람들은 입발림한다거나 진실하지 않다고 여길 정도로 언어를 설득력 있게 사용할 줄 아는 재능을 타고났다. 저항이나 다툼을 처리하는 데 힘들어한다.

선한 의도로 한 행동이 비평과 반대에 부딪치면 쉽게 상처받는다. 모든 것을 개인적으로 받아들인다. 규정보다 사람을 우선시한다. 긍정성을 주고받으려는 강한 욕구가 있다. 사람을 관리할 때는 질타보다는 격려를 활용한다.

▶▷ 연기자, 캠프 지도자, 상담가(직업, 인간관계, 자아성장), 성직자, 컨설턴트, 학장, 커뮤니케이션 팀 부장, 뉴스 앵커, 재취업 주선자, 정치인, 영화나 TV 프로듀서, 프로모션 담당자, 홍보전문가, 연설가, 헤드헌터, 판매, 기업가, 기금조달자, 중재자, 세일즈매니저, 감독관, 교사, 트레이너

INFJ

친절한, 자기성찰적인, 통찰력 있는, 이상주의적인, 지적인, 탐구적인, 진실한, 꾸준한, 신뢰할 수 있는, 양심적인, 단정한, 신중한, 인정 많은, 배려하는, 평화를 사랑하는, 솔직한, 열심인, 때때로 완고한, 몽상가, 다른 사람에게 감화를 주는 사람, 다양한 관심, 조화를 추구.

대부분의 INFJ는 복잡한 개념에 대해 공부하며 이론 중심의 학습과정을 즐기는 학구적 생활을 편하게 느낀다. 그들은 조용히 사람들 사이에 작용하는 심리 기제를 이해하고 있다. 친절하고 조용하기 때문에 종종 이들이 가진 재능과 내면의 풍부한 역동성을 겉으로 드러내지 못할 수도 있다. 남을 배려하고 보살피려는 특성이 알려지지 않을 수도 있는데 그 이유는 이러한 감정을 겉으로 드러내는 데 불편함을 느낄 수 있기 때문이다.

결국 이들은 고립되는 느낌을 받을 수도 있다. 혼자만의 공간과 시간을 필요로 하기도 한다. 팽팽한 긴장 상태와 다툼을 싫어하고 직장에서든 가정에서든 자신의 프로젝트에 집중적으로 에너지를 쏟는다. 평소에는 고분고분하지만 중요한 목표를 추구하는 데 있어서만큼은 극단적일 만큼 고집이 세다. 인도주의자로서의 이상을 펼칠 수 있고 자신의 가치관을 반영할 수 있는 직업을 찾는다.

▶▷ 회계사, 행정가(건강관리, 사회사업), 분석가, 건축가, 예술가, 성직자, 작곡가, 컨설턴트(조직개발), 코디네이터, 편집자, 기업가, 인사기획, 판사, 사서, 경영 분석가, 소설가, 사진사(인물사진), 물리치료사, 시인, 심리학자, 연구자, 과학자, 사회과학자, 사회사업가, 건강관리 전문가, 작가

ENTP
열정적인, 객관적인, 창의성이 풍부한, 독립적인, 개념적인 사고형, 창의적인 문제해결사, 기업가적 정신으로 위험을 감수하는 유형, 즉흥성의 대가, 경쟁적인, 캐묻는 듯한, 반항적인, 규정 파괴자, 사교적인,

재치 있는, 전략적인, 다재다능한, 영리한, 적응력이 뛰어난, 에너지 넘치는, 행동지향의 개혁가. 시스템과 과정, 조직을 개선함.

새롭고 면밀한 아이디어로 현 상태에 대해 끊임없이 실험하고 도전한다. 다른 사람들이 알아차리지 못한 가능성과 기회에 대해 열렬히 논한다. 진취적이고 도전적인 근성으로 동료들을 지치게 만들 수도 있다. 큰 그림을 보고 세부적인 것들이 어떤 식으로 서로 들어맞는지 본다. 모든 유형 중에서 가장 기업가적인 특성을 타고난 유형이다. 일반적으로 안정성에 끌리는 유형은 아니다. 정력적으로 새로운 아이디어를 추구하다 보니 삶은 극단적인 오르내림을 겪는다. 끝내지 않은 프로젝트와 계획에 자신의 흔적을 남겨둔 채 내버려두고는 한 방향을 향해 최고의 속력으로 질주한다.

새로운 개념의 모델을 만들고 상상력 넘치고 흥분되는 모험을 꿈꿀 때, 아이디어와 창의적인 자기표현이 발휘된다. 상황에 따라 언제든 바뀔 수도 있다는 여지가 있을 때 편하다. 세부적인 일에 얽매여야 하고 정해진 일만 반복적으로 해야 할 때 권태감에 빠지거나 불만을 갖게 된다. 권위보다는 능력을 인정한다. 복잡한 문제를 해결하는 일과 현실세계의 해결책을 개발하는 일을 찾는다. 종종 최첨단 기술로 무장하기도 한다.

▶▷ 광고, 크리에이티브 디렉터, 경영컨설턴트, 디자이너, 엔지니어(첨단기술), 기업가, 산업디자이너, 발명가, 투자전문 브로커, 저널리스트, 변호사, 관리자(첨단기술 관련 회사), 마케터, 정치분석가, 정치인, 홍보, 선전,

세일즈, 소프트웨어 디자이너, 특별 프로젝트 개발자, 시스템 분석가, 전략기획가, 벤처 투자가

INTP

논리적, 독창적인, 추리하는, 재빨리 떠올리는, 착상이 교묘한, 발명의 재능이 있는, 머리를 잘 쓰는, 깊은, 반추하는, 비평적인, 의심 많은, 캐묻는 듯한, 생각이 깊은 문제해결사, 결점 찾아내기 도사, 시스템을 설계하고 만드는 사람, 평생학습자, 정확한, 말없는, 초연한, 넋 나간 교수, 논리의 순수성을 추구, 분석하고 비평하기를 좋아함. 정해진 일을 해야 하는 것보다는 새로운 아이디어를 개발하는 쪽을 선호. 논리적으로 완전무결한 해결책이 될 수 있는 복잡한 개념의 모델을 만드는 일에 정신적으로 언제나 매여 있음.

이들은 가능성 지향적이고 여지를 남겨두는 유형이기 때문에, 끊임없이 새로운 정보가 유입될 경우 아이디어를 개발하는 데 어려움을 겪을 수도 있다. 이들에게는 모든 것이 수정 가능해야 편하다. 결국, 이들은 끊임없는 가상의 가능성을 탐구할 수 있는 분야에서, 그리고 최종적으로 정해진 해답이 필요 없는 분야에서 새로운 아이디어를 만들어내는 건축가로서 일할 때 최상의 능력을 발휘한다. 이들은 개념의 완벽성을 추구한다.

이들은 특정 문제를 해결했을 때 프로젝트가 완료되었다고 보고 이내 흥미를 잃는다. 세상을 물리적인 우주로 보는 것이 아니라 사고의 과정들이 모여 있는 곳으로 본다. 그래서 종종 자기 내면에 존재하는 사고

과정의 복잡한 터널 속에서 길을 잃기도 한다. 이들은 끊임없이 지적 수준을 개발할 수 있고 새로운 도전과제들이 계속 주어지고 프라이버시가 보장되며 독립적이고 조용한 환경에서 일할 수 있는 직업을 찾는다. 이들의 독립심이 가치 있게 평가되고 함께 일하는 동료들도 이들의 기준에 맞는 높은 능력을 보유하고 있는 조직에서 더욱 훌륭한 성과를 발휘한다.

▶▷ 고고학자, 설계자, 예술가, 생물학자, 화학자, 컴퓨터 프로그래머, 소프트웨어 디자이너, 컴퓨터시스템 분석가, 경제학자, 전자기술자, 엔지니어, 재무분석가, 역사학자, 판사, 변호사, 수학자, 연주자, 물리학자, 철학자, 연구자, 사회과학자, 사회학자, 전략기획가, 작가

ENTJ
지도자로 태어남, 외향적인, 열심인, 전적으로 참여하는, 야망 있는, 책임지는, 일반적인, 열성적인, 강인한, 참을성 없는, 두목 행세를 하는, 통제하는, 직접 대면하는, 논쟁하려는, 비평적인, 독설을 던지는, 두려워하게 만드는, 거만한, 직설적인, 자기 본위의, 전략적인, 의지가 강한, 조직적인, 정돈된, 효율적인, 장기 프로젝트를 기획하는 사람, 객관적인 문제해결사.

자율적이고 독립적이다. 말로 표현하는 데 능숙하다. 자신의 방식이 최고라고 굳게 믿는다. 철저한 논쟁과 명확한 증거를 통해 다른 방식이 더 낫다는 것을 설득할 수 있는 용감한 영혼을 만나기 전까지 이들은

결코 자신의 관점을 바꾸거나 타협하지 않는다. 이들의 에너지는 승리, 정상에 오르기, 경쟁에서 이기기, 목표에 도달하기에 초점이 맞추어져 있다. 인생을 게임으로 보며 다른 사람들을 게임의 한 부분이라고 여긴다. 다른 사람들을 계급으로 평가하는데, 자신보다 위에 있거나 아래에 있는 사람으로 나눈다. 경쟁상대가 되지 않을 사람들은 얕보는 경향이 있다.

직원이나 자녀들이 종종 적개심이나 반항심을 갖게 될 수도 있다. 다른 사람이 개선되도록 도와주는 것을 통해서 애정을 표현한다. 권력을 추구한다. (논쟁이라고 부르는 편이 더 자연스러운) 토론에 몰입하면서 학습하는 유형이다. 해볼 만한 프로젝트를 기획하고 조직화할 때, 현 상황을 개선하기 위해 자신이 가진 리더십을 발휘하고 에너지를 쏟아부어야 할 때, 목표를 달성하기 위해 사람들을 효율적으로 관리해야 할 때 최고의 성과를 발휘한다.

▶▷ 관리자, 운동선수, 경영컨설턴트, 기업 임원, 경제분석가, 엔지니어, 프로젝트 매니저, 기업가, 재무설계사, 변호사, 군장교, CEO, 프로그램 디자이너, 세일즈맨, 세일즈나 마케팅 팀장, 주식브로커, 감독관, 시스템 분석가,

INTJ

혁신적인, 독립적인, 개인주의자, 자급자족하는, 진지한, 단호한, 부지런한, 일반적인, 말없는, 재빨리 떠올리는, 통찰력 있는, 자기 본위의, 비판적인, 논쟁적인 토론가, 다른 사람들에게는 무심한 사람으로 비칠

수 있는, 전략적인, 의지가 강한, 조직적인, 정돈된, 효율적인, 포괄적인, 멀리 내다보는 예언자, 설계자, 객관적인 문제해결사.

자율적이고 독립적이다. 자원을 효율적으로 활용한다. 사소한 일에 시간을 허비하지 않는다. 자신의 비전에 대해 충성스럽다. 자신이 최상이라고 믿는 방법론이 아닌 다른 방법으로 일을 해야 할 때 고집스러워질 수 있다. 새로운 아이디어, 가능성, 시스템 개선을 지향한다. 이들의 모토는 '모든 것은 개선의 여지가 있다' 이다. 여기서 말하는 모든 것이란 절차나 시스템, 정보나 기술, 조직, 다른 사람들과 자신을 모두 포함한다. 교육을 성공으로 가는 길로 활용하고 대개 학력이 높다. 최신 컴퓨터를 구입하거나 최신의 것으로 업그레이드하는 등 최신 기술과 관련된 것들을 구매하고 활용하는 얼리 어답터 족이다.

주제에 대해서 심도 있게 연구하고 토론하고 논쟁하면서 배운다. 좀 더 예민한 다른 유형의 사람들이 INTJ가 벌이는 논쟁에 대해 긍정적으로 해석하지 않는다는 사실을 이들은 깨닫지 못할 수도 있다. 자신의 내면에 개선해야 할 것들과 정면으로 부딪침으로써 자아성장을 한다. 끊임없이 새로운 방향으로 자신의 한계를 확장시킨다. 역량이 뛰어나다. 개념적이면서도 실용적인 것들을 모두 받아들이고 이해한다. 숲과 나무를 모두 본다. 계획하고 실행하고 후속 조치하는 데 뛰어나다. 큰 그림을 보면서도 한편으로는 관련된 계획의 세부적인 부분에 대해서도 생각하고 훌륭하게 조직화한다. 종종 조직의 최고 위치까지 오른다. 이들은 새로운 프로젝트의 개념을 잡고 그것을 완성시킬 때까지 밀어붙일 수 있는 환경에서 최고의 성과를 발휘한다.

▶▷ 관리자, 분석가(경영, 재무), 설계자, CEO(최첨단기술과 관련된 회사), 컴퓨터 프로그래머, 디자인 엔지니어, 컨설턴트, 커리큘럼 설계자, 디자이너, 엔지니어, 기업가, 발명가, 판사, 변호사, 약리학자, 심리학자, 내과의사, 심장전문의, 신경전문의, 연구자, 과학자, 시스템 분석가, 대학교수, 기술자

ESFP

"오늘을 위해 살라. 내일 일은 내일 걱정하라." 따뜻한, 긍정적인, 다정한, 인기 있는, 명랑한, 도움을 주는, 관대한, 포용하는, 용인하는, 열정적인, 사교적인, 행동 지향의, 활발한, 열심인, 자발적인, 융통성 있는, 에너지 넘치는, 기민한, 재미를 추구하는, 쾌활한, 충동적인, 스릴을 찾는 사람.

현실적이고 실용적이다. 사람에 초점을 둔다. 수용적이고 현실적인 태도를 가지고 있으며 시류를 따라간다. 평소에도 밝고, 삶을 사랑한다. 쉽게 웃는데 심지어 자신을 보고도 웃는다. 모험을 좋아하고 두려움이 없다. 인기가 있거나 위험한 것이라면 시도해보려고 한다. 자신을 둘러싸고 있는 세상에 귀를 기울이고 있고 그 세상을 즐긴다. 쉬지 않고 즐거움을 찾는다. 일단 행동부터 하고 본다. 미래나 과거가 아닌 현재에 살면서 오늘 필요한 것을 위해 행동한다. 즉각적인 만족과 조화, 긍정적인 경험을 추구한다. 불쾌하거나 부정적인 경험은 피하거나 억제한다.

미리 계획하는 편은 아니다. 틀에 박힌 일과 절차, 제한, 갈등, 느린 진행, 장기 프로젝트를 싫어한다. 직접 참여하고 상호교류하며 학습한

다. 실행의 중심에 서서 다른 사람들과 조화롭게 어울리며 즐기는 가운데 즉각적이고 눈에 보이는 결과를 만들어낼 수 있는 직업을 갖고 있을 때 최고의 성과를 발휘한다.

> ▶▷ 버스 운전사, 아이를 돌보는 일, 내과의사(응급실), 경찰관, 목수, 코치, 코미디언, 이벤트 코디네이터, 기금조달자, 구조원, 정비사, 중재인, 상인, 연주자(흥겨운 음악), 간호사(응급실), 연예인, 물리치료사, 영화 프로듀서, 프로모터, 홍보, 리셉셔니스트, 세일즈, 세일즈 매니저, 소매상이나 소기업, 감독관, 유치원 교사, 투어 오퍼레이터, 여행사, 수의사, 웨이터/웨이트리스

ISFP

친절한, 민감한, 조용한, 겸손한, 자신을 내세우지 않는, 주는, 따뜻한, 꾸밈없는, 봉사 지향적인, 도움을 주는, 관대한, 포용하는, 용인하는, 다른 사람을 기쁘게 해주는, 사려 깊은, 공손한, 충성스러운, 믿어 의심치 않는, 헌신적인, 동정심 많은, 배려하는, 지지하는, 양육하는, 격려하는, 침착한, 태평한, 재미를 추구하는, 열린, 융통성 있는, 현실적인, 실용적인, 독립적인.

현실세계와 자신의 내면세계에 항상 연결되어 있다. 삶의 즐거움을 음미한다. 수용적이고 현실지향의 태도를 가지고 있으며 시류를 따라간다. 이들은 앞장서거나 경쟁하거나 영향을 끼치거나 통제할 필요가 없다고 생각한다. 조화를 추구한다. 다른 사람에게 자신의 가치관을 강요

하지 않는다.

일을 처리하는 자신만의 실용적이고 창의적인 방법을 찾는다. 직접 손으로 만들어내는 예술작품이나 수공예품을 통해서 자신을 표현하려 한다. 자신의 가치관을 표현할 수 있고 다른 사람들에게 봉사하거나 도움을 줄 수 있는 일을 할 때 최고의 성과를 발휘한다. 장사나 수공예 분야, 혹은 서비스 관련 직업에서 실용적인 교육을 받기 위해 대학을 가지 않을 수도 있다.

▶▷ 관리자, 공예가, 명장, 미용사, 경리사원, 식물학자, 목수, 요리사, 무용가, 전기기술자, 현악기 제작자, 마사지 치료사, 정비사, 의료기술자, 간호사, 물리치료사, 화가, 도예가

ESFJ

상냥한, 붙임성 있는, 긍정적인, 친절한, 베푸는, 따뜻한, 꾸밈없는, 마음에서 우러나는, 온화한, 배려하는, 본분에 충실한, 신뢰할 수 있는, 시간에 정확한, 공손한, 재치 있는, 사려 깊은, 자기희생적인, 양육자, 다른 사람을 기쁘게 해주는, 효율적인 관리자, 이벤트 기획자, 목표 지향적인, 도움을 주는, 협력적인, 변함없는, 몹시 충성스러운, 전통적인, 규칙에 얽매이는, 복잡하지 않은.

다른 사람들이 필요로 하는 것을 완벽하게 감지하고 미묘한 뉘앙스까지도 민감하게 잡아낸다. 사람들을 접대하는 데는 타고났다고 할 만큼 탁월하다. 어느 자리에서든 상냥함과 조화로움, 우애, 친목을 다지는 데

일조한다. ESFJ는 남성이나 여성 모두 사람들을 대할 때 따뜻한 마음씨를 지닌 어머니 같은 태도로 대하고, 배려하며 사려 깊은 모습을 보인다. 사람들이 자신에게 가장 중요하다고 여기기 때문에 다른 사람을 기쁘게 해주고 싶은 나머지 자신의 안녕을 뒤로한 채 다른 사람의 요구에 더 귀를 기울인다. 이들은 조화를 추구하고 다툼을 피한다. 규칙을 따르고 자신의 다짐을 지키려 하며 문제는 무시한다. 비평에 민감하다. 감사와 칭찬을 받고 싶어한다. '해야 하는 것'과 '하지 말아야 하는 것', 그리고 에티켓을 많이 의식한다. 가족과 가정은 이들의 열정이 주로 머무는 곳이다.

안정성, 조화, 인간관계, 실용적이고 직접적인 경험에 가치를 둔다. 이들의 일상은 조심스럽게 계획되고 꼼꼼하게 관리된다. 다른 사람들을 도와주고 배려하고 실질적으로 봉사할 수 있는 일, 이론을 배울 필요가 없는 일에서 이들은 최고의 성과를 발휘한다. 이벤트를 기획하고, 사람들을 조직하고, 눈에 보이는 결과를 가져오는 프로젝트를 위해 매일매일 관리하는 일에서 특히 실력이 뛰어나다. 이들이 효과적이고 새로운 방법을 습득하면, 그 방법이 이들에게 있어서 일을 처리하는 기준이 된다.

▶▷ 바텐더, 연회나 파티 음식 조달자, 요리사, 고객서비스 담당자, 이벤트 기획자, 코디네이터, 피트니스 코치, 매니저(사무실, 레스토랑, 호텔), 검안사, 은행 PB 담당자, 부동산 중개인, 리셉셔니스트, 세일즈(눈에 보이는 물품), 비서, 비행 승무원, 헤어드레서, 숙박업 매니저, 집사, 소매업이나 소기업, 사회사업가, 교사(초등학교, 특수교육, 가정학)

ISFJ

따뜻한, 성실한, 충성스러운, 사려 깊은, 도움을 주는, 침착한, 조용한, 헌신적인, 친절한, 열린, 양육하는, 현실적인, 인내심 많은, 책임감 있는, 의지할 수 있는, 매우 빈틈없는, 민감한, 전인적인, 포용적인, 자발적인, 실용적인, 만져서 알 수 있는, 공손한, 경쟁심이 없는, 동정심 있는, 근면하고 꼼꼼한, 효율적인, 전통적인.

모든 유형 중에서 가장 봉사정신이 투철하다. 주변 세상에 대해서뿐만 아니라 자기 내면의 절차에 대해서도 잘 알고 계속해서 주시한다. 자신과 다른 사람들을 위한 조화를 추구한다. 차분하고 조화롭다. 다른 사람에게 자신의 의견을 강요하지 않는다. 통제할 필요가 없다고 느낀다. 일을 처리하기 위해 자기만의 독창적인 방법을 발견한다. 직접 해보면서 배운다.

추상적인 관념과 이론에는 흥미가 없다. 목표를 이루기 위한 최상의 방법만을 일처리 절차의 표준으로 삼는다. 종종 창의적이고 기술도 뛰어나지만 나서는 것을 싫어하기 때문에 쉽게 눈에 띄는 법이 없고, 이들이 기여한 바가 주위에 알려지지 않을 때가 많다.

▶▷ 관리자(사회봉사), 상담가, 큐레이터, 고객서비스 담당자, 영양사, 치과 의사, 치과 위생사, 기업가, 학생 생활지도 교사, 헤어드레서, 미용사, 집안일 도우미, 숙박업 매니저, 사서, 레스토랑 매니저, 마사지 치료사, 미디어 전문가, 간호사, 직업치료사, 개인 비서, 인사관리자, 물리치료사, 세일즈(소매), 비서, 언어병리학자, 교사(유치원, 초등학교, 성인)

ESTP

외향적인, 현실적인, 실용적인, 문제해결사, 행동지향적인, 강인한, 열심인, 자발적인, 에너지 넘치는, 기민한, 느긋한 스타일, 직설적인, 두려움 없는, 자기편의대로 하는, 경쟁적인, 융통성 있는, 사교적인, 객관적인. 인기가 있거나 위험한 것이라면 시도해보려고 한다. 일단 행동부터 하고 나서 나중에 분석한다. "오늘을 위해 살라. 내일 일은 내일 걱정하라."

추상적인 관념이나 이론에는 관심이 없다. 집중할 수 있는 시간이 짧다. 대개 느긋하고, 개인의 권리와 자유를 가치 있게 평가한다. 미리 계획하지는 않는다. 살면서 닥치는 문제에 대해 그때그때 처리하는 방식을 선호한다. 현재 상황에 적응한다.

비상사태에 대해서 즉시 그리고 적절히 반응한다. 어려운 일을 해결하거나 불가능한 상황을 타개하는 데 열정을 보인다. 다른 어떤 유형보다도 규칙을 깨는 데 일가견이 있다. 엄격한 관료주의 체제에서는 힘들어하기도 한다. 속박되는 것을 싫어한다. 직접 해보면서 배우기 때문에 매뉴얼은 거의 보지 않는다.

자신이 투자한 시간이나 에너지, 돈에 대해 큰 보상을 원한다. 새롭고 흥분되는 스릴을 만끽하기 위해 일상적인 업무는 항상 뒤로 미루는 편이다. 종종 오토바이나 빠른 자동차, 파워보트, 스카이다이빙이나 이와 유사하게 단시간에 스릴과 오감으로 체험하는 즐거움, 새로운 것과 아직 남들이 하지 않은 것, 위험을 걸고 즐기는 스포츠에 종종 빠져든다. 손으로 작업하는 일을 즐기기도 한다.

▶▷ 운동선수, 스포츠 코치, 경매인, 목수, 기업가, 탐험가, 현장 기술자, 소방수, 피트니스 강사, 중장비 운전사, 구조원, 매니저(매일매일의 업무에 대해서 직접 관리), 마케터, 정비사, 군인, 협상가, 뉴스 리포터, 구급 의료사, 사진사(전쟁이나 모험), 파일럿, 경찰이나 탐정, 프로모터, 부동산 중개인, 세일즈, 스턴트맨, 분쟁조정자, 문제해결사, 트럭운전사, 웨이터/웨이트리스

ISTP

독립적인, 말없는, 냉정한, 호기심 많은, 자기편의대로 하는, 융통성 있는, 논리적인, 분석적인, 현실적인, 자발적인, 행동지향의.

모험심이 강하다. 인기가 있거나 위험한 것이라면 시도해보려고 한다. 대개 여유 있고 느긋한 태도를 갖고 있다. 개인의 권리와 자유를 가치 있게 평가한다.

즉각적으로 생겨나는 흥미 거리에 쉽게 열광하고 빠져든다. 주위 세계를 끊임없이 주시하고 관찰한다. 미리 계획하지는 않는다. 살면서 닥치는 문제들에 대해 그때그때 처리하는 방식을 선호한다. 현재 상황에 적응한다.

어려움이 가장 적은 길을 따라간다. 비상사태에 즉시 그리고 적절히 반응한다. 현실적인 철학을 가지고 있으며 삶에 대해 자유방임적인 태도를 취한다. 규칙과 속박을 싫어하고 다른 사람에게 자신의 생각을 강요하는 것도 싫어한다.

종종 오토바이나 빠른 자동차, 파워보트, 스카이다이빙이나 이와 유

사하게 단시간에 스릴과 오감으로 체험하는 즐거움, 새로운 것과 아직 남들이 하지 않은 것, 위험을 걸고 즐기는 스포츠에 종종 **빠져든다**. 손으로 작업하는 일을 즐기기도 한다. 이들의 초점은 사람보다는 사물이나 객관적인 정보에 맞추어져 있다.

▶▷ 앰뷸런스 운전사, 스포츠 코치, 버스 운전사, 목수, 요리사, 건설 근로자, 치과 보조사, 운전사, 기업가, 엔지니어, 농부, 현장 기술자, 육체노동자, 구조원, 매니저(매일매일의 업무에 대해서 직접 관리), 정비사, 군인, 검안사, 약사, 내과의사(병리학), 사진사(뉴스), 파일럿, 비서, 스턴트맨, 검사관, 기술자, 분쟁조정자, 문제해결사, 트럭 운전사, 비디오카메라 기사

ESTJ
체계적인, 신중한, 철저한, 현실적인, 효율적인, 단호한, 근면한, 본분에 충실한, 충성스러운, 성실한, 보수적인, 공격적인, 책임지는.

한곳에 집중한다. 스스로를 통제하며 다른 사람을 통제하려 한다. 강한 책임감을 갖고 있다. 사교적이고 활동적이어서 파티와 같은 자리를 즐기는 유형이다.

자신의 의견이나 관점을 주변에 분명히 드러낸다. 고위 경영진과 같이 막중한 책임을 요구하는 자리까지 올라가는 편이다.

이들은 현실적이고 실용적이며 즉각적이고 객관적인 성격의 일을 선호한다. 또, 모호하지 않고 분명한 목표가 있어야 하며 후속 조치와 끈

기가 필요한 일, 눈에 보이고 측량 가능한 결과를 만들어내는 일을 선호한다. 타고난 매니저이자 관리자. 무슨 수를 써서든지 자신의 다짐을 지켜낸다. '해야 하는 것'과 '하지 말아야 할 것'의 관점에서 생각한다. 다른 사람의 관점을 이해하거나 다른 사람의 관점에서 보는 것은 이들에게 매우 어려운 일이다. 먼저 일하고 나중에 논다.

업무의 표준 절차가 세워져 있는 안정되고 조직적이며 관료주의적인 조직에서 일하는 것을 선호한다. 규칙을 준수한다. 안전을 추구한다. 전통 그 자체와 전통적인 가치를 수호하고 유지한다.

목표를 달성하기 위해 열심히 달려가는 도중에 다른 사람을 짓밟는 경향이 있다(대개 자신은 이 사실을 알아차리지 못한다). 군인들 중에서 ESTJ 유형을 쉽게 볼 수 있다.

▶▷ 스포츠 코치, 은행원, 컴퓨터시스템 분석가, 요리사, 기업의 임원, 영양사, 전기 기술자, 엔지니어, 기업가, 장의사, 보험사 직원, 브로커, 보험업자, 판사, 매니저(소매업, 프로젝트, 레스토랑, 은행, 정부), 정비사, 군인, 간호사, 검안사, 약사, 내과 의사, 경찰관, 구매담당자, 학교 교장, 세일즈, 주식 브로커, 감독관, 교사(수학, 체육, 공작, 기술)

ISTJ
체계적인, 신중한, 철저한, 현실적인, 효율적인, 단호한, 근면한, 본분에 충실한, 충성스러운, 성실한, 보수적인.

강한 책임감을 갖고 있다. 원래는 매우 내향적이지만 실용성을 위해 외향적으로 행동하는 법을 배운다. 이들은 현실적이고 실용적이며 즉각적이고 객관적인 성격의 일을 선호한다.

또, 모호하지 않고 분명한 목표가 있어야 하며 후속 조치와 끈기가 필요한 일, 눈에 보이고 측량 가능한 결과를 만들어내는 일을 선호한다. 무슨 수를 써서든지 자신의 다짐을 지켜내려 애쓴다. '해야 하는 것'과 '하지 말아야 할 것'을 분명하게 구분 짓고 실천한다. 먼저 일하고 나중에 논다.

업무의 표준 절차가 세워져 있는 안정되고 조직적이며 관료주의적인 조직에서 일하는 것을 선호한다. 규칙을 준수한다. 안전을 추구한다. 전통 그 자체와 전통적인 가치를 수호하고 유지한다. 군인 중에서 ISTJ유형을 쉽게 볼 수 있다.

▶▷ 회계사, 관리자, 분석가, 회계 감사관, 은행원, 버스 운전사, 요리사, 화학자, 컴퓨터시스템 분석가, 컴퓨터 프로그래머, 기업의 임원, 치과 의사, 영양사, 전기 기술자, 엔지니어, 기업가, 농부, 현장 기술자, 공무원, 경비원, 매니저(소매업, 프로젝트), 정비사, 군인, 약사, 경찰관, 학교 교장, 언어병리학자, 외과의사, 교사(수학, 체육, 공작, 기술), 기술 작가(특정 제품이나 기술에 전문성을 가진 작가).

외향성과 내향성

외향성이나 내향성으로 자신을 단정 짓는 것도 편리할 수는 있지만 사실 사람들은 누구나 2가지 성향을 모두 가지고 있다. 자신이 외향이나 내향이라고 믿고 있던 사람도 어느 순간 정반대 성향의 욕구를 보이는 자신을 발견하고 놀라기도 한다.

우리가 해야 할 일은 자신의 외향성과 내향성이 각각 어느 정도의 비율인지 알아서 둘 사이의 균형을 유지하는 일이다. 예를 들어, 만일 당신이 외향성과 내향성을 각각 50퍼센트씩 가지고 있는데 직장에서 대부분의 시간을 혼자 보낸다고 하자. 머지않아 당신은 사람들을 만나고 싶어질 것이다. 반대로, 하루 종일 사람들과 대면하며 보내야 한다면 아마 퇴근 후에는 집에서 뒹굴며 책을 읽거나 TV를 보면서 혼자만의 시간을 가지려 들 것이다.

외향이든 내향이든 필요한 만큼의 욕구를 채우지 못한다면 내면의 강력한 힘이 영향을 발휘하여 적절한 균형을 맞추고 싶어지게 만들기 때문이다.

되도록 비용을 들이지 않고 연구를 하려는 내 성향 탓에 한번은 친구에게 조사를 부탁했다.

이 친구는 최근에 이혼하고 싱글족을 위한 바에 자주 다녔다. 나는 이 친구에게 되도록 많은 싱글 여성들에게 접근해서 그들 안에 잠재한 외향성과 내향성에 관해 묻는 설문지의 응답을 받아달라고 했다. 그 친구는 이 일을 자신에게 아주 좋은 기회라고 받아들였고 열정을 가지고 봉사했다. 그 결과, 평일 밤에 싱글족을 위한 바를 찾는 70퍼센트의 여성들이 자신이 하는 일이 기대하는 것보다 덜 외향적이라고 했다. 그래서 일이 끝나고 나면 외향성의 욕구를 보충하기 위해 집을 나와 사람들과 어울리고 싶어진다는 것이다.

반대로, 하는 일이 자신이 기대하는 것보다 덜 내향적이라면 앞의 경우와 반대 현상이 나타날 것이다.

외향성과 내향성에 대한 잘못된 믿음 중 하나가 외향성인 사람은 언제나 다른 사람들과 어울릴 때 에너지가 충만해지고 내향성인 사람은 언제나 혼자 있을 때 에너지가 축적된다는 것이다.

에너지를 외부에서 얻는 사람은 아무도 없다. 에너지는 언제나 우리 내면에서 나온다. 사실 당신 자체가 에너지라고 말할 수 있다. 하지만 살다보면 외향성과 내향성의 균형이 맞지 않을 때가 있고 이럴 때 당신은 에너지가 부족하다거나 충족된다고 느끼게 되는 것이다.

직장에서 기인하는 불균형이 퇴근 후의 시간을 통해 실제로 해결되는 경우는 많지 않다. 왜냐하면 퇴근 후에 하는 활동은 대개 자유로운 선택에 따른 것이라기보다는 강박증의 결과이기 때문이다. 그렇기 때문에 당신이 필요로 하는 균형을 제공할 수 있는 직업을 선택하는 것이 특별히 중요하다.

당신만의 완벽한 균형 상태가 어떤 것인지 확인하는 가장 좋은 방법은 당신의 삶을 되돌아보는 것이다. 그동안 해온 다양한 일과 학교생활, 여가를 보내는 방법을 되돌아보면서 2개의 기질이 얼마만큼의 비율을 차지해왔는지 살펴보는 것이다.

당신은 어느 정도의 비율이 가장 완벽한 균형 상태인가? 예를 들면 "나는 60퍼센트는 내향성이고 40퍼센트는 외향성이다"라고 대답할 수 있을 것이다. 어떻게 하면 직장에서 이 균형 상태를 유지할 수 있을지 천천히 생각해보자. 생각이 끝나면 워크북의 전제조건 목록을 펼쳐보자. 새롭게 다짐하고 싶은 것이 있는가?

탐구과제 11

나의 기질 탐색

워크북 56쪽

성격유형 테스트를 통해 자신의 기질을 파악했을 것이다. 당신의 기질이 새 직업에 얼마나 반영되기를 바라는가?

당신에게 가장 잘 맞는 일을 찾아보자.

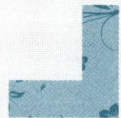

Chapter 10

성공의 기본 공식,
재능 + 시간과 에너지

　오리 한 마리를 가져다가 연못에 놓아준다면? 사막에서 살아서 한 번도 헤엄쳐본 경험이 없는 오리라고 해도 즉시 새로운 환경에 적응해 편하게 돌아다닐 것이다. 연못 생활에 관한 한 오리만큼 빨리 적응할 후보자는 없을 것이다. 설령 그 오리가 한 번도 연못 생활을 해본 경험이 없더라도 달라지지 않는다. 왜냐하면 오리는 물에서 재능을 발휘하도록 설계되었기 때문이다. 물갈퀴가 달린 발, 연못 주변에서 먹을 것을 잡기 쉽게 생긴 부리, 물에 떠 있을 수 있게 뗏목과 같은 역할을 해주는 속이 비어 있는 깃털, 물에 젖지 않게 해주는 방수시스템, 얼음처럼 차가운 물에서도 체온을 유지시켜주는 솜털 등 오리는 수영에 이상적인 재능을 두루 갖추고 있다.
　들판에 사는 모든 짐승과 하늘을 나는 모든 새는 자신의 삶을 영위할 수 있도록 완벽하게 설계되어 있다. 수백만 년 동안 대자연은 자연세계에서 어울리지 않는 요소를 하나하나 제거하고 맞는 요소만 골라서 선택해왔다.

다른 동물과 인류가 보이는 가장 큰 차이점은, 동물은 각 종간에 서로 비슷한 점이 많다는 것이다. 같은 종간에는 더욱 차이가 없는데, 특히 기린은 서로 간에 아주 흡사하다. 그러나 인류는 다르다. 개인 간의 차이가 두드러진다. 우리는 다른 사람들과 성격이나 기질, 흥미 분야가 다를 뿐만 아니라 타고난 재능도 다르다. 각자는 특정한 업무에 관해서 더 쉽게 터득할 수 있도록 아주 특별한 재능을 타고났다.

사람의 지문이 제각기 다른 것처럼 누구나 독특한 재능을 갖고 태어났다. 이렇게 재능을 타고났기 때문에 특정한 업무는 쉽고 즐겁게 할 수 있지만, 아무리 노력해도 고통스러운 업무가 있게 마련이다. 재능은 습득된 지식이나 기술, 흥미와는 별개다. 당신의 흥미 분야는 계속해서 바뀔 수 있다. 새로운 기술과 지식도 습득할 수 있다. 하지만 고유의 타고난 재능은 변하지 않고 평생 동안 당신과 함께한다. 따라서 타고난 재능을 더 잘 이해할수록 더 만족스럽고 성공적인 직업을 선택할 확률은 높아진다.

> 인생에서 중요한 것은 위대한 목표를 갖는 것과
> 그것을 이룰 수 있는 재능과 끈기를 갖는 것이다.
>
> *괴테*

재능의 미스터리

지금까지도 타고난 재능과 소질이라는 주제는 과학자들에게 미스터리로 남아 있다. 지난 몇 년간 과학자들은 인간의 생각에 관한 연구에서 눈부신 발전을 이루어냈다. 개인의 차이를 설명해주던 과거의 이론은 모두 사라졌다.

앞을 내다보는 과학자들은 분명히 또 다른 지능의 종류가 있을 것이라고 생각했다. 인간의 두뇌는 IQ테스트로 측정되는 하나의 커다란 컴퓨터와 같은 것이 아니라 더 작은 단위의 고도로 전문화된 요소를 가진 복합체일 것이라는 가정이다. 그렇다면 당신이 다른 친구들보다 어떤 면에서는 더 낫지만 다른 친구들이 당신보다 다른 면에서는 더 나은 이유가 설명된다.

하버드대학교 심리학자 하워드 가드너는 지능을 7개의 종류로 분류했다. 사람은 누구나 7개의 지능을 갖고 있으며 그 정도는 사람마다 다르다는 주장이다. 그의 명저 『생각의 틀Frames of Mind』에서 사람은 7개 지능의 강도 차이에서 오는 독특한 특징을 갖게 된다고 말한다. 그가 말하는 7개의 지능이란 언어, 음악, 논리-수리, 공간, 신체-운동, 자기이해, 그리고 대인관계 지능이다.

다른 연구자들도 자기만의 다중지능 이론을 개발해냈다. 각각의 항목은 이론들 간에 다르지만 다중지능이라는 중심 주제는 똑같다. 심리학의 대가들이 서로의 이론이 지닌 차이점에 대해 연구하느라 정신없는 동안 고등학교에 다니는 평범한 아이들은 인간의 능력에 대해 더 정확한 관점을 가지고 적용해왔다. 아이들은 서로 간에 더 잘하는 것이 다르다는 것을 직감으로 이해하고 있다. 좋은 성적을 받는 것, 금방 게임을 익히는 것, 운동, 아기 보는 것, 사람이나 행사를 조직하는 것 중에서 특별히 더 잘하는 것이 있게 마련이다. 그래서 컴퓨터를 잘하는 내향성의 친구에게 교내 행사를 홍보하는 일을 시키거나 어디로 튈지 모르는 개구쟁이 친구에게 학교신문 교정을 맡기지는 않는다.

누군가 특정한 부문에서 매우 뛰어난 성과를 만들어내면 우리는 그 사람이 '재능'을 갖고 있다고 여긴다. 지난 몇 년 동안 우리는 모든 사람이 각자 고유의 재능을 갖고 있다는 것을 이해하기 시작했다. 이제 우리는 사람들의 재능이 마치 오케스트라의 악기처럼 우리 안에 있는 다양한 능력의 조합을 통해 만들어진다는 것을 알고 있다. 당신이 가진 다중지능을 이해할 수 있는 지식과 도구를 갖게 되었으니 이러한 능력을 더 잘 활용할 수 있는 직업을 선택하는 일이 더 수월해졌으리라 믿는다.

재능만으로는 부족하다

수백만 년 동안 인류는 자녀에게 환경에 적응하는 법을 전해왔다. 우리가 성인이 될 때쯤 갖게 되는 능력의 50퍼센트 이상은 이런 방식, 즉 학습을 통해 얻은 것들이다. 인간이라면 누구나 이러한 기본적 기술을 배울 수 있는 재능을 타고났다.

일반적으로 사람들은 자신이 잘하는 것을 즐기는 편이다. 특별히 강요받지도 않았는데 어떤 기술에서 뛰어난 실력을 보인다면 그것은 타고난 재능 때문이라고 해석해도 무방하다. 또 만일 누군가 많은 시간을 특정한 취미생활에 투자하면서 적극적으로 즐긴다면 그 분야가 그 사람의 타고난 재능과 관련 있다고 볼 수 있다. 특정한 능력을 타고난 사람은 어떤 기술을 배울 때 매우 쉽게 원하는 단계까지 올라간다. 똑같은 에너지와 노력을 들인다면 재능을 적게 타고난 사람이 1단계에 올라가는 동안 재능을 타고난 사람은 10단계까지 올라갈 수 있다.

따라서 직장생활이 하늘을 날아다니는 것처럼 즐거운 일이 되게 하고 싶다면, 먼저 고유의 재능을 살릴 수 있는 직업을 선택하고, 진정한 고수가 될 때까지 시간과 에너지를 투자해야 한다. 재능과 학습한 기술은 무적의 듀엣이다.

내게 맞는 일을 찾을 수 있을까

사람은 누구나 자신이 즐기면서도 정말 잘하는 일을 할 때 더 잘할 수 있고 더 많은 일을 해낼 수 있다. 누군가 최고 수준의 성과를 만들어냈다면 그것은 그 사람이 본래 타고난 재능 위에 학습한 기술과 경험을 쌓아올린 덕택이다. 가장 중요한 것은 본래 타고난 재능의 역할이다. 자신의 일을 사랑하면서도 실제로 성공적인 결과를 만드는 사람은 시간이 흘러갈수록 자신의 강점을 활용하는 일에 더 많은 시간을 투자하게 마련이다. 그들은 재능을 갖고 있지 않은 분야에는 시간을 별로 투자하지 않는다. 그들의 삶은 자신이 가장 잘하는 것에 집중된다. 고개를 들어 주위를 돌아보면 인간을 빼고 모든 동물이 원래 그렇게 살아간다. 오리와 연못, 호랑이와 정글, 이처럼 완벽하게 딱 맞는 것이 또 어디 있겠는가? 자신의 분야에서 성공한 데다가 자신의 일까지 사랑하는 사람을 보면 우리는 부러움을 느낀다. 그는 자신의 연못, 자신의 정글을 찾은 사람이다. 그의 재능은 그가 하는 일과 완벽하게 일치한다.

당신은 아마 그 소수의 사람 중 한 사람이 아닐지도 모른다. 왜냐하면 만일 그렇다면 이 책을 읽고 있지 않을 것이기 때문이다. 이제 당신에게 던져야 할 질문은 이것이다. "나의 재능과 잘 어울리는 일을 어떻게 찾아야 할까?" "자신의 재능과 일을 일치시키는 데 성공한 사람처럼 나도 그렇게 하려면 어떻게 해야 할까?"

직업 테스트 프로그램

자신의 재능과 기질을 분명히 파악하지도 않은 상태에서 직업이나 진로를 결정하려는 것은 말도 안 되는 일이라고 나는 굳게 믿는다. 이 책에서 제시하는 다양한 탐구과제를 통해서 당신 자신에 대해서 많은 것을 알 수 있겠지만, 특히 당신이 가진 재능과 기질을 확인하기 위해서 테스트 프로그램을 활용할 필요가 있다. 이 프로그램은 직업 상담사들이 전통적으로 제시해온 것들과는 성격이 전혀 다르다. 많은 사람들이 기존의 직업 흥미 검사가 삶과 직업을 결정하는 데 별 도움이 되지 않았다고 증언한다. 그러나 능력을 테스트하는 프로그램은 전적으로 다르다. 이것은 타고난 재능을 측정하기 때문에 당신이 직업을 선택하는 데 있어서 정말 중요한 것을 깨닫게 해줄 것이다.

직업 테스트 프로그램을 경험한 많은 고객이 프로그램의 유용성에 대해 피드백 해줄 때 가장 기쁘다. 중년의 고객들은 지금까지 자신이 원하던 만족과 성공을 얻지 못한 이유가 무엇인지 즉시 깨달을 수 있었다고 말했다. 많은 고객이 "이 프로그램을 몇 년 전에 했더라면 더 좋았을 텐데…." 하고 아쉬워했다. 직업을 처음으로 선택하는 젊은 사람들은 처음으로 자신에게 가장 잘 맞는 직업이 어떤 것인지, 또 왜 잘 맞는지 알 수 있게 되었다고 말했다. 나이에 관계없이 모든 사람들이 자신의 중요한 재능과 미래의 직업을 조화롭게 접목시키는 방법을 깨닫게 되었다고 한다.

타고난 재능과 특성 찾기

공간감각

어떤 사람은 3차원의 현실을 쉽게 이해하는 능력을 타고난다. 대개 이들은 '사물'을 직접 다루거나 사물에 대해 생각해야 하는 일을 주로 하는 직업을 갖고 있을 때 가장 행복하다. 생물학자나 건축가는 하루 종일 3차원의 물체에 대해 생각한다. 물리적으로 그 물체와 접촉하지 않더라도 관계없다. 3차원을 인식하고 활용하는 재능을 갖고 있지 않은 건축가는 머지않아 자신의 직업을 싫어하게 될 가능성이 매우 높다. 이런 재능을 가진 사람은 공간감각이 필요 없는 직업을 갖게 될 경우 자신과 잘 맞지 않는다고 느끼게 된다. 공간감각에 관한 재능을 필요로 하는 직업은 목공이나 배관, 정비, 건축, 인테리어 디자인, 엔지니어링, 로봇공학, 발명, 안무, 조각 분야 등이 포함된다.

또 어떤 사람에게 삶이란 3차원의 현실과는 거리가 먼 '개념'으로 이루어져 있다. 공감각의 재능과 반대되는 쪽이다. 이쪽에 속하는 사람은 비 물리적인 개념적 현실을 잘 이해하는 능력을 타고났다. 공간감각이 뛰어난 사람은 집을 볼 때 집의 구조나 물리적인 측면에 초점을 맞추는 반면, 반대쪽에 속하는 사람은 그 집 안에 살 사람들의 생활이나 집에 투자하는 가치, 또는 그 집을 볼 때 느껴지는 감정에 초점을 맞춘다. 그래서 이쪽 사람에게 어울리는 직업은 시문학, 법학, 인공지능, 통계학, 사회학, 언어학, 예술비평, 재무, 기업 경영, 세일즈와 마케팅, 경제학 등을 가르치는 일이다.

추상성과 구체성

본래부터 결과 지향적이고 구체적인 결과를 추구하는 사람이 있다. 이 특성은 '일을 마무리하는' 비즈니스를 하는 사람에게 매우 중요한 특성이다. 한편, 어떤 사람은 추상적인 것에 대해 심사숙고한다. 이런 특성을 강하게 가진 사람은 이론이나 개념 중심의 일을 할 때 대개 만족한다. 이들이 하는 일은 굳이 물리적으로 눈에 보이는 결과를 만들어내지 않아도 되는 것이다. 예를 들면, 많은 경제학자들이 트렌드에 관한 자신의 추측이 부정확했다고 결론 나도 크게 동요하지 않는다. 그들의 관심은 매우 추상적인 현실에 가 있기 때문에 자신의 생각이 현실적인 실용성과 직접적인 관련이 없어도 무방하다. 이것을 앞서 알아보았던 '공간감각'과 연결해보면 새로운 단서를 찾아낼 수도 있다.

공간감각이 있으면서 구체성을 추구하는 사람은 엔지니어나 건설, 토목관련 업무에 적합하다. 공간감각이 있으면서 추상성을 추구하는 사람은 아인슈타인 같은 사람이 될 수 있다. 공간감각이 없으면서 구체적인 결과를 지향한다면 주식 브로커나 기업 경영자가 적합하다. 공간감각이 없으면서 추상성을 추구한다면 철학자나 융 같은 심리학자가 될 수 있을 것이다. 물론 이 외에도 다양한 가능성은 여전히 존재한다.

문제 해결 특성

사람들이 누군가에 대해 '훌륭한 문제 해결사'라고 평가할 때 그들이 놓치고 있는 것은 문제 해결 능력에는 여러 요소가 복합적으로 필요하다는 사실이다. 가장 일반적인 요소는 문제를 진단하고 분석적으로 추론하는 것이다. 이 특성이 강한 사람은 매일 이 특성을 발휘할 출구를 찾을 필요가 있다.

특징 추론

특징 추론은 관련이 없어 보이는 사실 간의 관계를 재빨리 찾아내고 흩어진 조각 같은 증거를 조합해 정확한 결론을 만들어내는 재능이다. 이것은 논리적이고 순차적인 단계를 거치지 않고 곧바로 정확한 결론으로 도약할 수 있는 능력이다. 이 능력을 가진 사람은 겉으로는 관련 없어 보이는 정보 조각들 사이의 연관성을 즉시 인식한다. 이러한 능력은 논리적으로 문제를 해결할 방법이 보이지 않거나 모든 사실을 다 수집하기도 전에 정확한 진단을 해야 하는 경우에 특히 유용하다. 과학자들은 이러한 능력을 활용해서 분리된 정보 조각들의 연관성과 관계를 인식하여 새로운 이론을 창조해낸다. 뉴턴은 운명의 그날 사과가 머리 위에 떨어질 때 특징 추론 능력을 발휘하여 중력을 발견했다.

이 능력을 사용하는 내과의사는 여러 증상의 원인을 파악하고 병명을 정확하게 빨리 집어낸다. 비평가는 영화나 레스토랑을 비평할 때, 많은 개인적 인상을 통합하여 하나의 결론을 내릴 때 이 능력을 사용한다. 이 능력을 가진 사람은 끊임없이 새로운 문제를 필요로 한다. 그들은 새로운 기술이나 일을 배우는 데 금세 빠졌다가 모든 것을 해결하거나 다 알아버리고 나면 지루해한다. 특징 추론 능력이 뛰어난 사람이 이 능력을 거의 사용하지 않는 일을 하게 되면 이 능력을 눈에 보이는 것에 써버린다. 예를 들면, 직장이나 상사를 비평하고 때로는 자신을 비판하기도 한다.

특징 추론을 활용하는 일은 응급실 근무, 광고, 코미디, 상담, 비평적 글쓰기, 복잡한 개념 가르치기, 비평(영화, 문학, 방송, 레스토랑 등), 자동차 정비와 같은 수리관련 일, 분쟁을 조정하는 일 등이다.

분석 추론

분석 추론은 현대사회에서 가장 신뢰받고 있는 문제 해결 형태이다. 이 능력을 가진 사람은 개념이나 정보, 또는 사물을 논리적인 순서에 따라 조직화해서 문제를 해결한다. 이 능력이 뛰어난 사람은 기획하고 조직화하고 순서를 정하고 계획하고 논리적인 난제를 해결하는 일이 계속되는 환경에서 가장 행복해한다. 분석 추론은 엔지니어링이나 컴퓨터, 편집 분야에서 전적으로 필요한 능력이다. 이 능력이 필요한 분야로는 자료 분석, 컨퍼런스 기획, 법률, 경영계획, 투자분석 등이며 자원이나 스케줄, 인적자원, 경영정보 등을 조직화하는 데 많은 시간이 필요하다면 어느 직업이든 분석 추론 능력이 필요하다.

아이디어 순환율

새로운 아이디어나 계획, 또는 애깃거리가 한없이 쏟아져 나오는 사람이 있다는 것을 눈치 챈 적이 있는가? 아이디어 순환율이 높은 사람은 생각의 흐름이 아주 빨라서 오랜 시간 동안 집중하는 것을 힘들어 한다. 외향형 사람들을 보면 쉽게 이해할 수 있을 것이다. 왜냐하면 그들은 자발적으로 의사소통하고 즉흥적으로 재빨리 생각할 수 있기 때문이다. 내향형 사람은 아이디어 순환율이 어떤지 심도 있는 검사를 하기 전까지는 알기 어렵다. 이 능력이 낮다는 것은 생각의 속도가 느리고, 집중을 더 잘한다는 것을 의미한다. 예술분야에서는 근대 미술의 거장 피카소와 같은 사람이 빠른 아이디어 흐름을 보여주는 좋은 본보기다. 반대로 이 능력이 낮은 사람은 장시간 동안 자연스럽고 쉽게 집중력을 유지할 수 있는 편집자 같은 사람이다. 예를 들자면, 응급실에서 잘하는 사람은 아이디어 순환율이 빠른 사람일 수 있고, 수술실에서 잘하는 사람은 낮은 사람일 가능성이 높다. 대부분의 사람들은 아주 높거나 아주 낮은 정도 수치에서 중간 어디엔가 머문다. 만족도가 최고로 높은 직업을 찾는다면 당신의 아이디어 순환율과 가장 잘 맞는 일을 선택하는 것이 필수이다.

높은 수준의 아이디어 순환율을 필요로 하는 직업에는 광고, 세일즈, 학교교사, 트레이닝, 강의, 소설 쓰기, 즉흥적인 예술, 기업 경영, 출판, TV, 라디오, 로비활동, 리셉션, 사람을 접대하는 분야 등이 포함된다. 낮은 수준의 아이디어 순환율이 필요한 직업으로는 주의 집중하는 능력이 장점으로 통할 수 있는 분야다. 아이디어 순환율이 낮다고 해서 높은 사람보다 더 열등한 아이디어나 해결책을 제시한다는 것이 아니라 제시하는 수가 더 적다는 뜻이다. 이것이 때로는 장점이 된다. 비즈니스에서, 높은 아이디어 순환율을 가진 사람은 자신의 무한한 상상에 따라서 계속해서 지시 내용을 번복할 가능성이 높다. 낮은 아이디어 순환율을 가진 사람은 전통적인 경영기법을 활용하는 곳에서 그 실력을 발휘하는 데, 이것은 표준 업무 절차에 따라서 꾸준히 산 위로 눈을 굴려서 키워 가듯 지속적인 업무에 적합하다는 의미다. 낮은 수준의 아이디어 순환율을 요구하는 직업은 은행, 기업경영, 연구, 회계, 엔지니어링, 품질관리, 생산관리, 치과, 관리 분야이다.

미래 예측 능력

쉽고 자연스럽게 자신의 미래 예측 능력을 측정하는 지표다. 미래 예측 지표가 높다는 것은 오랜 기간 동안 지속되는 프로젝트를 선호한다는 의미다. 세일즈 분야에서 이 지표가 높은 사람은 수개월 동안 계획하고 협상하여 계약까지 완료시켜야 하는 물품이나 서비스를 판매할 때 더 높은 만족을 누릴 수 있다. 반대로 지표가 낮은 사람은 단기간 내에 모든 것을 완료할 수 있는 것을 판매할 때 만족한다. 이런 사람은 고객을 만나서 판매를 하고 바로 다음 고객을 만나는 것을 선호한다.

시각적 꼼꼼함

시각적 꼼꼼함이 높다는 것은 서기 업무나 서류 업무를 정확하고 재빠르게 처리하는 재능을 가졌다는 뜻이다. 이것은 편집이나 회계, 서기 업무, 은행, 법률 등과 같이 서류 작업이 많이 필요한 곳에서 유용하다. 만일 당신이 시각적 꼼꼼함을 지녔다면 서류 작업을 반드시 좋아할 필요는 없지만 재빨리 처리하는 데는 도가 튼 사람일 것이다. 교정하는 데는 타의 추종을 불허할 것이고 세부적인 것을 잘 챙길 것이다.

반대로 이 지표가 낮은 사람은 세부적인 것을 처리하거나 오자를 찾아내는 재능은 없는 편이다. 이 지표가 높은 사람은 나무만 보고 숲은

보지 못한다. 시각적 꼼꼼함을 지닌 사람들은 삶을 잘게 나누어서 보기 때문에 '큰 그림'을 놓치는 일이 많다. 그들은 숲이 측정 가능하고 구체적인 숫자로 이루어진 '나무들의 조합'이라고 본다. 대부분의 내과 의사들은 시각적 꼼꼼함이 매우 높은 편에 속한다.

연상 기억

연상 기억력이 높은 사람은 단어를 익힐 때 다른 언어와 연관시켜서 기억한다. 이 능력은 외국어를 공부할 때나 전문 용어를 익힐 때 활용된다. 여러 사람의 이름을 기억해야 하는 정치인과 같은 사람에게 유용하다. 이 지표가 낮거나 보통이라는 것이 언어를 공부하지 못한다는 것을 뜻하지는 않는다. 단지 단어를 암기해야 할 때 시간이 좀 더 걸린다는 것뿐이다. 이 지표가 매우 낮은 사람은 많이 암기해야 할 필요가 있는 일은 삼가는 게 현명한데, 예를 들자면 컴퓨터 프로그래밍 같은 것이 있다.

숫자 기억

이 지표가 높은 사람은 숫자와 세부적인 것을 잘 기억하는 재능을 갖고 있다. 회계, 은행, 세법, 통계 분야에서 유용하다. 숫자 기억 능력이 높은 사람은 방대한 범위의 백과사전식 사실과 세부 내용을 잘 기억한다. 이 능력이 필요한 곳은 특히 재고 관리 분야, 투자 분야이다.

디자인 기억

디자인 기억 능력은 시각적 이미지를 쉽게 기억하는 것이다. 이것은 이전에 보았던 디자인을 기억해야 할 필요가 있는 건축가에게 유용하다. 도시 곳곳을 알고 기억해야 하는 택시 운전사에게도 이 능력은 강력한 무기가 된다. 이 능력이 높은 사람은 한두 번 가본 곳도 기억을 더듬어 쉽게 방향을 찾는다.

손의 속도와 정확성

손 움직임의 빠르기와 정확성에 대한 재능이다. 외과의사나 화가에게 분명히 필요하다. 이 능력이 높으면 반드시 그렇지는 않더라도 적어도 이 능력을 취미에 활용하고 있을 것이다. 예를 들면, 나무 조각하기, 그림 그리기, 소묘, 요리, 뜨개질, 분장, 원예, 서예, 악기 연주 등이다.

신체-운동

신체 지능은 몸을 민감하게 느끼는 것과 최고의 경지로 몸을 활용할 수 있도록 통제하는 능력, 이 두 가지가 결합된 것이다. 이 능력은 운동선수나 연기자, 건설 인부, 농부, 사냥꾼, 무용수, 군인, 외과의사, 정비사, 치과의사, 마사지치료사, 드럼 연주자 등에게 필요하다.

직관

직관은 합리적인 사고 과정이나 문제해결 능력을 사용하지 않고 어떤 것을 감지하거나 아는 능력이다. 수백 년 동안 연구되어온 주제임에도 불구하고 우리는 아직 직관이 정확하게 무엇인지, 그것이 어떻게 작동하는지, 어디에서 나오는지 알지 못한다. 분명히 말할 수 있는 것은 인식이나 진실, 해결책, 그리고 새로운 아이디어가 알지 못하는 근원으로부터 마음의 스크린에 투사된다는 것이다. 우리가 직관에 대해 알고 있는 또 다른 사실은 이것이 누구는 갖고 있고 누구는 갖고 있지 않은 능력이 아니라는 것이다. 인류 문화사에서 변화의 시기가 도래할 때마다 많은 사람들은 직관을 통해 새로운 틀을 창조해냈다. 망치와 못을 들고 실제로 뚝딱거려서 무언가를 만들어내는 사람이 공적을 인정받기는 하지만 그 이면에 다른 많은 사람이 직관의 안테나를 세워 먼저 방향을 감지해냈다.

창의성

창의성에 대해서는 누구나 자기만의 개념을 가지고 있다. 중년 고객들 중 다수가 자신의 업무에 창의성이 더 많이 필요하다고 말한다. 종종 그들은 흥미로운 문제를 더 많이 원한다는 뜻으로 그렇게 말한다. 또 어떤 경우에는 더 많은 다양성이 필요하다거나 아직 사용하고 있지 않은 재능을 활용하고 싶다는 뜻으로 그렇게 말하기도 한다.

지금 이 책에서 말하는 창의성은 다음과 같이 정의하자. '이전에는 존재하지 않았던 것을 창조하거나 발명하는 능력'이라고. 그 대상이 예술 작품이든 과학의 발전이든 새로운 사업 방식이든, 진정한 창조성은 사회적인 변혁을 촉발시키는 불꽃이다. 그것은 새롭거나 이전에는 상상하지 못했던 가능성과 길을 만들어낸다. 우리는 종종 자기표현을 창의성이라고 오해한다. 대부분의 예술가들이 다 창의성이 있는 것은 아니다. 그들은 단지 자기를 잘 표현할 뿐이다. 진정한 창의성은 언제나 틀의 변화, 대변혁, 인식과 이해의 새로운 방법을 동반한다. 발명 능력은 인간이 가진 가장 특별한 특성이다. 당신이 아인슈타인이나 피카소가 아니더라도 당신 안에는 아직 손대지 않은 특별한 능력의 저장고가 존재한다. 당신은 당신의 삶을 쓰는 작가가 될 수 있다.

예술적 능력

많은 사람이 특정한 형태로 예술적 표현을 하는 능력을 지니고 있다. 안타깝게도 예술 분야에는 일감보다 재능 있는 인재들이 더 많이 있다. 만일 당신이 글쓰기나 음악, 춤, 그리기, 조각과 같이 다양한 예술적 재능 가운데 하나를 갖고 있다면 비록 먹고살 만큼 재능이 특별하지 않다고 해도 삶에서 늘 함께하는 부분이 되게 만들어보자. 만일 당신이 정말로 특별한 재능을 갖고 있다면 용기를 내 한번 시도해보자. 부디 아까운 재능을 가둬두지 말기 바란다.

자기이해

어떤 사람은 자신의 내면을 거의 들여다보지 않으면서 산다. 고통과 즐거움의 차이를 구별할 수는 있지만 자신의 내면에서 끊임없이 변화하는 흐름에 대해서는 전혀 모르고 있다. 반대로 미묘한 감정의 변화를 알아차리고 그 차이를 자신의 행동과 선택의 지침으로 활용하는 사람도 있다. 이렇게 예리한 자기이해 능력은 시인, 소설가, 배우, 화가, 심리치료사, 멘토에게서 쉽게 발견할 수 있다.

사회 지능

사회 지능에는 몇 가지가 있다. 당신은 그중에서 하나 또는 몇 가지를 타고났을지도 모른다. 그중 하나가 다른 사람의 기분, 동기, 의도를 정확히 인식하고 이해하는 능력이다. 이 능력을 가진 사람은 상대방이 실제 생각이나 감정을 숨기려 노력해도 마치 엑스레이를 통해 보듯이 꿰뚫어 볼 수 있다. 어떤 사람은 이 능력을 일대일의 관계에서만 발휘할 수 있다. 이 능력은 상담가, 판매원, 채용 면접관, 매니저, 형사에게 매우 유용하다. 또 어떤 사람은 이 능력을 그룹을 대상으로 활용한다. 훌륭한 정치인, 세미나 연사, 종교 지도자, 교사는 '그룹 읽기' 특성을 갖고 있다.

사회 지능의 세 번째 형태는 다른 사람들과 잘 어울리는 능력이다.

이 세 가지 지능을 모두 가진 사람도 있다. 정말로 뛰어난 관리자는 이 세 가지를 모두 가지고 있다. 그들은 마치 책을 읽듯이 사람을 읽을 수 있다. 그들은 직원 개개인이 보내는 미묘한 신호를 예리하게 감지해내고 자신이 이끄는 조직의 끊임없는 역동성을 이해한다. 또 사람들과 쉽고 자연스럽게 어울릴 줄 안다.

당신의 목록을 다시 펼쳐보자. 지금까지 내면의 능력에 관해서 읽었으니 다시 '내가 타고난 재능은 무엇인가' 라는 탐구과제로 돌아가자. 그리고 방금 읽은 재능 중에서 당신의 '재능 프로필'에 포함시킬 만한 것이 없는지 확인하고 기입하자. 차근차근 구체적으로 적는 게 중요하다.

탐구과제 12

내가 타고난 재능은 무엇인가?

워크북 57쪽

먼저 당신이 지금 가지고 있는 재능이 무엇인지 살펴볼 것이다. 그리고 일반적으로 알려져 있는 재능은 어떤 것인지에 대한 설명을 읽으며 당신의 능력을 스스로 평가할 기회를 갖게 될 것이다.

1. 당신이 가진 뛰어난 '솜씨'가 어떤 것인지 목록을 만들어보자. 일과 관련된 것뿐만 아니라 다른 것도 모두 적는다.

실제로 재능은 없지만 개발해서 체득한 기술은 목록에서 제외시킨다. 예를 들어, 나는 어릴 때 우리 지역을 대표하는 수영선수로 활약한 적이 있다. 이것만 보면 내게 수영 재능이 있다고 생각할 수도 있다. 하지만 사실, 내가 그 자리까지 갈 수 있었던 이유는 훌륭한 코치를 만났고 훌륭한 팀에서 훈련받았기 때문이다. 게다가 아버지마저 매일 냉혹한 훈련을 지속하도록 강요했다. 당신이 생각하기에 '타고난' 것이라고 말할 수 있는 것만 적는다.

당신은 학창시절에 무엇으로 유명했는가? 직장에서 특별히 두각을 나타내는 분야는 무엇인가? 업무상 하는 활동 중에서 일이 아니라 재미로 느껴지는 것은 무엇인가? 주변 사람들이 당신을 보며 잘한다고 하는 것은 무엇인가?

성격적인 특성도 역시 목록에 올린다.

2. 이번에는 당신이 원래부터 못하는 것에 관한 목록을 만들어보자. 이 목록도 앞의 것과 똑같이 중요하다. 당신의 재능 프로필에는 잘하는 것과 못하는 것 모두가 포함될 것이다. 만일 당신이 모든 분야에서 뛰어나다고 생각한다면 목록에 올려야 할 것으로 하나를 추천할 수 있다. '자기 평가'다.

3. 당신만의 '재능 프로필'을 간결하게 만들어보자. 예를 들어 보자.

"나는 사물을 다루는 데 특별한 재능을 타고났다. 나는 어떤 사물을 보면 쉽게 그 사물에 대해 이해하는 것 같다. 어떤 사물을 설계하고 만들고 고치는 것이 내게는 일로 느껴지지 않는다. 오랫동안 나는 이것이 내 재능이라고 여기지 않았는데 그 이유는 그것이 내게 쉽고 자연스럽게 느껴졌기 때문이다. 나는 정확한 직관을 활용해서 문제에 대한 해답을 재빨리 찾아낸다. 내 머릿속에서 최상의 해답이 저절로 떠오르는 것 같다.

또 나는 무언가 조직화하는 것을 잘한다. 내 생각은 정말 빨리 움직인다. 이것은 내가 잘하면서 즐기는 긴급 상황 대처에 도움이 되는데, 한편으로는 반복적인 일에는 쉽게 싫증을 내는 편이다. 또 같은 문제와 상황이 재발하는 것에도 싫증을 낸다. 나는 새롭고 창의적인 해결책을 필요로 하는 골치 아픈 문제를 만나서 재빨리 해결할 때 가장 즐겁게 일한다."

당신의 '고려대상 직업' 목록과 함께 주요 목록(원하는 것, 전제조건, 질문)을 펼쳐보자. 이 목록에 추가하고 싶은 것이 있다면 어떤 것인가?

Chapter 11

타인의 기준에 맞추지 말고 내 기준을 세워라

당신은 왜 아침에 일어나 직장으로 향하는가? 주말 아침에 일어날 때와 똑같은 열정을 가지고 평일 아침을 시작하는가?

비록 직업과 성격의 궁합이 잘 맞고 재능을 충분히 활용한다고 해도 만일 의무감 때문에 직장에 간다면 진정한 만족을 누리기는 힘들다. 생활비를 벌어야 하기 때문에 일한다는 것은 노예로 속박되어 있는 것과 다를 바 없다. 눈치 채지도 못한 채 별 저항도 없이 노예가 된 것이다. 임금노예는 매일 아침 자신의 의지와 상관없이 업무에 대해서 보고해야 하고, 금융회사로부터 채무 변제에 대한 채찍질을 당해야 한다.

노예 생활을 청산하기 위한 방법은 두 가지밖에 없다. 첫 번째 방법은 떼돈을 벌어서 돈으로 자유를 사는 것이다. 두 번째는 당신이 좋아하는 직업을 선택하는 것이다. 비록 당신은 여전히 생활비와 공과금을 벌어야 하지만 의무감 때문이 아니라 그 일이 좋아서 일하러 간다.

앞으로 다룰 내용을 읽으면서 당신에게 진정으로 중요한 것이 무엇인지 확인하고 당신의 장래 직업에서 중요한 요소를 설계할 기회를 갖게 될 것이다. 그 전에 먼저 해야 할 일이 하나 있다. 내가 이제 제안하려는 것이 절대적인 진실처럼 들릴 수도 있지만, 반대로 당신이 그동안 배워온 것과 상반된 소리로 들릴 수도 있다. 우리는 지금 만고불변의 진리에 대해 논하려는 것이 아니라는 점을 부디 기억하기 바란다. 우리는 지금 당신이 하고 싶은 일을 찾는 작업을 함께하고 있을 뿐이다.

중요한 것은 당신에게 의미 있는 것이 무엇인지 찾는 게 아니다. 그 의미를 당신의 일에 반영할 방법을 찾는 것이다. 여기서 어려운 점은 이해를 도전으로, 깨달음을 행동으로 변화시키는 것이다. 다음에 이어질 내용을 읽으며 의미 있는 일에 대한 당신의 이상을 현실로 표출할 수 있는 기회를 갖게 될 것이다.

행동 없는 비전은 백일몽에 불과하다.
비전 없는 행동은 고된 노동에 불과하다.
비전과 행동은 세상의 희망이다.
오래된 영국 교회에 새겨져 있는 비문에서

의미 있는 일을 하고 싶은가

누구나 끌리는 분야의 일, 타고나면서부터 관심을 갖게 되는 분야의 일을 하고 싶어한다. 아오지 탄광으로 질질 끌려가듯 직장으로 발걸음을 옮기는 것이 아니라 짜릿한 프로젝트로 가득 찬 직장을 향해 발걸음도 가볍게 출근하고 싶어한다.

우리는 각자 무엇이 중요하고 무엇에 끌리고 무엇이 가치 있는지에 대한 자기만의 기준을 내면에 간직하고 있다. 그 기준은 매우 개별적이고 사람마다 전혀 다르다. 높은 이상을 현실화하기 위해 일하는 것이 '의미 있는 일'이 될 수도 있지만, 하고 싶은 일을 하거나 관심 분야의 일을 하는 것만으로 100퍼센트 만족하기도 한다. 그렇지만 사실 중요한 것은 보편타당하고 진정 의미 있는 일을 하는 것이다(물론 마음 한쪽에서는 이것을 부정할지도 모른다).

우리는 대개 자신의 종교, 음악적 취향, 삶에 대한 자신만의 관점에 익숙해져 있기 때문에 자신의 관점이 다른 사람의 것보다 좀 더 의미 있을 것이라고 믿는 경향이 있다. 보디빌더는 50킬로그램 나가는 말라깽이가 어떻게 자기 삶에 만족하며 살 수 있는지 결코 이해할 수 없다. 자아성장에 관심이 많은 사람은 자신의 생각을 이해하지 못하는 사람을 보면서 그 사람이 덜 성숙한 사람이라고 생각하기도 한다.

우리는 가정교육, 유전, 문화권에 따라 자신만의 관점을 갖게 된다. 그것은 곧 당신에게 가장 중요한 것이 다른 사람에게는 아무 의미 없는 것일 수 있다는 말이다. 만일 각자가 자신에게 '의미 있는 것'에 대한 기준을 갖고 있다면 세상에는 수십억 개 이상의 기준이 존재한다는 뜻이다. 따라서 의미 있는 것에 대한 기준은 개인의 해석에 달려 있지 하늘에서 천사가 투표로 결정할 문제는 아니다. 이처럼 다양하고 색다른 해석으로 인해 우리 세상이 더욱 다양해지고 풍요로워지는 것은 아닐까.

> 어떻게 하면 내가 더 쓸모 있는 존재가 될까?
> 내 안에 무언가 대단한 것이 있는데, 그것은 과연 무엇일까?
>
> 빈센트 반 고흐

사명을 갖는다는 것

사명이란 무엇일까? 사명이란 근본적으로 의미를 직업적 행동으로 표현한 것이다. 어떤 사람은 자기의 관심사에 집중할 수 있는 특정 분야에 종사하면서, 또는 특정한 결과를 만들 필요 없이 자신이 가진 어떤 능력을 활용하는 일을 하면서 100퍼센트 만족하는 삶을 누릴 수도 있다. 식인종을 개화시키는 것, 고래를 보호하는 것, 평화와 인권을 위해 일하는 것, 성공적인 편집자나 의사가 되는 것, 떼돈을 버는 것, 첫 여성 대통령이 되는 것, 올림픽 메달을 따는 것 등이 사명이 될 수 있다. 의미 있는 것이 무엇인지 생각해보면서 동시에 사명을 갖는 것이 왜 중요한지 생각해보는 것도 필요하다.

'의미 있는 일'은 스스로 흡족한 일이다

앞서 이야기한 것과 같이 자신에게 의미 있는 일을 하는 것은 대개 자기만족을 위해서이다. 그 이외에 다른 이유가 있을 수도 있지만 가장 중요한 이유는 어쨌든 자신을 위해서이지 다른 사람을 위해서가 아니다.

노숙자들에게 무료 급식을 제공하는 자원봉사를 하는 사람이 좋은 예다. 그들은 다른 사람에게 따뜻한 관심을 갖는 사랑 넘치는 사람들이다. 그런데 사실 그 사람들도 자기만족을 위해서 그 일을 한다. 세상에 기여하겠다고 다짐한 것을 지키는 것뿐이다. 만일 무료 급식을 제공하는 일이 선한 사람이 해야 하는 일과 관계가 없다고 생각되면 아마 국자를 내려놓고 다른 일을 찾아볼 것이다. 중요한 것은 당신을 위한 결정을 내리는 것이다. 당신을 위한 최선은 당신 스스로 최선이라고 결정 내린 바로 그것이다.

의미 있는 직업을 설계하기 위해서는 자기 자신에게 솔직해져야 한다. 단지 당신의 가장 높은 이상이 무엇인지 아는 것만으로는 불충분하다. 온몸에 흙을 묻히면서 땅 밑으로 파고 들어가 솔직한 자신과 직면해야 한다. 그래서 당신이 선택한 이상을 만족시킬 뿐만 아니라 당신이 원하는 것도 성취할 수 있는 직업을 선택해야 한다.

다른 사람들은 무엇이 의미 있는 것이라고 생각하는지 궁금하다면 직접 물어보자. 의미 있고 중요한 것은 저 깊고 뿌연 무의식 어딘가에 있지 않고 겉으로 드러나게 마련이다.

목적을 찾아나서라

몇 년 전 우리 동네 쓰레기를 치워주는 나이든 환경미화원 한 분이 눈에 띄었다. 그 분은 비가 오나 눈이 오나 언제든지 대단한 열정과 따뜻한 미소를 보이며 일을 했다. 시간이 갈수록 내 호기심은 점점 증폭되었다. 원래 밖에서 일하는 걸 좋아하는 분일까? 원래 성격이 밝은 분일까? 아니면 약간 정신이 이상한 분일까? 마침내 직접 물어보았다. 그 분이 대답하길 자신은 평생 동안 쓰레기차를 타고 쓰레기 치우는 일을 해왔다고 했다. 젊은 시절엔 언젠가 쓰레기통을 던져버리고 자신의 꿈에 가까운 일을 하게 될 거라고 항상 생각했다. 그렇게 시간은 흘러가고, 중년이 된 어느 날 이런 생각이 들었다. 앞으로 평생 동안 쓰레기 치우는 일을 하게 될 것 같다고. 자신의 인생이 아무것도 아니라고 느껴졌다. 잠시 자기연민에 빠졌던 그 분은 자신의 인생이 아무것도 아니라고 느껴진 것이 쓰레기 치우는 일과는 아무런 상관이 없다는 걸 깨달았다. 그렇게 느꼈던 이유는 다름 아니라 인생의 목적이 없었기 때문이었다. 자기 인생의 목적을 정하는 것은 자신의 권한이라는 것을 깨달았고, 말 그대로 환경미화원으로 자신을 재창조하기로 했다. 그는 앞으로 사는 동안 한 가지 목적을 위해 살기로 결심했다. 그것은 바로 '내가 만나는 모든 사람에게 따뜻한 햇살 한 줄기를 비춰주는 것'이었다.

의미 있는 일이나 사명이 있는 일을 갖는다는 것은, 근본적으로 당신이 하고 싶고 당신에게 중요한 것을 발견함과 동시에 지금 있는 그대로의 당신에게 스스로 만족하는 하나의 과정이다.

그런데 목적이 있는 삶을 사는 것은 이와 전혀 다르다. 그것은 창조와 발명의 영역에 속한다. 목적은 성취해야 할 목표, 또는 믿음이 아니라 당신의 생각과 행동의 근원이다. 무엇을 하는가의 문제가 아니라 당신이 누구인가의 문제다. 이런 정의는 좀 낯설어 보일 것이다. 앞에서 언급한 환경미화원은 자신의 목적을 창조해내기 전에는 주어지는 대로만 살았다. 인생의 목적을 창조하면서 말 그대로 자신을 새로운 사람으로 재창조해냈다. 이제 그는 아침에 일어나면 기분이 어떻든지 상관없이 자기 삶의 목적을 성취하기 위해 자신을 재창조할 수 있게 되었다. 이제 그는 매일 만나는 모든 사람들에게 따스한 햇살 한 줄기를 비춰주는 존재다.

 목적은 하늘에서 뚝 떨어지지 않는다. 목적은 당신이 찾거나 발견하는 것이 아니다. 목적을 갖는 방법은 단 하나밖에 없다. 바로 선택하는 것이다. 당신은 목적을 갖고 태어났는가? 아무도 알 수 없다.

 나는 삶의 목적을 발견하고 싶다고 말하는 수많은 고객들을 만나보았다. 사람은 누구나 특별한 목적을 갖고 태어난다고 그들은 말했다. 그래서 우리는 그 목적을 찾아야 한다는 것이다. 그렇게 말한 대부분의 사람들이 평생을 목적을 찾으며 살아왔다. 내 생각엔 그들 중에 몇 사람은 죽을 때까지도 계속 목적을 찾고 있을 것만 같다. 반면에, 자신의 목적을 스스로 창조해낸 수많은 사람들이 이 세상엔 존재한다.

 나의 오랜 멘토인 벅키 풀러는 젊었을 때 크게 사업에 실패한 후 사랑하는 사람을 위해 할 수 있는 일은 오직 자살뿐이라고 생각한 적이 있었다고 한다. 세상과 작별하려고 하는 찰나에 그는 하늘의 별을 보았고 계시를 받았다. 그가 깨달은 것은 그의 삶이 자신의 것이 아니기 때문에 스스로를 죽일 권리가 없다는 것이었다. 그러고 나서 그는 세상에 큰 도움을 줄 수 있는 일을 하는 데 자신의 삶을 바치기로 결심했다. 그는 자신에게 물었다. '내가 어떤 도움을 줄 수 있을까?' 모든 것을 바친 결과, 그는 대단한 작품을 만들어내고 다양한 발견을 해냈다. 그래서 후즈후(미국의 유명한 인물백과사전)에는 그에 관한 내용이 가장 길다.

그가 목적을 찾은 방법은 무엇을 베풀 수 있을까라고 질문하는 것이었다. 천사가 내려와 당신의 귀에 속삭여주길 기다릴 수도 있고, 당신이 지금 바로 목적 있는 삶을 만들 수도 있다. 만일 당신이 목적을 갖고 태어났다면 아마도 그 목적은 당신이 가진 모든 것을 바쳐 세계에 공헌하는 것이 아닐까?

목적 있는 삶을 창조하기 위해 반드시 간디나 마더 테레사, 마틴 루터 킹 같은 인물이 되어야 하는 것은 아니다. 환경미화원이 했다면 당신도 할 수 있다. 당신의 목적은 고상한 것이 될 수도 있지만 아주 현실적인 것이 될 수도 있다. 사실 우리 주위에는 목적을 가지고 사는 사람들이 얼마든지 있다. 아이들이 호기심을 잃지 않도록 가르치는 것이 될 수도 있고, 세상에서 가장 맛있는 라면을 만드는 것이 될 수도 있다. 아니면 어떤 식으로든지 세상을 더 나은 곳으로 만드는 것이 될 수도 있다.

목적을 가지고 일을 하는 것은 더 나은 정도가 아니라 더 고상하다. 아니 그 무엇보다도 중요하다. 일단 자신을 발견한 뒤 생존만을 위한 삶에서 한 단계 진보하고 나면, 또는 어떤 삶의 원칙을 세워서 그것을 위해 열정적으로 자신을 바치겠다고 결심하고 나면 그다음 단계는 새롭게 자신을 재창조하는 일이다.

만일 당신도 자신을 재창조해야 할 단계에 와 있다면 지금 읽고 있는 이 부분, 바로 목적에 관한 이 내용은 당신을 위한 것이다.

탐구과제 13

내가 일하는 의미 찾기

워크북 60쪽

아래 질문에 최대한 많이 대답해보자. 대답하기 어려운 질문이 있다면 잠시 미루어 두었다가 나중에 다시 생각해보자.

1. 당신은 어떤 것을 '의미 있는 것'이라고 말하는가?

2. 당신에게 의미 있는 것을 모두 목록으로 적어보자. 당신에게 가장 중요하고 의미심장하지만 직업의 핵심이 되지는 못할 것 같은 것들도 적는다. 생계를 위해 해야 한다면 그것도 적는다. 단, 내용은 구체적이어야 한다.

3. 의미 있는 일을 하는 것은 당신에게 얼마나 중요한가? 어떤 사람에게는 자신이 가진 가장 높은 이상을 직업을 통해 직접 표현하는 것이 필수적일 수도 있다. 또 어떤 사람에게는 이러한 이상을 직접 표현하는 것이 반드시 필요하지 않을 수도 있다.

당신은 어떤가? 목록에 작성한 이상향을 반드시 직접 직업을 통해서 드러내야 하는가? 만일 그렇다면 의미와 직업 간에는 얼마나 직접적인 관계가 있어야 할까?

워크북을 참고해가며 '나에게 일은 어떤 의미를 지니는지' 곰곰히 생각해 보기 바란다.

만일 당신이 내가 왜 이 일을 해야 하는지 그 '의미'에 대해서 의문을 갖고 있었다면, 또는 무엇이 당신에게 중요한지 궁금했다면, 이제 당신은 그것이 무엇인지 깨달았을 것이다.

'의미'란 불가사의한 것이 아니다. 평생 동안 의미를 찾는 데 인생을 소비하는 사람도 있다. 사실 의미는 언제나 바로 곁에 있었는데도 불구하고 말이다.

탐구과제 14

인생의 사명 찾기

워크북 65쪽

인생의 사명이 분명히 정해져 있다면 당신의 관심과 에너지는 한 방향으로 모아질 것이다.

1. 당신이 가진 에너지를 구체적인 목표를 이루는 데 집중할 수 있는 '사명이 있는 직업'을 갖는 것이 당신에게 얼마나 중요한가?

2. 사명을 갖고 있거나 갖고 있던 사람 중에서 당신이 존경하는 인물은 누구인가? 만일 그에게 사명이 무엇인지 묻는다면 그들은 무엇이라고 대답할까?

3. 사명을 갖고 나서 어떤 결과를 얻을 때 내가 만족할까? 이 질문에 대해 떠오르는 답을 적어보자. 몇 가지 예를 들어보면 다음과 같다.
- 학교 수업에 음악과 미술 수업 비중을 확대시킨다.
- 은퇴 자금 10억을 마련한다.
- 가요차트 1위를 휩쓰는 음반을 만든다.
- 인구성장률을 적정 수준으로 끌어내린다.
- 그린벨트를 보호한다.
- 훌륭한 책을 편집해서 더 훌륭한 책으로 만든다.

워크북의 탐구과제 14번 '인생의 사명 찾기' 편을 펼쳐서 자신의 사명을 찾아보자.

'고려대상 직업' 목록과 함께 주요 목록(원하는 것, 전제조건, 질문)을 펼쳐보자. 이 목록에 추가하고 싶은 것이 있다면 어떤 것인가? 내 장래 직업에 꼭 필요하고 중요한 요소는 무엇인가?

만일 반드시 사명을 하나 갖고 있어야겠다고 생각하지만 아직 그것이 정확히 무엇인지 모른다면, 먼저 사명을 갖겠다고 스스로에게 다짐하자. 사명의 기본 요소가 되어야 할 것이 분명히 떠오른다면 그것을 적는다.

아직 도전할 준비가 안 되어 있다면 일단 계속해서 이 책의 진도를 나가다가 나중에 다시 여기로 돌아온다. 이 부분은 중요하니 계속해서 탐구해보자.

탐구 과제 15

목적을 정하고 그 목적대로 살기

워크북 68쪽

1. 먼저 목적을 따라 살 준비가 되었는지 스스로 결정한다. 이렇게 사는 것은 마치 등산을 하는 것과 같다. 매우 짜릿하다. 다른 방법으로는 오를 수 없는 위치에서 당신과 세상을 바라볼 수 있게 되기 때문이다. 하지만 이전에 살아온 방식에 비하면 매우 고될 수도 있다.

이 과제를 수행하기 전에 혹시 자신을 속이고 있지 않은지 다시 한 번 확인하기 바란다. 만일 목적을 정하고 사는 이유가 단지 혜택과 보상을 위한 것이라면 의미 있는 일을 추구하고 있는 것이지 목적이 있는 일을 추구하는 것은 아니다.

2. 언어로 당신의 목적을 정확하게 묘사한다. 레이저빔처럼 분명하고 날카롭게 다듬는다. 목적이 너무나 분명하고 강력해서 벽에 구멍을 낼 수 있을 정도로 예리해질 때까지 다듬는 작업을 계속해야 한다.

목적은 목표가 아니다. 목적은 원칙을 표현한 것이다. 목적은 지향해야 할 곳이 아니라 출발점이라는 사실을 되새기게 해주는 표현이 되도록 다듬는다. '일 년에 1억을 번다'는 것은 사명이나 목표가 될 수 있지만 목적은 아니다. '내 자녀에게 훌륭한 본보기가 된다'는 것은 목적이 될 수 있다.

만일 목적을 지금 만들어낼 수 있다면 지금부터 그대로 살아보자. 그러면 적절한 실천계획이 끊임없이 쏟아져 나올 것이다. 목적이란 바로 그런 것이다. 워크북의 탐구과제 14를 찾아 목적을 글로 적어보자.

3. 방금 적은 것을 목적이라고 선언해보자. 목적이 정해졌으면 그에 따라 살겠다고 분명히 다짐한다. 예를 들면 다음과 같다. "나는 커뮤니케이션과 미디어를 통해서 동서양 화합을 이룰 것이라고 다짐한다." "나는 사람들이 자신에게 완벽하게 맞는 직업을 찾아 창의적이고 목적에 따라 즐거운 삶을 살도록 할 것이라고 다짐한다." "나는 윤리적인 세일즈맨 정신을 발휘하여 고객들의 삶에

큰 도움이 될 만한 제품을 판매하겠다고 다짐한다."

4. 목적을 표현할 수 있는 가장 좋은 방법을 찾는다. 그 방법대로 일을 시작한다. 분명한 목적에서 강력한 행동이 나온다. 자리에 앉아서 당신의 목적을 현실화할 수 있는 구체적인 방법을 찾는다. 그다음에는 어떤 어려움이 닥치더라도 그 일을 수행한다.

하루하루 순간순간 당신의 삶을 관리해서 가급적 언제나 '목적의식'을 갖고 살도록 하자. 목적을 끊임없이 떠올릴 수 있는 방법을 찾아보자. 살다보면 목적의식을 갖고 살아야 한다는 사실을 자꾸 잊게 되고 하루하루 정해진 삶 속에서 길을 잃을 수도 있다. 목적은 계속해서 상기해야 하고 쇄신해야 한다.

탐구과제 16

탁월한 8가지 직업 찾기

워크북 69쪽

이번 과제에서는 당신에게 가장 중요한 것이 무엇인지 더 명확히 할 수 있고 매력적이기까지 한 직업 몇 가지를 대조하고 비교할 것이다. 여기서 꼽은 8개의 직업이 반드시 당신의 최종 직업이 되지는 않을 수도 있다. 이번 과제를 통해 앞으로 무엇을 할 것인가를 정하는 것이 아니라 자신을 좀 더 탐색하는 계기가 될 것이다.

1. 한 개 직업당 한 페이지씩 할애하여, 총 8페이지 이상 작업을 할 것이다.

2. 당신에게 중요한 모든 것(재능, 성격, 꿈, 계획, 목표)에 가장 완벽하게 맞을 가능성이 있는 8개의 직업을 떠올려보자. 현실적으로 가능성이 있는 것이어야 한다. 당신이 시도해보지도 않을 것 같은, 백일몽 같은 직업은 여기에 어울리지 않는다.

멋진 목록을 만들기 위해 천천히 여유를 가지고 생각해보자. '고려대상 직업' 목록에 있는 것부터 시작한다. '당신과 완벽하게 어울려야 한다.' 는 기준에 맞는 것이어야 한다.

3. 새로운 직업을 만들어내는 것도 좋은 방법이다. 하루를 잡아서 인터넷에서 '직업' 이라는 키워드로 검색을 해보는 방법도 있다. 며칠 동안 하루 종일 고민해보아도 8가지 직업을 찾지 못했다면 완벽한 것보다 조금 모자란 듯한 것이라도 찾아보자.

왜 8개나 필요한 것일까? 8개의 직업을 서로 대조하고 비교할 것이기 때문이다. 자료가 넉넉하고 다양할수록 비교하기에 좋다. 지금 당신이 진지하게 고려하고 있는 직업도 반드시 포함시킨다. 각 직업의 이름을 페이지 상단에 적는다. 각 직업마다 다양한 단계를 거쳐야 하는데 그러한 작업을 8번 반복할 것이다.

4. 8개의 직업을 서로 비교하고 대조한다. 서로 어떻게 다른가? 플러스 요인이나 마이너스 요인이 서로 간에 중첩되어 일종의 흐름이 눈에 보이지는 않는가? 8개 직업 간에 우선순위를 매겨본다면 1위는 무엇이고 8위는 무엇이 될까?

이 탐구과제를 하면서 새롭게 도전할 것이 떠올랐는가? 어떤 요소에, 어떤 항목에 지금 도전하고 싶은가?

'고려대상 직업' 목록과 함께 주요 목록(원하는 것, 전제조건, 질문)을 펼쳐보자. 이 목록에 추가하고 싶은 것이 있다면 어떤 것인가? 내 장래 직업에 꼭 필요하고 중요한 요소는 무엇인가?

나는 고객들과 이 탐구과제를 두 차례나 실시한다. 먼저 직업에 대한 윤곽을 정확히 그리기 어려울 때 한 번 실시하고, 시간이 조금 지난 뒤 구체적인 그림을 그릴 수 있을 때 한 번 더 실시한다. 당신도 이렇게 두 차례 실시해볼 것을 권한다.

Chapter 12

일은 돈벌이 방식이 아닌 삶의 방식을 택하는 것

 일을 한다는 것은 어떤 기능을 수행한다거나 구체적인 결과를 만들어낸다는 것을 뜻한다. 혹은 특정한 역할을 맡는 것을 의미한다. 이번 장의 핵심은 현실세계라는 연극무대에서 당신이 어떤 역할을 맡아서 연기할 것인지를 구체화하는 것이다.

 어느 한적한 일요일 오후, 공원에 엎드려 돋보기로 개미집을 관찰해 보면 재미있는 사실을 발견할 수 있다. 개미 사회는 기능별로 역할이 나뉘어 있다는 점이다. 어떤 개미들은 입구를 지키고 다른 개미들은 음식을 나르고 또 어떤 개미는 여왕개미를 모신다. 만일 당신이 달에서 망원경으로 인간의 직업별 기능을 관찰한다면 엄청나게 다양해 보이는 인간의 직업도 개미집의 경우처럼 몇 가지 기능별로 쉽게 구분할 수 있을 것이다.

내 일의 기능을 이해하기

대개의 직업은 1~3가지 특정한 기능을 수행하는 데 집중한다. 이 기능 중 하나가 직접 사람과 대면하는 일이다. 이 경우 사람이 일의 중심이 된다. 고객서비스 담당자나 감독관, 치료사, 교사 등이 모두 직접 사람을 대면하고 사람이 중심이 되는 일을 한다.

또 다른 기능은 자료나 정보, 아이디어가 일의 중심이 되는 것이다. 예술가나 시스템분석가, 컴퓨터 프로그래머, 비서 등이 주로 자료, 정보, 아이디어를 다루는 일을 한다. 마지막 기능은 사물과 물리적인 세상이 중심이 되는 것이다. 건설 인부나 엔지니어, 목수, 건축가 등이 모두 이 부류에 속한다.

물론 많은 직업이 한 가지 이상의 기능을 포함하고 있다. 그러나 대개의 경우 특정한 직업군이 가진 주요 기능은 위의 3가지 기능 중 하나에 속한다.

일반적으로 세상의 모든 직업에는 분명한 '주 기능'이 하나씩 있다. 어떤 직업에는 주 기능을 보좌하는 '보조기능'이 여러 개 있을 수 있다. 예를 들면, 저널리스트의 주 기능은 뉴스기사를 쓰는 일, 즉 '자료·정보' 기능이다. 비록 저널리스트도 사람을 인터뷰하는 데 많은 시간을 할애하지만 결국 최종 결과물이자 업무의 핵심은 자료·정보, 즉 뉴스기사다.

잠시 시간을 갖고 당신이 알고 있고 당신이 경험한 직업을 생각해보자. 먼저 주 기능을 찾아보자. 업무의 핵심은 무엇이고 결과물은 어떤 것이었는가? 보조기능은 무엇인가?

어떤 직업은 다양한 기능을 포함하기도 한다. 공학을 가르치는 교수는 3가지 기능을 모두 활용한다. 먼저 학생들을 가르치고 조언하고 때로는 개별 지도한다. 연구하고 글을 쓰고 채점하는 일은 자료 기능에 속한다. 고도의 공간감각이 필요한 공학의 경우 '사물'은 뗄 수 없는 관계다. 비록 이 모든 기능을 다 활용하더라도 대부분의 공학 교수들에게 특히 중요한 기능이 하나 있다. 교수라면 학생을 직접 대면하는 일을 특히 좋아하거나 특정 사물을 다루는 일에 뜨거운 열정을 가지고 있어야 할 것이다.

특정 직업의 경우에는 주 기능이 해석에 따라 달라지지만 장래 직업의 기능을 설계할 때는 현실적으로 생각해볼 필요가 있다. 만일 당신이 '판매'라는 일을 싫어한다면 세일즈맨이 되면 안 된다. 단지 특정 상품을 너무나 좋아한다든지 사람과의 만남을 좋아하는 것만으로는 부족하다. 하루 종일, 그리고 매일 상품을 팔아야 하기 때문에 세일즈의 주 기능은 판매하는 것이지 조언하거나 상담하거나 특정 상품 및 서비스를 잘 아는 것이 아니다.

자기 자신을 특정한 1~2가지 기능 속에 짜 맞추는 것이 싫다고 말하는 사람도 있다. 어떤 사람은 자신의 일을 통해서 폭넓고 다양한 기능을 수행하고 싶어한다. 그러나 아무리 창의적이고 영리하고 성공적인 사람이라고 해도 하는 일은 아주 소수의 기능에 집중되는데, 아무리 많아도 3개를 넘지 않는다.

레오나르도 다 빈치조차 자신의 에너지를 3개의 기능에 집중했는데, 바로 그림과 설계, 연구였다. 물론 그는 아주 많은 일을 했다. 그러나 대부분 이 3개 기능에 포함된 것들이다.

선택과 결정의 순간

드디어 길고 험난했던 직업 선택의 여정이 목적지에 다다랐다. 여기가 바로 당신이 도착하고 싶었던 그곳이다. 만일 도전과 필요조건 목록을 충분히 만들었고 중요한 질문에 대한 답을 모두 발견했다면, 그리고 계속 '고려대상 직업' 목록을 다듬어왔다면 이제 당신은 최종 선택을 할 준비가 완료되었다. 아직 준비되었다고 확신할 수 없다면 다시 주요 목록을 펼치고 중요한 것을 빠뜨린 게 없는지 확인해보자.

어떤 사람들에게는 최종 결정이 그리 어렵게 느껴지지 않지만, 어떤 사람들에게는 어려울지도 모른다. 선택이 너무나 분명하게 보일 수도 있고 분명하지 않을 수도 있다. 개인차가 크다. 어쩌면 당신이 가진 모든 조건에 딱 맞는 2개 이상의 직업을 두고 갈등을 하고 있을지도 모른다. 만일 그렇다면 지금이 바로 중대한 선택을 할 순간이다. 이 결정은 당신이 내려야 한다. 왜냐하면 당신의 인생이 걸려 있기 때문이다. 완벽한 직업이라는 정답은 존재하지 않는다. 모든 것은 어느 정도 양면성을 지니고 있다.

어쨌든 지금 이 결정을 내리는 데 가장 적합한 사람은 당신밖에 없다. 당신이 해야 할 일은 하나다. 바로 선택하는 것이다. 그 선택이 새로운 도전거리가 될 것이다.

혹시 자기합리화의 습성이 '아직 여지를 남겨두라'고 유혹할지도 모른다. 만일 그 말을 듣는다면 당신은 여전히 안개 속에서 한 발자국도 움직이지 못하게 된다. 결정을 내리기 전까지 당신의 꿈은 여전히 백일몽으로 남아 있게 된다. 그러니 심호흡을 크게 한 번 하고 결정을 내려보자!

선택하고 난 뒤에 흥분이나 안도감이 느껴지지 않을 수도 있다. 선택을 통해서 당신이 새로운 세상에 발을 들여놓게 되면 자기합리화의 습성은 마치 최후의 발악을 하듯 맹공격을 퍼부어댈 것이다. '구매자의 후회'라는 현상이 있는데, 결정을 내리고 난 뒤에 겪는 것으로 역시 자기합리화의 한 형태일 뿐이다. 만일 실제로 당신에게 이런 현상이 일어난다고 해도 결코 흔들리지 말기 바란다. 이것은 누구나 겪는 흔한 경험이다. 특별한 업적을 달성한 사람들의 자서전을 읽어보면 누구나 피할 수 없이 경험하는 것임을 깨닫게 될 것이다. 탐험가 친구 존 고다드에게도 이와 관련된 질문을 던진 적이 있다. 새로운 지역을 탐험하는 중에 이런 내면의 공격을 받은 적이 있었냐고 물어보았다. 그는 이렇게 대답했다. 수시로 의심이 생겨났는데 특히 어려운 때일수록 더욱 강한 녀석이 자신을 괴롭혔다고.

당신도 이렇게 의심이 들 때면 그것을 그냥 '모기'라고 여겨버리자. 비록 피가 빨리기는 하겠지만 어쩔 수 없이 견뎌내야 하는 것이라고 생각하자. 그러나 목적지에 도달하는 것을 그 녀석이 방해하도록 내버려두지는 말자.

이제 선택까지 완료가 됐다면 직업 선택 과정에서 해야 할 일은 하나만 남았다. 밖으로 나가서 두 손을 번쩍 들고 소리치며 자축하라! 이 모든 영광은 당신의 것이다.

'고려대상 직업' 목록과 함께 주요 목록(원하는 것, 전제조건, 질문)을 펼쳐보자. 목록에 추가하고 싶은 것이 있다면 어떤 것인가? 내 장래 직업은 어떤 것이 될까? 만일 당신이 최종 선택을 완료했다면 도전과제 목록에 '자축'을 포함하기 바란다.

탐구 과제 17

업무의 주 기능 찾기

워크북 78쪽

1. 다음에 바로 이어지는 기능별 목록을 모두 읽으면서 당신을 가장 잘 표현하거나 묘사하는 항목에 체크해보자. 당신이 선호하는 것을 고르는 것이 아니라 원래부터 당신이 잘하거나 즐기는 것을 골라야 한다. 반드시 경험했거나 훈련받은 것이 아니어도 괜찮다.

체크한 항목이 전체 목록에서 10~15개를 넘지 않게 한다. 여기서 10~15개란 각 부문별 합계가 아니라 전체 목록의 총합계를 말한다. 비록 당신이 아주 많은 기능을 잘 활용하더라도 그중에서 가장 중요한 것만 체크한다. 친구나 가족에게 목록을 보여준다. 어쩌면 당신이 보지 못하는 것을 말해줄 수도 있다.

2. 모두 체크했다면 이제 다시 목록의 처음으로 돌아가서 당신이 체크한 재능이나 능력에 대해 평가해보자. 각 항목에 1부터 5까지 숫자 중에서 선택한다. 5는 가장 높은 점수고 1은 가장 낮은 점수다. 완료되면 다음 3단계로 넘어간다.

사람 지향적인 기능

개인을 대상으로 발휘

___ ① ② ③ ④ ⑤ 멘토링, 개별 지도, 강의 훈련, 과외
___ ① ② ③ ④ ⑤ 상담, 코칭, 권한 이양
___ ① ② ③ ④ ⑤ 치유, 치료, 갱생훈련
___ ① ② ③ ④ ⑤ 격려, 지지
___ ① ② ③ ④ ⑤ 충고, 컨설팅
___ ① ② ③ ④ ⑤ 평가, 사정
___ ① ② ③ ④ ⑤ 진단, 분석, 타인이 필요로 하는 것이나 타인의 기분, 행동

___①②③④⑤ 을 이해
___①②③④⑤ 직관이나 행동관찰을 통해 타인을 이해
___①②③④⑤ 관찰, 행동 연구
___①②③④⑤ 설득, 판매, 동기부여, 영향력 행사, 사람 모으기
___①②③④⑤ 카리스마
___①②③④⑤ 타인에게 즐거움 선사
___①②③④⑤ 인맥을 넓히고 유지
___①②③④⑤ 선택, 선발, 고용
___①②③④⑤ 관리, 감독
___①②③④⑤ 강의, 정보 전달
___①②③④⑤ 경청
___①②③④⑤ 면접
___①②③④⑤ 말로 의사전달하기
___①②③④⑤ 개인 간의 협상
___①②③④⑤ 다른 사람이 정보를 찾도록 도와주기
___①②③④⑤ 봉사, 개인이 필요로 하는 것을 제공, 도와주기
___①②③④⑤ 접대, 주최, 대화
___①②③④⑤ 보조
___①②③④⑤ 그 외 _____
___①②③④⑤ 그 외 _____

그룹이나 조직, 공공, 인류를 대상으로 발휘
___①②③④⑤ 그룹에게 권한 이양
___①②③④⑤ 그룹 격려
___①②③④⑤ 그룹을 대상으로 강의, 교육, 훈련
___①②③④⑤ 치유
___①②③④⑤ 그룹이나 회사를 이끌거나 관리, 조직화

___①②③④⑤ 그룹이나 회사를 발기하거나 만들어내기
___①②③④⑤ 그룹이나 팀을 감독하거나 통솔
___①②③④⑤ 팀 플레이어
___①②③④⑤ 레크리에이션이나 놀이에서 그룹 지도
___①②③④⑤ 그룹 간의 협상, 그룹 간의 분쟁 조정
___①②③④⑤ 토론 진행하기
___①②③④⑤ 그룹을 대상으로 설득, 동기부여, 판매하거나 납득시키기
___①②③④⑤ 카리스마
___①②③④⑤ 인맥을 관리하고 활용
___①②③④⑤ 대중연설, 미디어를 통한 의사전달, 그룹을 대상으로 말로 의사전달
___①②③④⑤ 예술이나 음악, 글쓰기와 같은 예술적 형태를 통해 사람들에게 의사전달
___①②③④⑤ 그룹의 기분, 동기, 행동이나 그룹이 필요로 하는 것을 진단, 분석, 이해
___①②③④⑤ 직관이나 행동관찰을 통해 그룹이나 그룹 안의 개인을 이해
___①②③④⑤ 그룹이나 조직의 생산성, 행동양식을 개선하기 위해 컨설팅하기
___①②③④⑤ 그룹을 대상으로 조언하거나 전문적인 기술 제공
___①②③④⑤ 행사나 교육 활동 기획
___①②③④⑤ 놀이관련 활동 창작
___①②③④⑤ 사교모임을 주선하거나 접대
___①②③④⑤ 연기
___①②③④⑤ TV나 영화, 세미나, 연설 등을 통해 대중에게 발표
___①②③④⑤ 유망한 직원이나 조직원을 선발하거나 선택
___①②③④⑤ 보조, 봉사, 도움
___①②③④⑤ 그 외 _____

___①②③④⑤ 그 외 _____

정보, 자료, 미디어, 지식, 지혜, 예술, 아이디어와 관련된 기능
___①②③④⑤ 아이디어 만들어내기, 창조, 발명, 상상
___①②③④⑤ 그림 그리기, 영화 제작, 사진 찍기
___①②③④⑤ 소프트웨어 제작
___①②③④⑤ 예술 작품 창작
___①②③④⑤ 연기
___①②③④⑤ TV나 영화, 세미나, 연설 등을 통해 대중에게 발표
___①②③④⑤ 미디어나 비주얼을 활용한 프레젠테이션 제작
___①②③④⑤ 소설 쓰기
___①②③④⑤ 비평적인 글쓰기, 비소설 쓰기
___①②③④⑤ 기술관련 글쓰기
___①②③④⑤ 마케팅을 위한 광고나 홍보물 창작
___①②③④⑤ 행사나 교육활동 기획
___①②③④⑤ 놀이관련 활동 창작
___①②③④⑤ 새로운 아이디어나 이론을 개발하기 위한 연구
___①②③④⑤ 특정 분야의 지식, 기술, 지혜, 학문 등을 완벽히 터득
___①②③④⑤ 브레인스토밍
___①②③④⑤ 단서들 간의 관계를 파악하여 진단
___①②③④⑤ 자료, 행사, 절차의 패턴을 인식하거나 지식을 정확하게 평가
___①②③④⑤ 방대한 정보 속에서 핵심 원리나 가장 중요한 사실을 파악
___①②③④⑤ 방대한 자료를 요소별로 구분하기
___①②③④⑤ 종합: 부분을 결합하여 전체를 만들기
___①②③④⑤ 정보공학, 컴퓨터 프로그래밍
___①②③④⑤ 판단, 평가, 정보 감정

___①②③④⑤ 권유
___①②③④⑤ 정보나 프로젝트, 행사 조직
___①②③④⑤ 계획, 전략
___①②③④⑤ 정보 수집을 통한 연구
___①②③④⑤ 현상이나 행동 관찰을 통한 연구
___①②③④⑤ 정보를 평가하기 위해 오감 활용
___①②③④⑤ 번역, 통역
___①②③④⑤ 다른 사람의 아이디어나 개념을 해석
___①②③④⑤ 다른 목적을 위해 정보 변용하기
___①②③④⑤ 현존하는 아이디어나 개념을 조합하여 새로운 것을 만들기
___①②③④⑤ 편집, 개선
___①②③④⑤ 정보 검색, 조사, 수집
___①②③④⑤ 전산 자료 입력
___①②③④⑤ 비교, 검증
___①②③④⑤ 수학, 숫자나 통계, 공식을 이용해서 작업
___①②③④⑤ 회계
___①②③④⑤ 자료 저장, 관리, 분류
___①②③④⑤ 그 외 _____
___①②③④⑤ 그 외 _____

사물이나 물리적인 세계와 관련된 기능
___①②③④⑤ 복잡한 물리적 시스템이나 과학, 기술 이해
___①②③④⑤ 새로운 이론을 창작, 물리적인 시스템을 이해하거나 해석
___①②③④⑤ 기계나 물품을 발명, 창작, 설계
___①②③④⑤ 예술 작품 창작
___①②③④⑤ (정비사나 내과의사와 같이) 진단하거나 기계적 시스템 수리
___①②③④⑤ 물품 수리, 관리

___①②③④⑤ 조립
___①②③④⑤ 물품을 선택하고 예술적으로 배열하기
___①②③④⑤ 디자인이나 색깔, 재질에 대한 안목
___①②③④⑤ 정확한 오감(시각, 청각, 후각, 미각, 촉각)
___①②③④⑤ 평가, 감정
___①②③④⑤ 조각, 모양 다듬기, 도구 다루기
___①②③④⑤ 수제작(예술감각과 운동감각을 조합해 무엇인가를 제작)
___①②③④⑤ (외과의사나 재단사, 예술가와 같이) 정밀한 손의 감각
___①②③④⑤ 마사지, 손으로 하는 치료
___①②③④⑤ 춤
___①②③④⑤ 영화나 연극, 안무 감독
___①②③④⑤ 도구를 능숙하고 정확하게 다루기
___①②③④⑤ 제작, 대량 생산
___①②③④⑤ 요리
___①②③④⑤ 운동 분야에서 육체적인 기술과 기민함을 활용
___①②③④⑤ 비행기나 배, 보트, 트럭이나 자동차 운전
___①②③④⑤ 길 찾기, 방향 찾기
___①②③④⑤ 중장비나 탱크와 같이 거대한 도구 활용하기
___①②③④⑤ 건물 짓기, 거대한 물체 쌓아올리기
___①②③④⑤ 농업, 원예, 식물 가꾸기, 동물 기르기
___①②③④⑤ 기계 조종
___①②③④⑤ 기계 지키기(경비)
___①②③④⑤ 물리적인 주변 환경을 예리하게 인식
___①②③④⑤ 현실적인 지혜, 생존의 위협에 대해 언제든지 빈틈없이 준비
___①②③④⑤ 사냥, 덫 놓기, 낚시
___①②③④⑤ 격투
___①②③④⑤ 설치

___①②③④⑤ 청소, 준비, 세척, 먼지 털어내기
___①②③④⑤ 짐 옮기기, 저장, 창고관리, 운반, 들어올리기, 조작
___①②③④⑤ 그 외 _____
___①②③④⑤ 그 외 _____

3. 앞에서 제시한 과제를 모두 완료했다면 당신이 표시한 항목을 살펴보자. 가장 중요한 기능을 선택하여 밑줄을 긋거나 색칠한다. 전체 합계가 10개가 되도록 추려보자. 그중에서도 가장 중요한 최종 5개 기능을 고른다. 당신에게 가장 잘 맞는 5가지는 무엇인가?

2부 핵심 정리

1. 우리 모두는 서로 다른 기질과 개성을 타고났다. 따라서 각자에게 가장 잘 어울리는 역할이 서로 다를 수밖에 없다. 그런데도 우리는 '유망직업 리스트' 처럼 획일적으로 정해진 것에 끌리는 경향이 있다. 사람은 누구나 자신에게 맞는 직업과 진로를 가져야 한다. 자기탐구와 직업세계에 대한 탐색을 쉬지 말아야 하는 이유가 여기에 있다.

2. 자신의 특성이 분명하게 드러나지 않을 때 사람들은 혼란스러워 하기 쉽다. 그러나 정도의 차이는 있지만 누구나 양면성을 가지고 있다. 이러한 모호함을 참고 자기탐색을 지속해야 진정한 자아 정체성을 발견할 수 있다.

3. 어떤 일을 잘 아는 사람은 그 일을 좋아하는 사람을 당할 수 없고, 어떤 일을 좋아하는 사람은 그 일을 즐기는 사람을 이길 수 없다는 공자의 말을 되새길 필요가 있다. 내가 즐기는 일은 과연 무엇인가?

PART 03

하고 싶은 일을 하는 사람은 행복하다

당신이 원하는 모든 것은
안전지대 바깥에 있다
— 로버트 알렌 —

3부에서 학습할 내용

만족스러운 삶을 꿈꾸면서도 그렇게 살지 못하는 이유는 무엇일까? 여러 가지 이유가 있겠지만 만족스런 삶을 살 수 있음에도 불구하고 그렇게 살려는 적극적인 노력을 하지 않기 때문이다.

3부의 내용은 당신이 원하는 삶을 살 수 있도록 도와줄 것이다. 당신만의 삶을 위해 로켓 우주선을 직접 설계해서 제작했다면, 그 우주선을 조작하고 운전해서 희망의 나라로 날아가야 한다.

3부의 내용을 꼼꼼히 읽고 각 장이 제시하는 탐구과제를 충실히 실행한다면 당신이 갖고 있는 꿈을 현실적인 목표와 멋진 삶으로 실현하는 축복을 누리게 될 것이다.

Chapter 13

간절히 바라는데도 얻지 못했던 이유

대부분의 사람들이 자신의 불타는 열망을 현실화하는 데 어려움을 겪는다. 이럴 때 대개 주변상황이나 자기 자신을 탓한다. 누구나 자신이 중요하다고 여기는 것을 만족시켜주는 일을 하면서 살고 싶어한다. 그러나 환상에서 깨어나 현재 상황을 개선하려고 할 때면 의심과 어려움이 우리를 사로잡는다.

3부에서 우리는 삶의 일정 부분을 언제나 똑같은 방식대로만 살게 만드는 범인을 발견할 것이다. 새로운 영역으로 삶을 확장시키려고 시도할 때 우리 두뇌가 어떻게 작동하는지를 보게 될 것이다. 이것은 실용적인 해석일 뿐 유일무이한 진실은 아니다. 앞으로 제시할 관점으로 삶을 볼 수 있게 되면 당신이 원하는 모습대로 삶을 가꿀 수 있는 능력을 무한히 개발할 수 있을 것이다.

> 의심은 반역자다.
> 우리가 시도하는 것을 두려워하게 만들어서
> 어쩌면 승산이 있었던 좋은 기회를 놓치게 한다.
>
> 윌리엄 셰익스피어

마음의 구조

만일 당신이 가슴 깊이 만족을 느낄 수 있는 직업을 가지려 한다면 사람들을 언제나 똑같은 덫에 걸리게 만드는 원리가 있다는 사실을 알아야 한다. 덫에 걸리지 않는 방법을 안다면 만족스러운 삶을 살기가 더 수월해지기 때문이다.

우리 몸은 늘 균형 상태를 지향한다. 외부의 영향을 받아 균형이 흐트러지면 내면의 장치들이 작동해서 원래의 평형 상태로 되돌려놓는다. 몸속 기관이 생리적인 과정을 통해서 내면의 균형을 유지시키는 능력을 '항상성'이라고 부른다. 대부분의 동물과 인간의 생리 시스템은 항상성에 의해 조절된다. 우리의 몸은 균형이 깨지는 것을 좋아하지 않는다. 그래서 정확한 균형 상태에 머물게 하려는 경향이 있다. 혈액은 언제나 같은 온도를 유지한다. 이러한 속성은 비단 몸뿐만 아니라 생활에도 마찬가지로 적용된다.

하루하루 살아가다가 무언가 균형을 무너뜨릴 때마다 내부의 장치는 원래의 균형 상태로 돌려놓기 위해 애초에 설계되어 있는 작업을 시작한다. 아래 그림에서 시소 양끝 아래에 있는 것은 스위치다. 그림에서 보는 것처럼 균형이 무너지면 시소의 한쪽 끝이 이쪽이나 저쪽으로 기울어지면서 스위치를 누르게 된다. 스위치가 눌러지면 원래 상태로 되돌려 놓기 위해 시스템이 작동한다. 주목해야 할 것은 시소가 어느 쪽으로 기울든 한쪽 스위치를 누르게 된다는 점이다. 그렇기 때문에 우리 인생이 밑바닥으로 곤두박질치거나 하늘 높이 날아올랐다가도 항상성이라는 강력한 힘에 의해서 다시 균형 상태로 되돌아가게 된다. 우리가 변화를 실현하기 어려운 이유는 여기에 있다.

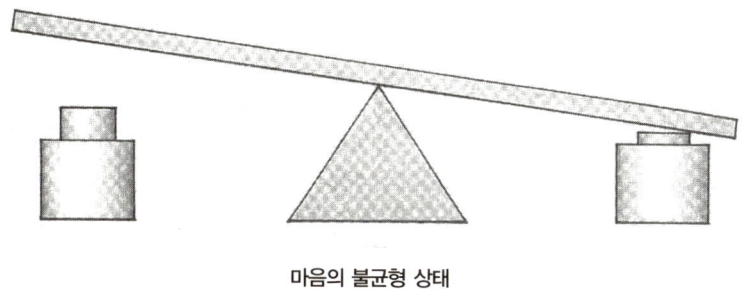

마음의 불균형 상태

포유류의 두뇌

진화 과정에서 생명체가 택한 가장 기본적인 전략은 생존의 가능성을 높이는 것이다. 진화의 비약적인 발전은 고도로 진화된 포유류를 만들어내었다. 포유류는 파충류에 비해 두뇌가 우수하다. 강력한 첨단 소프트웨어가 탑재된 두뇌는 특별하고 새로운 생존 능력과 더불어 더욱 진보된 특성을 겸비했다.

포유류의 능력 중 가장 놀라운 것은 경험을 통해서 학습하는 능력이 엄청나게 높아셨다는 것이다. 정신이라는 소프트웨어에 새로운 내용을 추가할 수 있게 된 것이다. 포유류는 새로운 환경과 조건, 위협에 더욱 유연하게 대처할 수 있도록 특화된 생존 전략을 개발했다.

경험학습이 가장 효과적인 곳은 직업이나 진로를 찾는 쪽이다. 마치 조수석에 앉아서는 운전을 배울 수 없듯, 직접 체험해보지 않고는 어떤 일이 또는 어떤 분야가 자신에게 가장 잘 맞을지 판단하기 어렵다. 경험해 보지 않은 것은 상상조차 하기가 어렵기 때문이다.

문제와 해결책

생각해보면 비균형 상태에 있을 때는 대응적인 자세를 취하게 된다. 예를 들어 머리 위에 성난 벌이 몇 마리 윙윙거리며 날아다닌다면 당신은 위기를 느끼고 모든 생각을 벌에 집중시킬 가능성이 높다. 그 순간 누군가가 "서울의 인구가 몇 명이지?"라고 묻는다면 당신의 두뇌는 그 질문에 대처하기 어려울 것이다. 당신의 머릿속은 온통 '벌' 생각뿐이다. 즉, 현재의 비상사태를 처리하는 데는 비균형 상태가 유용할 수 있지만 다른 문제를 처리하는 능력은 현저히 줄어든다.

인간은 '진화' 하면서 뛰어난 문제해결책을 개발해냈다. 그것은 바로 '습관'의 작용에 의존하는 것이다.

만약에 당신이 대자연을 설계한 팀의 일원이었고, 포유류의 생존 장치 성능 향상에 대한 설계를 담당했다고 가정해보자. 아마 당신은 위협적인 상황이 재발될 때마다 혼란에 빠지지 않고 성공적으로 상황에 대처할 수 있는 방법을 찾기 위해 노력할 것이다. 실제로 대자연이 바로 그렇게 했다. 포유류는 무언가를 몇 차례 되풀이해서 경험하면 그것이 습관이 된다. 습관은 당신을 균형 상태에 머무르도록 설계된 자동적인 반응이며 동시에 위협에 성공적으로 대처할 수 있게 해준다. 습관은 당신이 혼란을 느끼지 않게 하면서 일을 처리한다. 말은 길게 자란 풀을 멀리한다. 길게 자란 풀 근처로 이동해야 할 때면 경계를 강화한다. 풀속에 매복해 있는 맹수를 경계해야 한다는 것을 경험으로 배웠기 때문이다. 습관적으로 말은 긴 풀밭 속의 적을 경계한다. 형성된 습관이 작동하는 것이다.

인간의 두뇌

인간의 두뇌개발은 진화에 있어서 또 다른 중대한 변화다. 대자연이 우리에게 선물해준 새로운 특징 하나는 아직 일어나지 않은 일에 자신을 투영해보는 능력이다. 우리는 언덕에 올라 눈앞에 펼쳐진 광경을 보면서 "와~ 예전에 사자들이 뛰어다니던 들판을 보는 것 같아!" 하고 감탄할 수도 있다. 들판을 거닐면서 사자의 공격을 받는 상상을 하면 두려움을 느껴서 아드레날린이 분비되고 결국 다른 길로 가야겠다고 결심한다. 이런 상상력은 우리가 살아남는 데 큰 장점이 된다. 잠재적인 위협을 직접 경험하지 않고도 상상할 수 있다.

그러나 인간의 생존 시스템도 일부분은 파충류나 포유류와 똑같이 작동하기 때문에, 무언가에 의해 균형이 파괴되면 항상성 장치가 자동으로 작동된다. 우리의 우뇌에 저장된 원시로부터의 기억이 '생존'을 위해 작동하는 것이다.

인간이 보호해야 할 것은 몸뿐만이 아니다. 우리가 가장 열망하는 꿈도 보호되어야 한다. 꿈이 있기에 우리는 정체성을 가진다. 자신과 세상을 구분하는 것과 같은 '개념화 능력'은 내면에 또 다른 나라고 할 정체성을 갖게 만들었다. 이것이 흔히들 '자아'라고 부르는 것이다. 우리가 가진 '자아' 또는 정체성은 고정되어 있지 않다. 순간마다 또 상황마다 바뀐다. 그저 '나는 타잔, 너는 제인'이라고 말하는 것처럼 간단하지 않다. 타잔에게도 구분이 가능한 또 다른 타잔이 많이 있다. 예를 들어 '정글의 왕 타잔'이 있는가 하면 '경이로움으로 가득 찬 순진한 영국 귀족 타잔'도 있다. 또 '외롭고 섹시한 타잔'이 있는가 하면 '영리한 털 없는 원숭이 타잔'도 있다.

생존 시스템은 당신의 직업과 관련해서도 과거의 당신 모습을 지키려 할 것이다. 그동안 직업적으로 아주 만족스럽고 성공적인 생활을 누려왔다면 생존 시스템은 당신이 그 상태에 머무르게 하기 위해 작동될 것이다. 만일 그다지 만족스럽지 않게 일해 왔다면 어떻게 될까? 당신의 바람과는 관계없이 생존 시스템은 원래 있던 (바람직하지 않은) 상태에 머무르도록 열심히 움직일 것이다.

직업이나 직장을 바꾸려 할 때, 또는 진로를 변경하려 할 때 우리가 겪는 어려움은 바로 여기에 있다.

자기방어기제

개구리와 말은 위협에 물리적으로 반응한다. 인간 두뇌의 일부분도 위험으로부터 벗어나게 만드는, 조금 덜 직접적이지만 같은 효과를 가진 방법이 있는데 바로 '자기방어기제'다(자기방어기제에는 '경험형'과

'가정형'이 있는데, 모두 의무감을 다하지 않는 자신을 합리화하려는 내면의 목소리다. 예를 들면, 건강을 위해서 운동을 하자고 결심할 때 '당장 해야 한다'는 목소리가 있는가 하면, '내일부터 한다고 무슨 문제가 생기나' 하는 반대 목소리와, '갑자기 운동을 해서 감기라도 걸리면 어떡하지' 하는 유형의 반대 목소리가 있다. 두 가지는 긍정적인 변화의 걸림돌이 된다. ― 옮긴이).

당신이 어둡고 컴컴한 지름길 앞에 섰을 때 당신의 마음은 '강도를 당할지도 몰라' 하고 불안감이 들 것이다. 잘 알고 있지 않은 영역에 발을 들여놓으려고 생각할 때마다 이러한 내면의 목소리를 듣게 될 것이다. 삶의 범위를 좀 더 확장시켜야겠다고 진지하게 생각하는 것만으로도 평형 상태는 파괴되고 생존을 위한 반응, 곧 자기방어기제의 자기합리화가 시작되기 때문이다.

자기방어기제를 새로운 적으로 삼지는 말자. 이것은 다른 생존 시스템과 같이 90퍼센트 정도는 아군으로 활약한다. 자신의 파괴된 균형 상태를 원상태대로 돌려놓기 위해서 작동하므로 그것의 역할을 믿어야 한다.

완벽한 직업을 선택하고 창조하는 데 방해가 되는 방어기제는 셀 수 없이 많다. 내가 좋아하는 것 몇 개만 소개한다. 당신은 이중 어떤 방어기제를 자주 경험하는가?

- 나는 너무 어려/나이가 너무 많아/너무 멍청해/너무 똑똑해.
- 나는 남잔데/여잔데.
- 정말 제대로 된 기회를 한 번도 못 만났어/못 만날 거야.
- 나는 정말 끈질기고 에너지가 넘쳐. 무엇을 해야 할지 결정내리는 일은

너무나 어려워. 결정을 내릴 수만 있다면 좋을 텐데.
- 나는 환경(빚을 져서/키가 작아서/시간이 없어서) 때문에 제약이 너무 많아. 그 환경이 나를 옭아매서 한 걸음도 못 가게 만들어. 환경을 바꾸기 위해서 내가 할 수 있는 건 아무것도 없어.
- 난 의지가 너무 약해/모험정신이 너무 약해.
- 난 뭔가에 전적으로 매진하지를 못해. 쉽게 그만두는 습관이 있어.
- 내가 정말 하고 싶은 것은 하나도 못했어.
- 난 정말 노력하고 있어. 내 잘못이 아니야. 정말이야!
- 난 돈이 부족해/재능이 부족해.
- 내가 원하는 걸 하지 못하는 이유는 하나지. 짜릿한 직업은 보수가 적기 때문이야.
- 난 감수성이 풍부한 예술가야. 내가 일정한 직업을 갖지 못했던 이유는 어리석은 물질만능주의를 뛰어넘는 그 무언가를 원하기 때문이야.
- 난 사람들을 돕고 싶어. 하지만 이 세상은 너무나 잔인하고 비정해서 오로지 변호사만 승리하지.
- 날 혹사시켜가며 일에만 몰두해야 하는데 그건 내 스타일이 아니야.
- 가망이 없어. 나에겐 치명적인 결함이 있어. 다 내 업보지.
- 난 사투리가 너무 심해.
- 좀 더 세상에 일찍 태어났어야 했는데.
- 모르는 사람들에게 전화할 용기가 나지 않아/내가 원하는 일을 하기 위해서 필요한 일을 할 용기가 없어.
- 난 학력이 너무 높아/학력이 너무 낮아/자격이 너무 높아/자격 미달이야/경험이 너무 많아/경험이 너무 부족해/내 경험은 모두 방해만 될 뿐

이야. 왜냐하면 모두 엉뚱한 분야이기 때문이야.
- 난 이제 막 학교를 졸업했어. 난 정말 아는 게 하나도 없어.
- 전공을 잘못 선택했어/요즘 시장에는 먹혀들지도 않는 전공을 선택했다고.
- 내가 할 줄 아는 것은 구닥다리뿐이야/진부해/수준이 낮은 것들뿐이야.
- 지금껏 몇 년간 계속 실패해왔는데, 내가 뭘 믿고 내 직업을 결정하겠다는 거지?

탐구과제 18

자기방어기제 찾기

워크북 84쪽

당신의 발목을 움켜잡는 방어기제와 자기합리화의 버릇을 찾아보자. 워크북에 목록을 만들어보자. 방금 읽은 일반적인 것들을 참고는 하되 전적으로 그것에만 의지하지는 말자. 과거에 당신이 큰 도약을 하려고 생각했거나 중대한 결정을 내렸던 때를 상기해보자. 당신 내면에서 들려오던 반대의 목소리가 했던 말은 무엇이었는가? 당신이 걱정했던 것은 무엇인가?

1. 당신의 꿈과 계획을 가장 쉽게 접게 만드는 것부터 우선순위를 매겨보자. 가장 순위가 높은 것은 언제나 당신을 주저하게 만드는 것이어야 한다.

2. 자, 이제 당신만의 방어기제 목록을 갖게 됐다. 앞으로 살아가면서 그 목록에 있는 것들 중 하나가 마음속에서 튀어나올 때마다 감별사가 병아리를 골라내듯 당신 생각에서 솎아내어 따로 분류해두자.

3. 이제 일주일에 한두 번씩 이 목록을 규칙적으로 점검하고, 자기방어기제가 더 이상 힘을 발휘하지 못하게 하자.

여기까지 읽고 나면, 조금은 불편하고 무기력한 느낌이 들고 가망이 없는 것 같고 불확실한 느낌이 들 수도 있다. 그러나 걱정할 것 없다. 그렇게 느끼는 것은 극히 정상이다. 만일 불편한 느낌이 들지 않았다고 하면 내가 더 걱정했을 것이다.

지금 읽은 몇 페이지는 기쁜 소식은 아니다. 하지만 어쩌면 대단히 기쁜 소식이 될 수도 있다. 기쁜 소식이 반드시 마음 편한 소식일 필요는 없다. 어두운 터널을 지나야 빛이 있기 마련이니까.

Chapter 14

자기방어기제부터 점검해보라

　앞 장을 읽으면서 인간이 가진 딜레마에 대해 생각해보았다면 '왜 옳은 의도를 가지고 시작한 것이 잘못되는지' '왜 언제나 새해 결심은 사막의 이슬처럼 쉬이 사라지는지' 어느 정도 해결되었을 것이다. 과거에 늘 해오던 행동양식으로 다시 돌아가려 하는 것은 당신만 겪는 문제가 아니다. 그것은 우주에 존재하는 관성의 법칙이기도 하다.

　그러나 의미 있는 변화를 성공시키려면 가장 큰 걸림돌이 되는 이 한계점을 극복해야 한다. 인류 역사상 가장 위대한 인물들이 특별한 것을 성취할 수 있었던 이유는 자신의 야망을 지속적으로 추구할 수 있는 방법을 찾는 데 성공했기 때문이라고 나는 자신 있게 말할 수 있다. 그들은 의지가 너무나 확고했기 때문에 그 무엇도 막을 수 없는 강력한 존재가 된 것이다. 그 사람들도 모두 당신이 갖고 있는 자기방어기제를 갖고 있었다. 만일 그들의 목표가 훨씬 더 큰 도약을 요구하는 것이었다면 아마 훨씬 더 강력한 자기방어기제의 공격을 받았을 것이다.

당신이 누군가를 특별한 재능 때문에 존경한다면 이 사실을 꼭 기억하기 바란다. 똑같은 재능을 가지고도 자기방어기제에 갇혀 세상에 이름을 알리지 못한 사람들이 너무나 많다는 사실을.

과거 행동패턴의 힘을 무력화시키는 방법은 매우 다양하다. 예를 하나 들어보자. 당신은 담배를 끊고 싶어하는 애연가다. 담배를 쓰레기통에 던져버린다. 다음날 당신은 휴양지에서 친구들과 맥주를 마시며 카드 게임을 즐기고 있다. 머릿속에서 목소리가 들려온다. "담배 한 대 피우면 어때? 문제가 되지는 않을 거야. 딱 한 대만 피우자." 담배를 끊겠다던 다부진 각오는 이렇게 막을 내린다. 이러한 사태를 방지하려면 친구에게 부탁하자. 만약 담배에 다시 손을 대면 10만 원의 벌금을 받아가라면서, 벌금이 담긴 봉투를 친구나 동료에게 맡겨두자. 그러면 그 돈이 아까워서도 다시는 담배를 입에 대지 않을 것이다.

자기방어기제를 무력화시키는 또 다른 방법은 지원군을 활용하는 것이다. 가족은 가장 좋은 응원군이다. 당신이 돌부리에 걸려 넘어지려 할 때 곁에서 힘을 주고 용기를 달라고 부탁하자.

결심에서 결단으로

'결단'은 '행동으로 옮기겠다.'는 약속이다. 모든 약속 중에서 가장 어려운 약속이 자신과의 약속이다. 결단하고 행동하는 것이 중요한 이유는 무엇일까?

아무리 올바른 판단을 해도 행동으로 옮기기 전에는 아무것도 달라지는 것이 없다. 그래서 결단은 판단보다 훨씬 중요한 것이다.

그런데도 사람들은 생각하고 판단만 하려 한다. 실천은 미루는 것이다. 자기방어기제의 방해 때문일 수도 있다. 언제까지 그렇게 살려고 하는가. 새로운 직업을 찾으려면, 새로운 진로를 찾으려면, 몸소 경험하고 부딪혀야 한다.

만약 행동이 어렵다면 이것이 당신만의 문제라고 여기지는 말자. 다른 사람들은 갖고 있지 않은 특별한 어려움을 당신만 갖고 있다고 착각하는 게 큰 문제다. 일단 누구나 갖는 일반적인 현상이라고 깨닫게 되면 당신에게 뭔가 잘못이 있다는 오해는 더 이상 없을 것이다.

결단하고 행동하는 습관은 자신에 대한 긍정적인 자세에서 시작된다. '이 정도는 할 수 있다'고 굳게 믿고 행동한다면 반드시 작은 성공을 이루게 될 것이고, 그러한 성공습관이 큰 과제에 도전할 용기를 불어넣어 줄 것이다. 성서에 나오는 대로 "모든 것이 돕기 시작한다."

머릿속 항상성 시스템을 바꿔라

결단을 하고 새로운 진로에 일단 들어서고 나면 새로운 문제가 앞을 가로막는다. 작심삼일의 나쁜 습관이다. 새로운 프로그램을 두뇌에 심었더라도 항상성 시스템은 옛날 상태를 기억하고 있어서 당신을 예전 상태로 되돌려 놓으려 한다. 그래서 2~3일이 가장 어렵다. 만일 2~3개월 동안만 예전 방식으로 되돌아가지 않고 새로운 습관을 유지할 수 있다면 새로운 설정이 두뇌와 신체 시스템에 각인될 것이다. 미리 프로그램된 자동 설정 상태가 바뀌는 것이다. 이것을 우리는 '습관 형성'이라고 부른다.

　새로운 행동패턴을 만드는 것은 이러한 반복에 의해서 이루어진다. 그러므로 100가지를 시도하는 것도 좋지만 한 가지를 100번 시도하는 것이 더 효과적일 수 있다. 특히 당신이 작심삼일의 습관을 가지고 있다면 말이다.

　인생에서 새로운 것을 창조해내는 비밀은 단순하다. 먼저 새로운 것을 하겠다는 결심을 해야 한다. 그다음은 미루지 말고 곧장 행동해야 한다. 그리고는 그 행동이 습관으로 자리 잡을 때까지 계속하는 것이다. 진로를 고수하는 것은 그래서 성공으로 가는 가장 확실한 길이다. 이 비밀은 당신에게 꼭 맞는 새로운 직업을 창조해내고 싶을 때도 똑같이 적용된다. 또 어떤 분야에서든 당신의 가치를 높이고 싶을 때, 좀 더 성과를 내고 싶을 때, 긍정적인 새로운 습관을 갖고 싶을 때, 중독이나 원치 않는 행동을 없애고 싶을 때도 그대로 적용된다.

탐구과제 19

자기방어기제 처치하기

워크북 85쪽

자기방어기제와 자기합리화가 당신의 주인노릇을 하지 못하게 하려면 자신의 발목을 잡는 방어기제가 무엇인지 알아야 하고, 이에 맞서 싸워야 한다. 그 방법을 알아보고 실천해보자.

- 자신만의 목록을 펼쳐보자. 앞에서 이미 작업한 것을 이용한다. 시시한 것들은 신경 쓰지 말자. 워크북에 적힌 큰 것만 집중 공격하자. 각각에 번호나 짧은 이름을 붙여준다. 방어기제의 공격을 받을 때 번호로 어떤 것인지 감식한다. "아하, 오늘은 9번께서 납시었네." "예상했던 대로 5번도 협공을 하는구먼!"

- 그것에 대항해서 싸우거나 저항하지 말고, 가만히 얘기를 들어보자. 그것이 서 있을 만한 공간을 주자. 그것이 당신의 머릿속에서 연주되는 무력한 자동녹음에 지나지 않는다는 것을 확인하자. 그리하면 그들과 함께 동거할 수도 있다.

- 멀리서 그것들을 바라보자. 당신의 머릿속에서 나오는 것이 아니라 라디오에서 흘러나오는 소리라고 여기자. 당신의 목소리가 아니라 당신이 좋아하는 만화 주인공의 목소리로 말한다고 상상하자. 그렇게 해서 그 목소리를 점점 무력화시키자.

Chapter 15

'내 일'을 할 때
진짜 능력이 발휘된다

우리의 교육 시스템은 제2차 세계대전이 끝난 날짜는 외우라고 강조하면서 정작 살아가는 데 실질적으로 필요한 것은 가르쳐주지 않는다. 스스로 생각하는 법, 합리적으로 의사결정을 하는 법, 심지어 자동차 타이어를 교체하는 방법도 가르쳐주지 않는다.

이 책을 통해서 당신은 삶의 모든 영역을 돌아보게 될 것이다. 많은 것들에 대해 생각해볼 수 있을 것이다. 강력한 새 기술을 익힐 수도 있고 아직 한 번도 사용해보지 않은 재능을 발견할 수도 있을 것이다. 무엇보다도 당신은 선택을 하게 될 것이다. 이 선택을 통해서 인생의 진로를 바꿀 수 있다. 인생에서 가장 중요한 선택 몇 가지를 하게 될 수도 있다. 어떤 결정은 당신에게 즐거운 삶을 선사할 것이다. 또 어떤 결정은 당신이 죽을 때까지 후회하게 될지도 모를 일을 예방해줄 것이다. 당신이 어떤 선택을 하느냐에 따라 생활의 질이 달라진다. 의사결정을 능숙하게 하는 방법은 초보자의 자세로 배우려는 사람이 최고의 경지까지 터득할 수 있다. 반면에 이미 모든 것을 알고 있다고 생각하는 사람이 이 기술을 제대로 터득하기는 무척 어려울 것이다.

우리는 학교에서 의사결정하는 방법에 대한 과제를 한 번도 접해보지 못했다. 자연은 진공상태로 두는 것을 좋아하지 않기 때문에 사람들은 각자 스스로 터득한 방식대로 결정을 내리게 된다. 삼투압 현상처럼 우리도 무의식적으로 다양한 방법을 흡수한다. 이렇게 얻은 방법에 삶을 맡겨버리고 다시는 그 방법에 대해 생각하지도 않는다. 아주 드물게 의식적으로 의사결정하는 방법에 대해 고민하기도 한다.

만일 당신이 초보자의 자세로 임하고 싶다면 스스로에게 '내가 가진 의사결정 기술은 얼마나 합리적인지' 물어보아야 한다. 당신이 결정을 내리는 방법이 가장 효과적인 것이라고 확신하는가? 당신이 원하는 삶을 창조하는 데 안성맞춤인 방법인가? 다른 사람들은 어떻게 결정을 내리는지 그리고 당신은 어떻게 결정을 내리는지 함께 알아보자. 당신이 지금까지 사용해온 결정방식이 최선이었는지 말이다. 만일 그렇지 않다면 더 나은 방식으로 바꿔보자.

결정은 어떻게 내려지는가

사람들은 누구나 매일 수백 가지, 아니 수천 가지 결정을 내린다. 침대에서 일어날지 더 잘지, 책상을 정리할지 말지, 푸른 셔츠를 입을지 아니면 흰 셔츠를 입을지, 집에 일거리를 가져갈지 말지, 고양이에게 사료를 먹일지 아니면 닭고기를 먹일지, 이 모든 문제에 관해 의식적인 과정은 생략된 채 내면의 의사결정 소프트웨어에 의해서 결정이 내려진다.

만약 모든 일에서 내면의 표준 행동 지침이 당신을 대행해 결정을 하게 하면 어떨까? 당신은 선택을 앞두고 고민하거나 망설일 필요가 없어질 것이다. 그러려면 자신의 의사결정 패턴을 이해해야 한다. 의사결정을 위해 가장 일반적으로 사용되는 방법은 다음과 같다.

논리, 분석, 상식

이 방법을 사용하는 사람들은 이 접근법을 합리적이고 상식적이고 신중하고 적당하고 균형 있는 방법이라고 표현한다. 방법은 간단하다. 당신이 염두에 두고 있는 직업에 대한 장단점을 목록으로 만들고 각각에 대해 가중치를 매겨본다. 총점을 합산한 뒤 장점이 단점보다 많은 직업이 승리한 것이다. 이 방법의 유일한 문제는 이 결정을 당신 스스로 내린 것이 아니라는 점이다. 당신의 권리를 일정한 규칙에게 위양한 셈이다. 잘못된 점은 하나도 없다. 다만 이런 결정은 컴퓨터 프로그램이 대신하게 해도 된다. 그러면 당신은 점수를 합산하는 수고를 할 필요도 없다. 그저 질문 몇 가지에 대한 답을 적고 컴퓨터가 결정해주는 대로 따르면 된다. 논리적인 결정법의 가장 훌륭한 점은, 당신의 삶이 바라던 대로 흘러가지 않을 때 언제든지 책임을 컴퓨터에게 돌릴 수 있다는 것이다.

느낌, 끌림, 감정

어떤 사람들은 직관이나 감정, 기분, 인상, 태도, 본능의 미묘한 차이를 쉽게 알아차린다. 감정은 삶의 양념이고 예술의 영혼이며 우주 한 귀

퉁이에 사는 우리네 삶에서 가장 큰 즐거움을 주는 것이다. 의사결정 시 이 방법을 사용할 때의 문제점은 결정을 내리는 주체가 당신이 아니라는 점이다. 감정은 날씨와도 같아서 금방 왔다가 금방 사라진다. 당신은 장례식장에서 울지 않을 경우도 있고 다른 사람의 농담에 웃지 않을 경우도 있다(나는 존 레논이 죽은 뒤 1년 동안 울었다. 왜 그랬는지 나도 이해할 수 없다). 당신이 감정을 얼마나 드러낼지 통제할 수는 있겠지만 감정 그 자체는 그것만의 생명이 있다. 당신이 날씨를 통제할 수 없는 것처럼 감정 역시 통제가 불가능하다. 감정은 양념일 뿐이다. 그러니 감정을 참고 도서로 삼지는 말자.

로맨틱한 열망

사람들은 상상 속의 누군가와 사귀는 꿈을 꾸듯 원하는 직업을 갖고 활동하는 자신의 모습을 꿈꾼다. 멋진 미래의 한 장면 속에 있는 자신을 그리며 달콤한 구름 위를 떠다닌다. 옆에서 정신 차리라고 말하는 사람이 있다면 달콤한 환상을 깨는 사람으로 취급한다(달콤한 환상을 깨는 것이 사실이다). 이혼율이 그렇게 높은 이유는 사람들이 실제 인물이 아닌 환상과 결혼하기 때문이다. 누군가의 상상 속에 있는 사람이나 직업은 오로지 그 누군가의 머릿속에만 존재한다. 로맨틱한 열망은 '삶의 양념이라는 선반' 위에 '감정'과 함께 놓여야 옳다. 만일 로맨틱한 열망이 무언가를 결정하는 데 앞장선다면 당신은 깊은 수렁으로 빠지고 말 것이다.

외부 수단

대중매체, 전문가, 부모, 배우자, 친구, 타임지, 직업상담가, 상식, 점성술. 사람들이 삶에서 가장 중요한 결정을 내릴 때 다른 사람의 의견에 얼마나 많이 의지하는지 안다면 당신도 놀랄 것이다. 당신이 무슨 일을 하든 상관없다. 다만 당신의 어머니를 행복하게 해주겠다고 의사가 되지는 말자. 어머니가 매일 아침 일어나서 당신과 함께 일하러 가주는 것은 아니다. 누구도 자기 자신만큼 스스로를 잘 알 수는 없다. 당신이 얼마나 멋진 삶을 살 것인지에 대해서 당신만큼 열렬히 관심을 가질 사람은 아무도 없다.

조사를 하는 데 있어서만큼은 외부 수단이 유용한 도구가 될 수 있지만 결코 삶이라는 배의 키를 외부 수단에 맡기지는 말자.

잡지에서 종종 '앞으로 10년 후 가장 유망한 15가지 직업'이라는 제목의 기사를 싣기도 한다. 유망한 직종에서 일하는 것이 당신의 꿈이라면 훌륭한 정보가 될 수 있겠지만 유망한 직종이라는 것이 모든 사람의 우선순위가 될 수는 없다. 미디어에서 특정 직업에 대해 호의적으로 언급했다고 해서 그것이 반드시 끌리는 이유가 되지는 않는다. 그러한 유망 직종이 실제로 유망 직종이 되는 경우는 거의 없다. 수많은 사람이 경쟁적으로 들어와 블루오션으로 생각했던 곳이 결국 레드오션이 되는 일은 또 얼마나 많은가. 자, 당신에게 첫 번째로 중요한 것이 무엇인지 먼저 파악하자. 그러고 나서 당신의 원칙과 잘 어울리는 직업이 어떤 것인지 조사할 때 미디어나 어머니 혹은 전문가의 의견을 참고하자.

반발, 저항, 맹종

자신을 바보로 만드는 세 가지 방법이 있다. 지금 당신이 무슨 일을 하고 있든 당신이 싫어하는 것과 반대로 가는 것, 주변에서 어떻게 해야 한다고 말하거나 기대하는 것과 반대로 가는 것, 주변에서 하라는 대로 그대로 하는 것. 이 세 가지는 당신을 꼭두각시로 만든다. 특히 전직자들에게 반발의 한 형태를 흔히 찾아볼 수 있다. 처음부터 다시 시작해서 새로운 직업을 설계하지 않고 단지 현재 직업에 불만이 있어서 반발한 경우가 많은 것이다. 현재 일에서 마음에 안 드는 부분과 정반대 되는 일을 하는 것은, 많은 사람들이 다른 것을 추구할 때도 가장 중요한 기준으로 삼는다. 하지만 이것이야말로 자유로운 선택이 실종된 가장 대표적인 예다.

반발의 또 다른 형태는 저항이다. 세 번째는 맹종이다. 반발이라는 동전을 뒤집어보면 분별 없는 맹종이 나온다. 사기꾼들은 사기 대상자가 맹종자인지 반발자인지 금방 구분해낸다. 일단 파악이 되면 넘어오게 만드는 것은 시간문제다.

무작위

일이 전개되는 대로 내버려두고, 시대의 흐름을 따라가고, 제안 받은 것은 받아들이고, 주사위를 굴리고, 기입해야 할 칸이 가장 적은 전공을 선택하고, 구인광고를 보고 직업을 정한다면 무작위에 운명을 맡기는 것이다. 우연에 맡기는 무작위 결정 방법의 가장 위험한 형태는 상황이 당신을 통제하게 내버려 두는 것이다. 종종 우리는 상황에 너무 얽매인다. 그래서 비 내리는 날에도 산책이 가능하다는 생각을 해보지도 않는다. 선택은 언제나 당신의 몫이다. 단, 당신이 선택하기로 선택했을 때만. 어쩌면 당신은 빗속 산책을 좋아하게 될지도 모른다. 아무것이나 선택하는 것은 무책임하다. 그것은 마치 바람에 흔들리는 나뭇잎이 되기를 자청하는 것과 같다. 바람이 부는 방향대로 떠다닐 뿐이다. 주말을 보내기에는 괜찮은 방법일지 모른다. 그러나 평생을 그렇게 보내는 것은 너무나 어리석지 않은가.

타인과 비교하기

사람들은 종종 자신이 원하지 않는 온갖 가지 일을 해야 한다는 압박을 받는다. 왜냐하면 머릿속의 작은 목소리가 무엇을 해야 하고 무엇을 하지 말아야 하는지 말하기 때문이다. 사람들 머릿속에서 재잘거리고 꽥꽥거리며, 합창단 중에서 가장 시끄러운 녀석은 끊임없이 당신(과 모든 사람들)을 정해진 기준과 목표에 비교하는 목소리다. 이 목소리는 매력도와 지능, 계층, 성적 매력, 능력, 사회성뿐만 아니라 다양한 기준으로 우리가 알고 지내는 모든 사람들에 대해 평가한다. 회사에서 직장 상사나 사장과 얘기하고 있을 때 이 목소리가 크게 울리면 아마 당신은 해고될지도 모른다. 다른 사람과 비교하여 결정하는 것은 자신을 불행하게 만드는 가장 확실한 방법이다.

자유로운 선택

한때 이웃사촌이었던 부부를 최근에 방문했다. 이들은 아름답지만 외떨어진 동부 연안으로 훌쩍 이사를 했다. 새로 마련한 집의 창문은 하나같이 바다의 멋진 풍광을 보여주고 있었다. 그곳은 정말 근사했다. 이곳으로 이사하기 위해 부부는 많은 불편을 감수해야 했다. 출근하기 위해 아주 먼 거리를 다니게 됐다. 아이들도 그 지역에서는 최고로 알아주던 고등학교에서 전학했다. 이사에 대한 부부의 이야기를 듣다보니, 나는 아주 긴 찬반 목록을 만들게 됐다. 나는 속으로 웃었다. 왜냐하면 내가 만든 목록이 부부가 만든 것과 아주 흡사했기 때문이다. 이 가족들은 정말 심하다 싶을 정도로 논리적이고 분석적이다. 그들의 목록을 더 자세히 들여다보니 이사하는 데 찬성하는 쪽은 몇 개 안 되고 반대하는 쪽은 거의 끝이 안 보일 정도였다.

저녁식사를 함께 하면서 나는 부부에게 어쩌다 이 모험과도 같은 이사를 결정하게 됐는지 물었다. 그들은 찬반 목록을 만들고 보니 그 결과가 참 실망스러웠다고 말했다. 논리는 이쪽 방향을 가리키고 있고 감정은 저쪽 방향을 가리키고 있다는 것을 깨달은 것이다.

그러나 이 중요한 결정만큼은 논리나 감정에 맡기지 않고 직접 방향을 선택하고 싶었다. 그들은 아주 심오한 질문에 대해 탐구하기 시작했다. "자유로운 선택이 가능한가, 그렇다면 어떻게 해야 하는가?"

자유로운 선택이라는 것이 그저 여러 가지 중에서 하나를 골라 "나는 이것을 선택하겠어."라고 말하는 것처럼 단순한 것인지 그들은 궁금했다. 토의를 거친 후 그렇게 하는 것은 자유로운 선택이라기보다는 그림 맞추기 퍼즐에 가깝다는 것을 알게 됐다. 퍼즐을 더 깊이 들여다보면서 그들은 숨 쉬는 것처럼 단순하고 다이아몬드처럼 귀한 비밀을 발견했다. 이어지는 탐구과제에서 당신에게 그 비밀을 공개하겠다.

아마 처음에는 그 비밀이 그다지 마음에 들지 않을지도 모른다. 너무나도 단순하기 때문이다. 보통 사람들은 더 복잡하고 어려운 것을 높게 평가하려는 경향이 있다. 깨달음을 얻기 위해서는 수년 동안 수행하거나 연구해야 한다고 생각하는 사람도 있다. 그러나 자유로운 선택은 단순한 깨달음이다. 어려운 수수께끼를 풀거나 수많은 비법 도서를 읽지 않고도 지금 즉시 자유로운 선택을 연습할 수 있다.

먼저 자유로운 선택이 무엇을 의미하는지 알아보는 것부터 시작하자. 자유로운 선택은 두 가지 형태로 정의할 수 있다. 하나는 '조건화된 생각에 통제받지 않고 자유롭게 고르는 것'이고, 다른 하나는 '신중하게 심사숙고한 뒤에 자유롭게 고르는 것'이다.

첫 번째 정의는 자신이 의도했던 것에 대한 결과를 나타낸다. 그 비결은 모든 의견, 규칙, 뚜렷한 한계, 시야를 좁게 만드는 여러 가지 고려 사항을 뚫고 지나갈 수 있는 좁은 길을 발견하는 것이다. 당신 안에 이미 프로그램 되어 있는 것으로부터 영향을 받지 않으면서 삶이 제공하는 다양한 메뉴를 직접 고르고 싶다면 새로운 기술을 몇 가지 배워야 한다.

왜 결정하기 어려울까?

중요한 결정을 내리기가 어려울 때 사람들은 종종 자신의 기질 때문이라고 해석한다. 혹시 당신도 이런 상황을 겪는다면 재능 있는 음악가나 스포츠맨 등 훌륭한 사람들도 똑같은 상황을 겪고 있다는 것을 기억하자.

위대한 대통령들의 자서전을 읽어보았다면 중대한 결정을 내리는 일이 얼마나 어려운지 알 수 있을 것이다. 대통령이 내려야 할 결정이 좀 더 중대하기는 하지만 어쨌든 분명한 것은 그들도 충분한 훈련을 통해 결정 능력을 개발했다는 사실이다. 위대한 예술가나 유명한 탐험가, 노벨상 수상자들 모두 의사결정 문제로 괴로워했다. 선택을 앞에 두고 두

렵고 괴롭기는 당신이나 유명인이나 마찬가지다. 얼마나 두려운가는 결정 사항의 크기에 달린 것이 아니라 선택할 때 느끼는 주관적인 어려움의 크기에 달려 있다.

결정하는 데 겪는 어려움은 풀지 못할 수수께끼도 아니고 성격장애의 징후도 아니다. 언제나 매우 구체적인 원인이 있게 마련이다. 근본 원인을 찾아 들어갈 수만 있다면 조치를 취할 수 있다. 무엇이 당신을 방해하고 있든지 간에 성공적으로 방해물을 뚫고 지나가는 일은 의외로 쉽다. 근본 원인에 다다르기 위해 모든 방해물을 제거하자.

먼저 '신중한 심사숙고' 단계에서 얼마나 당신이 몰입했는지 확인하자. 아직 해결하지 않은 질문이 남아 있는지도 모른다. 당신이 100퍼센트 만족할 만큼 모든 것을 검토했는지 확인하자. 어쩌면 조사 작업을 충분히 하지 않았을 수도 있다. 아직 완전히 확신이 서지 않는 답변에 대해서는 추가로 답을 찾아보는 것도 필요하다. 세 사람에게 당신이 생각하고 있는 직업이 어떤지 물어보는 것만으로는 충분치 않을 수 있다. 자신할 수 있을 만한 독립적인 의견을 만들어내기 위해 10~20명 이상의 전문가들과 상의할 수 있다면 바람직하다.

조사하거나 심사숙고해야 할 사안 중에 아직 해결되지 않은 것이 있는지 확인하려면 워크북을 펼치고 질문 영역을 확인해 본다. 질문 영역의 새로운 페이지 상단에 '결정하기 위해 무엇에 대답하고 무엇을 찾고 무엇을 고려해야 할까'라고 제목을 적는다. 그다음 브레인스토밍을 한다. 편집하지 말고 떠오르는 대로 가능한 모든 답변을 적는다. 적은 것들을 보면서 생사가 걸린 문제가 아니거나 중요한 사안이 아닌 항목은 모두 지운다. 중요한 사안에만 집중한다. 다음 단계는 목록에 있는 중요한 모든 문제를 해결하는 것이다. 이제 결정을 내릴 수 있는가. 아직도 결정 내리기가 어렵다면 다시 이 책으로 돌아오자.

충분히 '신중한 심사숙고'를 하고 난 뒤에도 여전히 선택을 미루고만 있다면 다음의 4가지 이유 중 하나일 가능성이 매우 높다.

1. 선택의 기술 부족

선택의 기술이 아직 미숙한 상태일 수 있다. 만일 기술이나 연습이 부족해서 결정 내리는 것을 피해왔다면 이 책을 읽고 나서 작은 문제부터 시작해 자유로운 선택의 근육을 키워 가면 놀라운 효과를 얻을 수 있다. 사소한 것부터 시작하여 점점 더 중대한 문제로 옮겨가자.

2. 결정 보류 상태

사람들이 "잠시 생각 좀 해보고."라거나 "좀 더 알아봐야겠어."라고 말할 때에는 스스로를 속이고 있는 경우가 많다. 실제로는 결정하지 않겠다고 몰래 결정하고 나서 겉으로는 그렇지 않은 척하는 것이다. 물론 그렇지 않은 경우도 있다. 사람들은 때때로 결정하지 않는 것을 불명예스러운 것이라고 인식한다. 누군가 "아, 그거? 결정하지 않기로 결심했어!"라고 말하는 것을 들어본 적이 있는가?

하지만 위태로운 절벽에서 뒤로 물러나기로 결정하는 것은 결코 잘못된 것이 아니다. 유약하거나 무책임한 것도 아니다. 우유부단한 것도 아니다. 미친 사람들이나 절벽이 나올 때마다 뛰어내린다. 어떤 절벽에서는 뛰어내리지 않겠다고 알리는 것도 필요하다. 문제를 가짜 이유로 덮어 모호하게 만드는 것은 쓸데없는 혼란만 가중시킬 뿐이다.

3. 타인 의존

종종 사람들은 선택의 절벽 앞에 서서 결정을 내리지 못한다. 왜냐하면 습관석인 의사결정 방법이 그날따라 아직 활동을 시작하지 않고 있기 때문이다. 이들은 주위의 도움 없이는 무엇을 어떻게 해야 할지 모르는 사람들이다. 조만간 신뢰하는 짝패가 나타나 자신을 대신해서 일을 처리해줄 거라는 희망을 가지고 있기 때문에 결정을 미룬다.

4. 자유방임적인 성향

당신이 마무리 짓기를 좋아하는 성격이라면 이 경우에서 예외다. 그러나 만일 당신이 좀 더 기다리며 지켜보는 것을 선호하거나, 상황이 자연스럽게 흘러가도록 내버려두는 경향을 가지고 있다면, 혹은 변화하는 상황에 맞추는 것을 좋아하는 사람이라면, 결정을 내리는 데 시간이 오래 걸릴 것이다. 만일 당신의 성향이 자유방임적이라면 그런 성격과 잘 맞는 직업을 선택하는 것이 합리적일 수 있다. 그렇게 하려면 몇 가지 결정을 내려서 직업을 하나로 정할 필요가 있다. 당신에게 완벽하게 들어맞는 직업을 갖기 위해서는 익숙한 것과 반대되는 영역의 기술을 배우도록 스스로를 독려할 필요가 있다. 하나를 선택하여 끝까지 고수하는 것이다. 모든 것이 쉽게 해결될 거라고 기대하는 것은 너무 순진한 생각이다. 해결 방법은 하나다. 힘들더라도 선택을 하겠다고 다짐하는 것이다. 그다음은 매일 선택하는 연습을 하는 것이다.

결정에 대한 확신

만일 분명한 이유 때문에 기다리는 것이 옳다고 확신한다면, 또는 너무 빨리 속단하거나 충동적으로 결정하는 버릇을 고치기 위해 노력하는 중이라면, 올바른 선택을 위해 기다리고 있는 전형적인 상태다. 그렇지 않은 경우라면 해야 할 과제를 단지 피하고 있는 것이다. 스스로 느끼기에 불확실하고 혼란스럽고 약간 창피스럽다면 절벽에서 멀찍이 물러나려는 상태일 가능성이 크다. 한번 스스로에게 물어보자. 답을 들을 수 있을 것이다. 지금은 모른 척하고 시치미 떼고 있을 때가 아니다. 당신은 정말 무엇을 하고 싶은가? 당신에게 가장 중요한 장기 목표를 향해 가장 가까운 길로 달려갈 텐가, 아니면 자기방어와 자기합리화의 덫에 걸려 허우적거리고 있을 텐가?

결정이 옳았는지 어떻게 확신할 수 있을까?

그 상황에 가보기 전까지 확신할 수 있는 것은 아무것도 없다. 당신이 직업을 제대로 선택한 것인지 확인할 수 있는 방법은 당신이 1~2년 동안 직접 일을 해보는 수밖에 없다. 그 전에는 결코 알 수 없다. 다른 방법은 모두 어림짐작일 뿐이다. 당신이 탐구한 모든 질문도, 얘기를 나눈 모든 사람도, 최선의 선택을 위해 당신이 했던 모든 노력도 그저 어느 정도 지식에 근거한 어림짐작을 좀 더 잘할 수 있게 도와주기만 한다. 이제 모든 것이 분명해졌다. 멋진 직업을 선택하는 과정에 전적으로 몰입하는 것이 훨씬 더 현명한 판단이라는 것이 좀 더 명확해졌다. 최선을 선택할 확률을 높일 수 있는 최상의 방법은 더 많은 시간을 투자하고 더 밀도 있는 집중력을 발휘하는 것이다.

잘못된 결정을 내렸다면?

만일 당신이 잘못된 결정을 내렸다면, 결정을 잘못 내린 것일 뿐이다. 그게 전부다. 당신뿐만 아니라 누구나 실수를 피할 수 없다. 당신이 할 수 있는 최악의 선택은, 완벽한 선택이 아닐지도 모른다는 이유로 결정하기를 거부하고, 겁에 잔뜩 질린 채 식물인간처럼 인생을 허비하는 것이다. 훌륭한 선택을 하기 위해서 할 수 있는 모든 노력을 하면서 대담하게 미래를 향해 걸음을 옮겨보자. 만일 실수를 저지르면 실수를 인정하고 자신을 용서하자. 그리고 당신의 삶으로 무엇을 할지 결정하는 과정으로 다시 한 번 뛰어들어보자. 새로운 선택을 하는 것이다. 움츠리지 말고 미래를 향해 담대하게 나아가자.

탐구과제 20

자유로운 선택 훈련하기

워크북 86쪽

1. 지금 당신이 어떻게 결정을 내리는지에 주목하자. 자유로운 선택을 훈련하는 첫 단추는 지금 당신이 정확히 어떤 식으로 결정을 내리는지 분명히 인식하는 것이다. 실제 현장에서 당신이 어떻게 행동하는지 관찰해야 한다.

당신이 어떻게 결정을 내리는지 아는 것은 자유로운 선택을 위해 반드시 필요하다. 왜냐하면 평소 당신이 결정을 내리는 방식이 계속해서 저절로 작용할 수 있고, 때로는 당신이 원치 않더라도 영향을 받기 때문이다. 이것을 무력화시키기 위해서는 직접 관찰하는 방법이 최선이다. 그렇게 관찰해봐야 언제 과거의 방식이 당신의 등에 올라타 주인노릇을 하는지 알아차릴 수 있을 것이다.

먼저 지난 몇 년간 당신이 내린 중요한 결정 세 가지를 적어보자. 이번에는 지난 3개월간 당신이 내린 결정 중에서 덜 중요했던 세 가지를 적어보자. 당신이 최종 결정에 이르는 과정에 참여하거나 주도한 것들이어야 한다.

눈을 감고 마치 영화 한 편을 보고 있는 것처럼, 여섯 가지 결정을 당신이 어떻게 내렸는지 처음부터 끝까지 과정을 떠올려보자. 논리, 분석, 상식, 감정, 로맨틱한 열정, 외부 자원, 반발, 저항, 맹종, 무작위, 비교 평가하기 중 어떤 것이 의사결정 과정에 관여했는가? 하나 또는 둘 이상의 방법을 가지고 시작했다가 나중에 또 다른 방법으로 교체했는가? 모든 방법 중에서 특히 한 가지 방법을 신뢰했는가? 여러 방법을 조합해서 활용했는가?

전 과정을 처음부터 끝까지 쭉 되짚어보자.

처음 내린 결정이 어떤 과정을 통해 이루어졌는지 다음과 같이 적어보자. "먼저 로맨틱한 열정으로 시작했다. 그리고 나서 조사를 하고 분석을 했다. 그리고 다른 사람들과 이야기를 나눴다. 여러 선택 중에서 가장 강한 욕망이 생기는 것을 골라서 최종 결정을 내렸다."

나머지 5개 결정에 대해서도 똑같은 과정을 밟는다. 이 모든 과정을 끝내고 나면 당신이 결정을 내리는 방식이 어떤지 매우 분명히 알 수 있을 것이다.

그다음 던져보아야 할 질문은 다음과 같다.

"이러한 방법이 당신에게 얼마나 잘 맞는가이다. 항상 옳은 결정을 내렸다고 느끼는가? 그렇지 않다면 어느 부분에서 당신이 선택한 방법이 실패했을까? 만일 다른 방법으로 교체한다면 더 나은 결과를 얻을 수 있을까?"

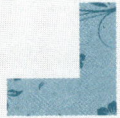

Chapter 16

행복의 선순환 고리를 만드는 법

내면의 장치가 어떻게 당신의 삶을 통제하는지 좀 더 깊이 알고 싶은가? 인생이라는 자동차의 운전석에 앉아 운전대를 직접 손에 쥐고 싶은가? 그런 당신을 위해 이 장을 준비했다. 만일 이런 내용은 이제 그만 읽고 싶다면 다음 장으로 곧장 넘어가자. 하지만 아직도 2퍼센트 부족하다고 느낀다면 계속 읽어보기 바란다.

진정으로 추구하는 것을 얻지 못하는 이유는 대개 내면의 시스템이 당신이 원하는 대로 작동하도록 만드는 기술을 아직 터득하지 못해서다. 내면의 장치가 당신을 위해 작동하게 하는 방법을 알기 위해서 인간의 행동이 어떤 메커니즘에 의해서 움직이는지부터 알아보자.

인간 행동의 메커니즘

이해를 돕기 위해 모델을 하나 소개한다. 이 모델이 유일무이한 진실은 아니지만 이해하고 기억하기 쉬우며 또 인생의 어느 순간에, 어떤 문제에 노출되었을 때, 성공적으로 대처할 수 있는 방법을 찾아내는 데 활용할 수 있는 모델이라는 점이다. 자, 시작해보자.

다음 그림을 보자. 나는 이 그림을 '인간 행동의 메커니즘'이라고 부른다. 인간의 행동이 어떤 메커니즘에 의해서 작동되는지 알아보기 위해 가상의 예를 하나 활용하자. 한 단계씩 설명할 때마다 그림을 보며 참고하기 바란다.

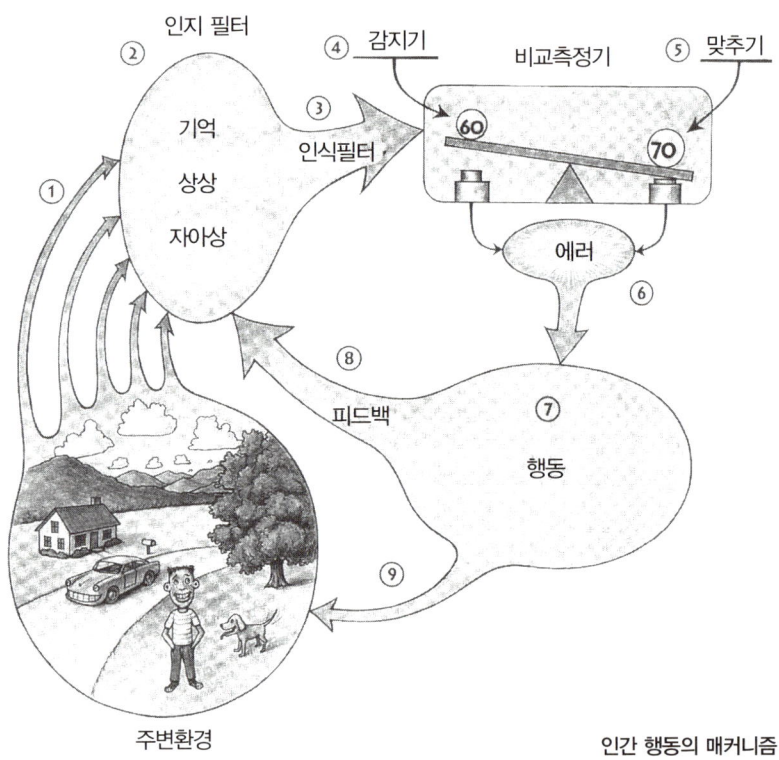

인간 행동의 매커니즘

1단계 그림의 ①번은 주변 환경으로 인한 자극을 나타낸다. 인생의 모든 순간순간은 외부 세계와의 상호작용의 연속이다. 당신이 일하고 있는 사무실의 문이 벌컥 열리는 장면을 상상하자. 상사가 들어오면서 고함을 지른다. 당신이 아직 처리하지 못한 일을 두고 책망한다.

2단계 외부의 모든 자극은 많은 해석과 인지의 필터를 거치며 걸러진다. 그림의 ②번에는 최대한 단순화하기 위해 기억과 상상, 자아상과 같이 기본적인 것들만 나타냈다. 상사의 고함은, 다른 사람이 고함친 장면과 영화에서 고함친 장면을 떠올리게 하며 걸러진다. 상상은 고함이 의미하는 바를 설명해주는 역할을 한다. 자아상은 당신이 이 사건을 어떻게 해석하는지에 영향을 끼친다.

3단계 일단 자극이 이러한 인식 필터를 거치고 나면 그림의 ③번에 해당하는 '여과된 인식'이 된다. 이때는 인식 필터에 의해서 새롭게 형성되었기 때문에 더 이상 최초의 자극이 아니다. 원초적 자극에 대한 당신의 개인적인 해석인 것이다. 이렇게 여과된 인식을 우리는 '현실'이라고 부른다. 사실, 외부 세계에서 어떤 자극이 들어왔든지 현실, 즉 여과된 인식은 그것과 전혀 닮은 점이 없을 수도 있다. 당신은 아마 "와, 화가 무진장 났나 보네. 내가 큰 실수를 한 것 같다. 큰일 났네!" 혹은 "뭐 저런 게 다 있어?"라고 해석할 것이다. 상사가 고함치는 의미를 해석하는 방법은 수없이 많다. 분명한 것은 당신이 그것을 단지 정보로만 받아들이지 않는다는 점이다. 상사가 어떤 정보를 전달하고 있건 간에 당신은 어떤 의미를 부여하여 일부 왜곡시키기도 한다.

4단계 당신이 현실이라고 부르는 이 작은 정보는 기술자들이 '비교측정기'라고 부르는 장치로 들어간다. 비교측정기는 보일러나 에어컨이 맞춰진 온도에 따라서 자동으로 작동하고 꺼질 수 있게 해주는 자동온도조절장치와도 같다. 우리 몸속에 있는 각각의 세포에는 이러한 작은 장치가 들어 있다. 실제로 이런 비교측정기는 신체적인 부분에서 심리적인 부분까지 삶의 모든 부분에 관여하고 있다. 모든 비교측정기에는 그림④에서 보는 것과 같이 측정해야 할 대상을 감지하는 장치가 있다. 온도조절장치에 있는 작은 온도계가 방 안의 온도를 읽는다. 생물학적인 측면에서 우리 몸 안에 있는 감지 장치는 수없이 많은 화학적, 전기적, 물리적 측정치를 감지하여 우리 몸이 계속해서 원활하게 작동할 수 있게 해준다. 심리적인 측면에서 훨씬 더 많은 비교측정기가 비물리적인 부분에 관여하고 있어 생존을 가능하게 해준다. 심리적인 측면에 관련해서는 잠시 후 더 자세히 알아보자.

5단계 온도조절장치에는 방 안 온도가 일정하게 유지되도록 미리 맞춰둘 수 있는 조그만 다이얼이 하나 있다. 우리 몸과 두뇌 안에 있는 모든 비교측정기도 역시 구체적인 수치에 맞춰져 있다. 이것이 그림의 ⑤번에 해당한다. 어떤 것은 설정된 수치에 당신이 쉽게 맞출 수 있지만 어떤 것은 공인된 전문가(의사가 처방전을 써 주는 것 같이)만 맞출 수 있다. 전혀 맞출 수 없는 것들도 있다.

6단계 측정치와 설정치가 서로 맞지 않을 때 그림의 ⑥번처럼 비교측정기는 에러를 표시한다. 만일 당신의 온도조절장치에 말하는 기능이 있다면 이렇게 말할 것이다. "설정치는 25도, 측정치는 23도. 에러! 에러!"

7단계 온도조절장치가 에러를 인식하면 에러를 처리하기 위해 무언가를 작동시키는 스위치를 켠다. 그렇게 해서 에러를 잡는다. 온도조절장치의 측정값이 너무 낮으면 보일러가 켜지고 측정값이 너무 높으면 에어컨이 켜진다. 우리 삶에서 거의 모든 행동이 이와 같은 방식으로 이루어진다. 조깅을 시작하면 피의 온도가 점점 올라간다. 센서가 37도보다 높은 온도를 기록하면 작은 비교측정기는 에러 메시지를 보내기 시작한다. 그러면 몸의 온도를 낮추기 위해서 땀과 같은 몇 가지 시스템을 작동시켜 에러 메시지에 반응한다. 우리 몸에서 전적으로 생물학적인 부분에 관해서는 비교측정기가 생물학적인 장비를 가동시킨다. 심리적인 부분에 있어서는 다양한 비교측정기가 비물리적인 것들에 맞춰져 있다. 그러나 생물학적이건 심리적이건 시스템은 똑같이 작동한다. 비교측정기 중에서 하나가 에러를 기록하면 원래의 균형 상태로 다시 돌려놓기 위해 그에 맞게 설계된 행동을 하게 한다. 이것이 그림의 ⑦번에 해당하는 내용이다.

이 책 전체에 걸쳐서 이 기계적인 생존 시스템에 대해 몇 차례 언급했다. 생존 시스템은 우리가 평형 상태에서 벗어날 때마다 원래대로 되돌리려는 성질을 갖고 있다. 가장 기본적인 수준에서만 본다면 우리는 살아남도록 설계된 기계다. 우리의 생존 장치는 지능을 갖고 있지 않다. 그 안에 프로그램되어 있는 것에 따라 반응할 뿐이다. 우리가 겪은 경험과 우리가 내린 결정, 그리고 살아오면서 배운 모든 것에 의해서 심리적인 자아 속에 들어 있는 각각의 작은 비교측정기는 이미 특정 값에 맞추어져 있다. 일단 한번 설정되면 그 자리에 그대로 주저앉아서 영원히 움직이지 않는다. '에러'가 기록될 때마다 그것에 반응하여 특정한 행동을 작동시키라는 메시지를 보낸다. 그 메시지는 "위험 상황! 위험 상황! 공손한 자세를 취하라! 지금 당장 고개를 숙여라!" 같은 것이 될 것이다.

앞서 말한 모든 것은 인식 필터와 주변 세상을 강화시켜 우리에게 영향을 끼친다. 우주의 나머지 부분도 똑같은 메커니즘에 따라 움직이고, 당신의 반응이 어떤가에 따라 필터 역시 강화되는 경향이 있다.

예를 들어 당신이 상사에게 맞받아서 고함치면, 그 행동은 다음번에 상사가 당신에게 어떻게 행동할지에 영향을 끼친다. 더욱 중요한 것은 그림의 ⑧번에서 보는 것처럼 당신이 어떻게 반응하는가가 필터를 강화시킨다는 점이다. 우리는 한 번 통했던 행동은 계속해서 강화시키고 그렇지 않은 것은 퇴화시킨다. 우리 삶은 근본적으로 습관으로 이루어져 있다. 습관은 좋은 것과 나쁜 것 모두를 포함한다. 우리는 새로운 상황에 새롭게 대응하기보다는 이미 프로그램된 정보에 따라서 상황에 반응한다. 삶의 전 과정은 이러한 인공지능적인 피드백 루프 수십억 개가 모여 이루어져 있다. 이것은 거대한 존재의 수레바퀴다. 계속해서 돌고 또 돈다. 어디서 멈출지 누구도 모른다.

원하는 것을 얻는 방법

당신의 삶에서 무언가를 변화시키거나 개선하고 싶다면 그게 무엇이든 간에 가능하다. 사람들의 문제를 해결하거나 도와주기 위해 고안된 모든 치료법은 이 순환 고리의 어느 한 부분을 터치한다. 어떤 방법은 환경적인 접근법을 사용한다. 추운 날씨가 싫다면 제주도나 부산으로 가면 된다. 거기라면 좀 더 따뜻하게 지낼 수 있을 것이다. 어떤 방법은 인식 필터에 손을 댄다. 만일 경험을 여과시키는 방식을 바꾼다거나, 자아상을 개선한다거나, 기억의 구조를 변화시킨다면 왜곡은 줄어들 것이고, 삶에 대응하는 데 있어서 융통성을 더욱 발휘할 수 있을 것이다. 다른 방법은 여과된 인식을 재해석하는 데 초점을 맞춘다. 또 원하지 않는 행동을 더 생산적인 것으로 교체하는 방법도 있다. 담배를 피우는 대신에 껌을 씹는 것이 그 예다. 이러한 모든 방법은 각기 고유의 영역을 가지고 있고 잘 들어맞는 상황이 있다.

현 상황에서 우리가 찾고 있는 것은 당신의 꿈을 실현하는 데 가장 효과적으로 도움을 줄 수 있는 방법이다. 그 방법은 생존 시스템의 설정을 바꾸는 것이다. 모든 노력을 그림의 ⑤번에 집중시켜라. 앞에서 든 예로 돌아가보자.

당신과 상사가 잠시 말다툼을 했고, 상황이 더욱 악화되었다고 가정해보자. 설정되어 있는 상태를 들여다보니 "고함지르는 건 공격을 뜻하고 공격은 되받아쳐야 한다."고 되어 있다. 그 설정을 "나는 상사가 하는 말을 사적인 감정으로 받아들이지 않는다. 상사가 어떤 톤으로 얘기하든 그가 원하는 것을 찾기 위해 나는 경청할 것이다"로 바꾼다. 그렇게 바꾸고 나니 이제 상황이 악화되지 않고 점점 개선되는 것 같다. 당신은 작은 한 가지를 바꿈으로써 상황을 전혀 새롭게 변화시켰다.

　탁월한 직업을 설계하는 과정에서 당신이 좀 더 진보적인 태도를 갖는 순간 분명해지는 것이 하나 있다. 비교측정기가 "편안함", "미지의 것은 위험해", "무슨 수를 써서라도 위험은 피해야 돼" 같은 설정에 맞춰져 있다는 것이다. 이에 대처하는 최선의 방법은 새로운 설정을 만들어내는 것이다. 예를 들면 "완벽한 자기표현의 삶", "높은 수준의 직업 만족도", "내가 사랑하는 직업을 선택한다", "사회에 기여할 수 있는 일을 한다", "다가오는 선거에서 승리한다" 같은 것을 의식적으로 설정하는 것이다. 이런 말은 도전과제와 많이 흡사하지 않은가? 바로 그렇다. 이것이 모두 도전과제다. 도전 목표를 찾는 것은 원하는 결과를 얻을 수 있도록 자신의 시스템을 설정하는 가장 강력한 방법이다. 그것이 바로 과거 습관에 휘둘리지 않고 가장 효과적으로 자신을 재설정할 수 있는 방법이다.

　방금 내가 설명한 시스템의 작동 방법을 이해하고 전념하겠다고 설정해보자. 그러면 훨씬 더 창의성을 발휘할 수 있을 것이다.

Chapter 17

탄탄한 미래를 위한 목표 설계

장래 직업을 설계하거나 완벽한 직업을 찾으려면, 목표를 창조하고 이를 프로젝트화하는 일부터 시작해야 한다.

예를 들어 당신이 집을 설계하고 짓기로 결심했다고 하자. 우선 집은 어떻게 지어야 한다는 기본 목표가 몇 가지 생길 것이다. 가장 총체적인 목표는 내 집을 짓는 꿈을 이루는 것일 수 있다. 어쩌면 어떤 타협도 없이 완벽할 정도로 나에게 어울리는 집을 갖는 것일 수도 있다. 본격적으로 집을 설계하려고 하면 집에 대한 목표가 매우 구체적이어야 함을 깨닫게 된다.

집에 대한 결정은 가족과 자녀, 직업과 여가, 재정, 자기표현, 라이프스타일, 지역 공동체 등과 아주 긴밀한 연관이 있다. 물론 직업 목표와도 긴밀한 연관이 있다. 우리는 가끔 삶을 여러 단위로 구분하는 실수를 저지른다. 하지만 삶의 각 부분은 서로에게 의존하고 연관성을 지니고 있는 복잡한 네트워크다. 우리는 자신도 모르게 모든 것을 구분하는 습관을 기르며 자랐다. 부엌 찬장을 정리할 때는 아주 편리하지만 자신의 삶을 설계할 때는 그렇지 않다.

미래를 설계하라

이번 장은 목표 설정과 프로젝트 관리 기술을 전반적으로 다루고 있다. 목표를 설정하고 성취하는 기술을 터득하기 위해서는 목표에 대해서 보통 사람들보다 더 깊이 이해하고 더 올바르게 인식하고 있어야 한다. 앞으로 몇 페이지에 걸쳐서 목표라는 것과 더 친숙해질 기회를 갖게 될 것이다. 그래서 새로운 목표를 설정하는 것이 쉬워지고 목표를 실현하는 것도 더 순조로워질 것이다.

당신의 미래를 정말로 멋지게 설계하고 싶다면 목표 설정과 프로젝트 관리의 전문가가 되어야 한다. 이 탐구과제를 완료하고 그 결과에 전적으로 만족하기 전까지는 이것을 당신 인생에서 가장 중요한 중심 과제로 삼기를 바란다. 이 과제를 마치는 데에는 일주일이 걸릴 수도 있고 한 달 또는 그 이상이 걸릴 수도 있다. 시작하기 전에 먼저 몇 가지 궁금증을 살펴보자.

전제조건 목록, 목표 목록, 프로젝트 목록 간의 차이는 무엇인가? 이 목록과 개념은 단지 당신의 인생에서 중요한 것을 볼 수 있게 해주는 방법 그 이상도 이하도 아니다. 당신이 이미 작성한 그 외의 다양한 목록과 탐구과제도 역시 똑같은 정보를 담고 있을 수도 있다. 당신의 인생을 훌륭하게 설계하기 위해서 다면적으로 관찰하는 것은 충분히 가치가 있다. 당신에게 가장 중요한 것이 무엇인지 살펴보기 위해 더 많은 방법을 동원할수록 더 분명한 결과를 얻을 수 있기 때문이다.

도전과제와 필요조건 목록

당신의 미래에 대한 약속을 선언하는 공간이다. 당신이 무엇에 도전하겠다고 다짐하든지 그것은 당신 인생의 한 부분이 될 것이라고 말하는 것과 같다.

목표 목록

여러 가지 방법으로 활용될 수 있는데 먼저 '번영'과 같이 중요하면서도 추상적인 목표를 좀 더 명확히 해서 그것에 도달하는 방법을 찾아낼 때 쓰는 작업 용지로 활용이 가능하다. 두 번째로 무엇에 도전할 것인지 결정하는 데 보조수단으로 활용할 수 있다. 세 번째, 계획을 세우고 우선순위를 매기는 수단으로 사용이 가능하다. 어떤 것을 지금 바로 실시할 프로젝트로 바꾸고 어떤 것을 나중에 할 것인지 결정하는 수단으로 사용할 수 있다.

프로젝트

지금 당장, 또는 가까운 미래에 성취하겠다고 결심한 목표다. 프로젝트 관리는 프로젝트를 처음부터 끝까지 완수하는 과학이자 예술이다.

> 결국에 가서 보면 당신이 목표한 것만 얻는다. 그러므로 당신이
> 바로 그 자리에서 실패한다고 해도 높은 목표를 갖는 것이 더 유리하다.
> 헨리 데이비드 소로

가능성은 열어둘수록 좋다

"내 선택권 안에 있는 것은 무엇일까?"라고 스스로 묻는다면 자동적으로 당장 눈앞에 보이는 것으로만 선택의 범위를 제한하게 될 것이다. 그러나 질문을 바꿔 "가능한 것은 무엇일까?"라고 묻는다면 당신은 새로운 세계로 들어가는 문을 열게 될 것이다. 이전에는 존재하지 않았던 이 문은 당신만을 위한 것으로써 당신이 스스로 쳐놓은 울타리 너머로 당신을 인도해준다. 지금 당신 앞에 놓여 있는 선택권 너머로 한걸음 옮겨놓을 수 있다면, 당신이 가장 원하는 것이 무엇인지 분명히 파악하고 그 꿈을 현실화하려고 하면, 당신이 성취할 수 있는 것은 무한대이다.

수십 년 전, 존 고다드라는 15세 소년은 식탁에 앉아서 '내 인생의 목표 목록'에 삶의 목표 127개를 적었다. 그 목록은 정말 대단하지만 그의 경이로운 삶에 비하면 정말 아무것도 아니다. 중요한 것은 목표를 잘 설정하는 사람이 되는 것이 아니라 특별한 삶을 사는 데 있다. 분명한 목표는 특별한 삶으로 가는 첩경이다. 존이 달성한 목표는 그에게 있어서 대단한 학습의 경험이었고 특히 몇 가지는 특별한 모험이었다. 예를 들면 목록 1번은 나일 강을 탐험하는 것이었다. 강둑을 따라 여행하는 게

아니었다. 강의 상류에서 하구까지 카약으로만 탐험하는 첫 탐사를 생각했다. 언뜻 보기에는 불가능한 일 같지만 그는 해내고야 말았다.

최근에 나는 존에게 그토록 많은 목표를 창조하고 성취해내는 비밀이 무엇인지 알려달라고 부탁했다. 그는 자신이 우리와 똑같은 사람이라고 대답하며 비밀은 아주 단순하다고 했다. 우선 자신이 하고 싶은 것을 글로 옮긴다. 그리고 그것을 해내겠다고 선언한다. 그 선언이 목표가 되고, 계획이 필요한 프로젝트가 된다. 프로젝트는 다시 도전할 모험이 된다.

한번은 TV 뉴스에서 두 명의 프로 골퍼에 관한 보도를 본 적이 있다. 두 사람은 동갑이고 서로 얼굴도 닮은데다 PGA스쿨도 함께 다녔다. 둘 다 두 명의 자녀와 귀여운 금발의 아내가 있었다. 둘은 최고의 친구였고 평균 타수도 똑같았다. 두 사람은 마치 쌍둥이처럼 모든 것이 닮았었다. 다른게 있다면 한 사람은 몇 개의 큰 대회에서 우승을 했고 상금 순위에도 올라 있었지만 다른 한 사람은 컨트리클럽에서 프로 골퍼로 일하고 있었고 어느 대회에서도 우승한 적이 없었다는 사실이다.

뉴스 보도의 초점은 운명의 변덕스런 장난에 대한 것이었다. 나는 두 사람의 인터뷰를 보면서 두 골퍼 사이에 큰 차이점이 있다는 것을 발견했다. 우승한 골퍼는 미래의 목표에 대한 질문을 받았을 때 "세계에서 가장 성공적인 최고의 골퍼가 되는 것"이라고 대답했다. 반면에 다른 친구는 "골프를 치면서 먹고사는 것"이라고 소박하게 대답했다. 한 사람은 미래에 대해 특별한 비전을 창조해냈고 그 비전을 위해서 200퍼센트 노력했다. 다른 한 사람은 안전지대에서 퍼팅하는 것만으로 행복해했다. 이러한 목표의 차이가 모든 차이를 만들어냈던 것이다.

목표 설정의 원칙

목표의 3단계

가장 높은 단계에는 원대하고 포괄적인 메타 목표가 있다. '메타'라는 단어는 '초월적인 또는 훨씬 더 포괄적인'이라는 뜻이 있다. 이러한 목표는 건강, 공헌, 사랑, 황홀경, 즐거움, 안전, 자기표현, 번영, 만족 등과 같이 원대하고 추상적인 아이디어로 나타난다. 이러한 메타 수준(더 높은 수준)의 목표는 구체적인 목표로 넘어간다. '번영'이라는 폭넓고 포괄적인 목표 아래에는 수입, 저축, 투자, 은퇴, 충동구매 자제 등과 같은 구체적인 목표를 설정할 수 있다. 최종적으로 가장 하위 단계에 속하는 것이 할 일 목록이다. 그중에서 어떤 것은 당신의 꿈을 실현해주는 구체적인 단계별 계획이다. 그것은 프로젝트 완성으로 가는 길을 따라서 나 있는 이정표와 같아서, 목표를 향해 당신이 얼마나 가까이 가고 있는지 알려준다.

자신이 진정으로 원하는 것과 일치해야 한다

부모나 배우자를 즐겁게 하기 위해서, 또는 문화적 정체성 때문에, 혹은 순전히 회사의 목표를 달성하기 위해서 당신의 목표를 설정했다면 그 목표를 이루기는 매우 힘들 것이다. 당신의 목표를 당신만의 심오한 원칙과 가치관에 일치시키자. 또 가장 순수한 당신만의 꿈과 욕구에 목표를 일치시키자. 마음으로부터 이루고 싶지 않은 것은 목표로 삼지 말자. 인생은 짧다. 당신이 진정으로 원하지도 않는 것을 추구하며 낭비할 시간은 없다.

중요한 모든 부분에 대해 세운다

우리 삶의 모든 부분은 서로 연결되어 있다는 것을 명심하자. 직업에 관한 목표로 끝내지 말자. 결혼을 위한 목표, 취미를 위한 목표, 사회 참여를 위한 목표를 만들자. 건강과 체력에 관한 목표, 만족과 웰빙에 관한 목표 같은 것을 만들자. 자녀 양육에 관한 목표를 만들자. 그러나 자녀의 목표를 대신 만들어주지는 말자.

구체적으로 측정 가능하게 적는다

모호함은 목표를 완성하는 데 커다란 방해물이다. 목표 완성에 이르는 길을 따라가던 중에 허리까지 올라오는 늪 속을 질척거리며 가다보면 당신이 왜 늪 속에서 허우적대고 있는지 잊어버리기 쉽다. 따라서 모든 목표는 매우 구체적이어야 한다. 또 가급적 측정 가능하게 정해야 한다. 측정할 수 없다면 어떻게 성취 여부를 알 수 있겠는가.

솔직하게 표현한 목표라야 한다

긍정적으로 표현해야 한다고 강박관념을 갖지 말자. 자신에게 솔직해지는 게 더 중요하다. 만일 당신이 갈구하는 것이 지겨운 직장을 두 달 내에 관두는 것이라면 굳이 그 말을 아름답게 포장하려고 애쓸 필요는 없다. "내 목표는 한 달 이내에 이 지겨운 직장을 관두는 것이다"라고 있는 그대로 말하자. 반면에 목표를 만들 때 긍정적인 면에서 보는 것이 도움이 될 때도 있다. 왜냐하면 인간의 마음은 무언가를 그만두는 것을 싫어하기 때문이다. "나는 건강에 좋지 않은 음식은 절대 먹지 않겠어."라고 말하는 대신 "나는 가급적이면 건강에 좋고 먹기에 좋은 음식을 먹겠어."라고 말할 수도 있다.

반드시 글로 옮겨 적는다

그곳은 휘발성이 너무 강하다. 인간의 머릿속은 구멍이 많은 주머니와 같아서 최면이나 몽유병, 불확실함과 의심의 영향을 받기 쉽다. 그곳은 당신의 목표를 담아둘 최적의 장소가 아니다. 언제 사라질지 모르니 반드시 글로 옮겨두자.

단기목표와 장기목표를 모두 세운다

다음 주와 내일 무엇을 할지 결정하는 것뿐만 아니라 포괄적인 인생 전반의 계획을 세우는 것도 포함하자.

목표관리 방법

목표 목록을 관리하자. 목표를 자주 들여다보자. 매년 새해를 맞이하면서 장기목표를 다시 읽어보고 새로 업데이트하자. 기존의 목표를 수정하고 더 이상 관심을 갖지 않기로 한 목표는 과감히 던져버리자. 그 해를 마무리하면서 당신이 그 해에 설정한 목표를 다시 읽어보자. 비록 당신이 원하는 결과를 얻지 못했다 하더라도 각 항목을 확인하며 완료 표시를 하거나 다음 시점으로 이월해서 마감시한을 재조정하자.

낮은 단계의 목표를 성취한다고 해서 메타 목표에 저절로 도달할 수 있는 것은 아니다. 예를 들어 당신의 원대한 메타 목표가 '부자'라고 하자. 엄청나게 많은 돈을 벌어서 이 목표를 달성하는 사람들이 있다. 그러나 '부자'라는 목표를 달성했어도 번영을 경험하지 못한다. 왜냐하면 아무리 큰 집을 장만하더라도 더 큰 집을 가진 사람을 부러워하기 때문이다. '45평 아파트를 장만하면 부자가 무엇인지 제대로 느낄 수 있을 거야.'라고 사람들은 생각한다. 그러나 45평으로 옮기고 나면 그다음엔 52평으로 옮기고 싶어지는 것이 사람이다.

그러니 자신의 한계를 최대한 넓혀 야망에 가득 찬 꿈을 실현할 수 있는 목표를 정하자. 대부분의 사람들은 자신의 한계를 넘어설 필요가 없는 목표를 설정한다. 만약 집을 사고 싶다면 지출할 수 있는 범위 내에 드는 집을 구하는 것처럼 합리적인 목표를 추구한다. 만일 당신이 적당한 성공과 만족을 원한다면 무슨 수를 쓰더라도 합리적인 목표를 세워야 한다. 그러나 만일 그것보다 더 원대한 목표를 원한다면 합리성만 따지는 것은 당신의 앞길에 방해만 될 뿐이다.

> 당신이 할 수 있는 것의 한계가 어디까지인지 찾아내는
> 유일한 방법은 불가능 너머로 직접 뛰어드는 것이다.
> *아서 C. 클라크*

우선순위를 부여하라

두 가지 척도에 따라 목표들 간의 우선순위를 정하고 코드를 부여하

자. 두 가지 척도란 삶에 끼치는 장기적인 영향과 당신이 느끼는 욕구를 말한다.

A등급 목표

A등급 목표는 가장 높은 수준의 욕구와 영향력을 가진 것이다. A등급 목표는 당신의 삶에 장기적으로 강력한 영향을 끼치는 것으로, 원대하고 중요한 목표이며 심오한 결과를 가져올 만한 것들이다. 목표 중에는 당신이 원하는 삶을 얻기 위해 위험을 감수하는 것도 포함되어 있다. 목표 설정 과정에서 흔히 저지르는 실수는, 지금 당장 해야 할 일을 A등급 목표라고 정하는 것이다. 그런 식으로 보자면 속옷이 바닥날 무렵이면 세탁기 돌리는 일이 A등급 목표가 되어야 할 것이다. 일생일대의 목표 중 하나가 속옷을 세탁기에 넣고 돌리는 일이 되기를 진정으로 바라는가. "어떤 목표가 내게 궁극적으로 가장 큰 보답을 안겨줄 것인가?"라고 자문해보는 것이 좋은 방법이다.

B등급 목표

B등급 목표는 삶에 중간 정도의 영향을 끼친다. 어느 면에서는 중요하거나 어느 정도 높은 수준의 욕구를 반영할 수는 있지만 당신의 삶을 변화시키지는 못한다. 이루어지더라도 하늘 꼭대기까지 당신을 데려가 주지는 못한다.

C등급 목표

C등급 목표는 장기적인 영향을 주지 않는 일상적이고 평범한 것들이

다. 속옷을 세탁하거나 주말에 무엇을 할지 결정하는 일 따위가 여기에 속한다.

이 시스템을 활용해서 목표의 우선순위를 정하는 이유는 정말 중요한 것에 에너지를 집중하는 힘을 얻기 위해서다. 이 말은 당신이 더러운 속옷을 입고 다니게 될 거라는 뜻이 아니다. 여전히 삶의 자잘한 의무에 대해서는 책임을 다해야 한다. 만일 장기적인 영향과 욕구에 의해서 우선순위를 정한다면 당신의 시간과 에너지가 어떻게 가치 있게 소비되는지 알아차릴 수 있다. 아마 당신의 삶이 C등급 목표로 가득 차 있기 때문에 A등급 목록에는 신경조차 쓰지 못하고 있다는 것을 알게 될지도 모른다. 이런 경우라면 우선순위 몇 가지를 재배치하는 것이 현명하다.

목표가 등급별로 정리되었다면 우선순위를 표시하는 문자(A, B, C) 뒤에 우선순위를 표시하는 숫자(1, 2, 3)를 붙여서 A1, A2, A3 같은 문자와 숫자로 이루어진 순위를 만든다. 여기서 숫자는 상대적인 중요성이나 서둘러야 할 것을 의미한다. 가까운 날 작업하게 될 목표에는 높은 순위의 숫자를 매기고 잠시 작업을 미루어둘 것은 낮은 순위의 숫자를 매기는 것이 좋다. 같은 종류의 목표 내에서 가장 중요한 것에 가장 높은 숫자를 매기는 것도 한 가지 방법이다. 그렇게 해서 A1이 가장 중요한 장기 목표가 되거나 현재 모든 주의를 집중시키고 싶은 중요한 목표가 된다.

목표 성취의 단계

성취하는 기술을 터득하기 위한 첫 단계가 목표 설정이다. 목표를 프로젝트로 전환하고 단계별로 세분화하여 프로젝트를 관리하고 완성에 이르는 것은 또 다른 부분이다. 다음에 이어질 몇 페이지에서는 두 번째 단계인 프로젝트화에 대해 알아볼 것이다. 큰 그림을 먼저 그리고 나서 단계별로 세부적인 그림을 그려보자. 성취하는 데까지 걸리는 시간을 줄여나가는 것이 무엇보다 중요하다.

성취 주기

목표는 그저 당신이 원하는 것을 목록으로 적어둔 것을 말하는 것이 아니다. 매우 원대하고, 흥분되는 그 무엇이어야 한다. 목표는 성취 주기의 첫 번째 부분에 해당한다. 목표 설정을 하고 그것을 글로 적는 것은 삶을 한 걸음 더 나아가게 하는 매우 강력한 힘을 준다. 원리를 이해하는 것이 수많은 규칙이나 팁을 암기하는 것보다 수천 배 낫다는 것을 기억하자.

창조 성취 주기의 첫 번째 단계이다. 여기서 당신이 꼭 이루고 싶은 것이 만들어진다. 하고 싶거나 갖고 싶은 것이 무엇인지 찾아낸다. 이전에는 존재하지 않았던 것을 실제로 만들어내게 되는데 그것이 바로 아이디어다. 그 아이디어를 실천하겠다고 다짐하면 이제 다음 단계로 넘어갈 준비가 된 것이다.

실행 당신이 프로젝트에 투자하는 시간과 에너지의 90퍼센트는 대개 이 실행 단계에서 소비된다. 실행 단계는 계획, 설계, 조사로 시작한다. 목표를 달성하기 위해 당신이 하는 모든 일이 실행 단계에 속하고 당신이 목표 지점에 도달했을 때 실행 단계는 끝을 맺는다. 대부분의 사람들이 프로젝트 실행 주기에서 옴짝달싹 못하고 발목이 잡힌다. 멋진 아이디어를 짜내어 이번만큼은 꼭 이루겠다고 멋지게 다짐하고 실행 주기에서 겉돌다 마는 것이다. 만일 당신이 어떤 프로젝트에 엄청난 에너지를 쏟아붓고도 진행 속도가 그다지 눈에 띄지 않는다면 아마도 실행 단계에서 발이 묶였을 가능성이 매우 크다.

완료 푸르게 넘실거리는 바다를 보며 해변에 앉아 있다면 이제 당신의 프로젝트가 완료되었음을 선언할 때가 된 것이다. 그렇다! 당신은 해냈다. 완료 단계에서 특별히 해야 할 일은 없다. 왜냐하면 당신이 해냈다는 것을 인정하고 프로젝트가 끝났음을 고하는 시점이기 때문이다. 이제 각 국면에 대해서 좀 더 세부적으로 실행 방안을 알아보자.

프로젝트 관리

프로젝트를 관리하기 위해 당신이 활용하는 기술이 앞으로 나올 결과를 좌우하게 될 것이다. 구체적인 결과를 위해서 엄청나게 도전과제를 정하고 실행을 다짐한 사람조차 목표에 이르지 못하기도 하는데, 그 이유는 도전과제를 프로젝트로 관리하는 데 미숙했기 때문이다. 지금까지 프로젝트가 무엇인지 이해했으니 이제 프로젝트의 각 단계가 어떻게 관리되어야 하는지 자세히 알아보자.

창조 단계 관리

1. 목표를 프로젝트로 선언한다 이것은 새로운 성취 주기의 시작을 의미한다. 이제 당신은 주기의 첫째 국면인 창조 국면에 입성했다. 당신이

목표를 프로젝트라고 선언하는 순간 성취 주기라는 바퀴는 돌아가기 시작한다. 목표에 대해 생각하고 프로젝트로 관리하겠다고 다짐하자. 당신이 목표를 프로젝트로 받아들이는 순간, 그것은 당신의 생각 속에서 다른 모습으로 변화한다. '아름다운 화원을 만드는 것'은 가치 있는 목표에 불과하지만 그것을 프로젝트로 전환하면 당신은 자연스레 프로젝트를 이루기 위해 필요한 실행 단계와 시간 계획을 짜게 된다.

2. 이름을 부여한다 프로젝트명은 당신이 끌리는 언어로 표현되고, 프로젝트의 결과와 의도를 보여주는 것이어야 한다. 그 이름만 봐도 가슴이 뛰고 흥분되어야 한다.

3. 완료일을 정한다 완료일을 정할 때는 합리적인 분석에 기초하지 말고 당신의 욕구와 실행 가능성의 조합에 기반을 두고 결정하자. 그렇게 할 때 환경에 지배당하지 않고 당신이 직접 지휘봉을 휘두를 수 있다. 보통 사람들은 환경에 휘둘린다. 성공적인 사람은 자신의 환경을 창조해낸다. 게다가 일을 완성할 방법을 찾을 때 욕구와 실행 가능성의 조합에 기반을 둔다면 더 창의력을 발휘할 수 있다. 물론 계획을 하고 난 후라도 완료일까지 마무리하기에는 무리라고 생각된다면 언제든 조정할 수 있다.

4. 계획한다 목표는 미래에 있고 프로젝트는 현재에 있다는 사실을 제외한다면, 실제로 목표와 프로젝트 사이에 다른 차이는 없다. 목표를 프로젝트로 선언함으로써 당신은 그것을 이루겠다고 다짐하는 것이고, 그 프로젝트를 곧바로 시작하는 것이다. 이전에 목표 설정을 할 때와 같은 양식을 사용하자. 유일한 차이라면 프로젝트를 계획할 때는 채워 넣어야 할 구체적인 사항이 더 많다는 것이다. 먼저, 여기에서 저기까지 도

달하기 위해 거쳐야 할 중요한 단계를 시작하는 날짜부터 해서 시간 순으로 적어보자. 그 후에 프로젝트의 규모가 거대하거나 복잡하다면, 더 작은 단위로 나누어 적어보자. 이 단계를 이정표를 만드는 단계라 생각하자.

5. 눈에 보이는 무언가를 만든다 이것은 프로젝트의 진도를 보기 위해서뿐만 아니라 자극을 받기 위해서도 필요하다. 미국의 작은 마을에는 흔히 소방서 앞에 거대한 온도계가 세워져 있는데, 자원봉사자들이 새로운 소방차를 마련하는 데 필요한 기금을 모으기 위해 세워둔 것이다. 목표 액수는 온도계 꼭대기에 적혀 있고 온도계 옆에는 액수가 적혀 있다. 모금 액수가 쌓여갈수록 수은주는 더 높게 칠해지고 결국 목표 액수에 다다르게 된다. 이 온도계처럼 프로젝트 진도를 쉽게 알아볼 수 있는 당신만의 시각적인 표현 방법을 개발하자.

6. 도전을 다짐한다 이 책에는 '다짐' 이라는 단어가 무척이나 많이 나온다. 그 이유는 실행하겠다고 결단하고 다짐한 것은 실천 가능성이 높아지기 때문이다. 일단 계획이 만들어지면 목표에 도달하는 과정에서 아무리 어려운 상황이 닥치더라도 실행하겠다고 스스로에게 약속하자.

실행 단계 관리

1. 시작한다 목록의 첫 번째 것(A1)부터 시작하자. 그러고 나서 두 번째 것(A2)으로 넘어가자.

2. 감정이 아니라 계획을 따른다 당신이 완성한 실행 단계들을 하나씩 하나씩 지워가다 보면 목표에 도달할 수 있을 것이다. 만일 당신이 하고 싶은 대로만 하다 보면 아마 중요한 일보다는 편하게 느끼는 일에 더 집

중하게 될 것이다. 프로젝트가 진행됨에 따라서 계획도 개선해야 한다. 융통성은 발휘하되 단지 계획을 바꾸는 것이 프로젝트에 더 유리할 때만 그렇게 한다.

3. **목표 리스트와 결과를 끝까지 추적한다** 특히 어느 부분에서 당신이 어려움을 겪는지 주의 깊게 관찰하자.

4. **계속해서 전진한다** 프로젝트가 완성될 때까지 계속 노를 저어야 한다. 속도가 느려지거나 멈추거나 경로를 벗어나면 재빨리 원래 궤도로 복귀하여 계속 전진해 나가자.

5. **수정한다** 만일 실행 국면에서 속도가 느려지거나 멈추거나 경로를 벗어나면 무엇이 문제인지 알아보아야 한다. 구체적으로 무엇이 문제인지 알게 되면 해결도 가능하다. 사실 문제의 소지가 될 만한 것은 많지 않다.

완료 단계 관리

당신의 걸작에 마지막 붓질을 하면 자동으로 프로젝트가 완료되는 것이 아니다. 당신이 선택하는 것이다. 프로젝트가 끝났다고 해서 저절로 완료되는 것이 아니라면 언제 완료되는가. 그 프로젝트는 끝났다고 당신이 선언할 때 완료된다. 이것이 선언을 하는 가치다. 반드시 처음 당신이 기대했던 것과 똑같은 결과가 나올 필요는 없다. 당신이 애초에 계획했던 대로 결과가 나오지 않아도 상관없다. 우리는 실패한 프로젝트도 완료됐음을 선언하는 방법을 배울 수 있다. 한번 생각해보자. 얼마나 많은 것들이 당신이 애초에 기대했던 결과로 귀결되는지. 성취 주기의 세 번째 국면에서 사람들이 가르쳐주는 기술은 개선의 여지가 많이 있다.

실제로 해야 할 일이 끝나지 않았더라도 끝내야 한다면 그저 "완료되었다"고 선언하자. 선언하기만 하면 된다. 과거의 일이 있어야 할 자리는 과거다. 현재에는 오늘의 과제가 있어야 한다. 흘려버려야 할 것은 흘려보내자. 완료란 선언의 문제이기 때문에 어떤 일이든 당신이 선언한다면 지금 그 상태에서 완료될 수 있다. 스웨터를 반쯤 짜다가 말았더라도 당신이 진심으로 그만둘 생각이라면 그 상태로 완료되었다고 선언하자. 그리고 지금 집중해야 할 것으로 주의를 옮겨 가는 것이다. 모든 일에는 때가 있다.

성취 주기의 회전 속도를 높여라

모든 프로젝트를 진행하는 가장 좋은 방법은 성취 주기의 회전 속도를 최대한 높이는 것이다. 특히 전혀 움직이고 있지 않던 부분에 대해서 더욱 그래야 한다.

먼저 당신의 책상을 정리하자. 상사가 미워도 용서하자. 혹시나 하고 몇 년간 보관하던 물건이 있다면 깨끗하게 치워버리자. 어머니에게 전화를 걸어 지난 명절 때 뵙고 예의 없게 굴었던 것에 대해 사과드리자. 무엇이든지 완료해야 할 것이 있다면 묵혀두지 말고 지금 당장 하자. 그리고 이제 완료되었다고 선언하자. 그렇게 성취 주기를 단축하자. 과거의 프로젝트를 질질 끌고 가기보다는 오늘은 오늘 해야 할 프로젝트를 성공시키기 위해 노력하면 성취의 가치가 극대화된다. 모든 일의 가치는 시간에 따라 달라진다는 것을 명심하자.

탐구 과제 21

목표와 프로젝트 관리

워크북 88쪽

이번 과제를 통해서 삶의 모든 영역을 살펴볼 것이다. 그중에서 당신이 가장 원하는 것을 찾고, 꿈을 현실로 전환시킬 목표를 프로젝트로 삼을 것이다. 이 목표설정 과정에서 당신은 가능한 목표를 생각해보고, 실질적으로 어떤 목표를 추구할지 결정한 뒤에, 우선순위를 정해야 한다. 먼 장래의 목표는 그 시점에서 완료될 것이다. 지금부터 작업해야 할 필요가 있는 목표는 프로젝트로 변신할 것이다. 그래서 목표를 성취하기 위해 필요한 행동 계획을 하나하나 수립하고 실천하게 될 것이다.

1. 워크북의 '목표와 프로젝트' 부분을 펴보자. 먼저 당신의 원대한 메타 목표를 적는다.

2. 워크북에 주요 목표의 종류를 제목으로 써보자. 한 페이지에 한 가지 종류씩 적는다. 쉽게 지칠 것 같으면 일단 직업에 관련된 목표만 풀어나가는 것이 현명하다.

3. 목표 종류 아래 칸에는 해당 종류의 목표를 달성했을 때 얻게 되는 원대하고 포괄적인 메타 목표를 적는다. 메타 목표를 쓰는 이유는 궁극적으로 지향하는 것이 무엇인지 잊지 않기 위해서다. 예를 들어 취미 목표 페이지를 채워 넣는다고 가정하자. 생각해보니 취미를 선택한 이유가 모험과 재미, 휴식을 위해서라는 것을 깨닫게 된다. 이 세 가지로 얻게 되는 메타 목표는 즐거움이다. 그런데 왜 굳이 번거롭게 메타 목표를 써넣어야 할까?

일반적으로 사람들은 삶의 큰 그림을 항상 의식하며 살지는 않는다. 하루하루 갖가지 활동에 휩쓸리다 보면 왜 그 활동을 하고 있는지 잊어버리기 일쑤다.

만일 목표 밑에 당신이 가장 성취하고 싶은 메타 목표를 적어둔다면 구체적인 목표를 정할 때도 전혀 엉뚱한 것을 선택하는 일은 없을 것이다.

4. 아래 그림처럼 당신만의 목표와 프로젝트 페이지를 꾸며보자. 제일 왼쪽 열에는 완료된 목표를 체크하는 칸을 만들고 약간 더 넓은 열을 그 옆에 만들어서 목표별로 우선순위를 써넣는다. 가장 오른쪽 열에는 마감날짜를 적는 칸을 만든다. 아래 예제 그림의 나머지 요소('실천 단계'와 같은 것들)에 대해서는 탐구과제를 풀어가면서 설명하겠다.

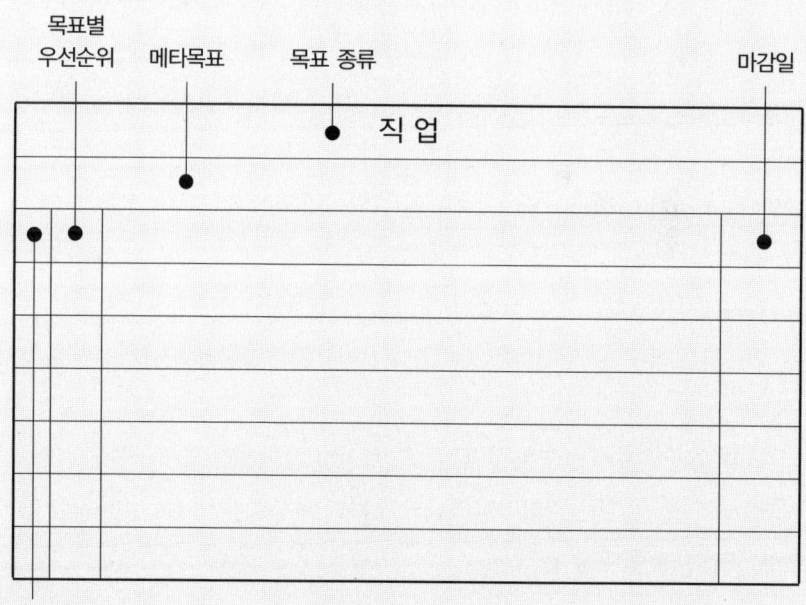

5. 목표 용지에 최종 목표를 써넣기 전에 사전 탐색을 위해 해야 할 몇 가지가 있다. 목표 용지를 두어 장 복사한다. 가능성 있는 목표들을 탐색하기 위해 이 용지를 사용할 것이다. 먼저 가장 중요한 목표 종류인 직업부터 시작해보자. "6개월 내에 직업적으로 성취하고 싶은 것"이라고 써보자. 한참 아래에 "내년에 직업적으로 성취하고 싶은 것"이라고 써보자(2년, 5년, 10년, 20년 등등 단위 시간은 당신에게 맞는 것으로 정하라.) 단기 목표와 장기 목표를 함께 설정하는 것이 중요하다.

어떤 식으로든 직업에 관계가 있는 구체적인 목표들을 가능한 많이 적어보자. 잠시 메타 목표는 잊는다. 구체적인 목표에만 집중하자. 원하는 모든 목표를 적는 것이 좋다. 크건 작건 관계없이 모두 적어보자. 강하게 끌리는 목표를 찾는 것이 어렵다면 도전하고 성취하고 싶을 만한, 자신만의 목표를 만들어내는 것도 좋다.

모든 목표가 실천이나 구체적인 결과를 필요로 하는 프로젝트가 될 필요는 없다. 다른 관점에서 사물을 바라보기, 아이들이 하는 말에 귀 기울이기, 긴장 풀기 등과 같이 이 탐구과제에서 제시하는 형식에 맞지 않는 것을 목표로 삼아도 좋다.

여기에서 제안하는 것은 규칙이 아니다. 그저 당신이 효과적으로 원하는 것을 얻도록 도와주는 지침일 뿐이다. 그러니 자유롭게 만들어보자! 창조력을 발휘하자.

만일 당신이 원하는 것이 구체적으로 보이지 않는다면? 좋다, 죽기 살기로 덤벼보자! 가능성 있는 직업적인 목표가 생각의 저수지에 하나도 남지 않을 때까지 끝까지 물을 퍼내자.

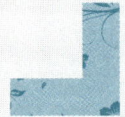

Chapter 18

일과 삶의 균형을 이루는 7가지 방법

어떤 과정이든지 그 심장부에는 근본적인 원리가 들어 있다. 여기서 소개하는 7개의 열쇠는 이전에 당신이 희망하던 세계로 가는 문을 열도록 해줄 것이다. 일부 독자들에게는 철학적인 관념처럼 보일지도 모르겠지만, 이것은 당신이 딛고 서 있는 땅바닥처럼 현실적이고 실용적이면서도 꼭 필요한 것이다. 이제 훈련을 시작하자. 안타깝지만 이 7개의 열쇠를 단계별로 가르쳐주는 곳은 세상 어디에도 없다. 당신이 직접 뛰어들어서 몸소 훈련을 시작해야 한다.

> 1년에 고작 두세 번 생각하는 시간을 갖는 사람도 드물다. 나는 일주일에 한두 번 생각함으로써 세계적으로 유명한 사람이 될 수 있었다.
>
> 조지 버나드 쇼

첫 번째 열쇠, 과거가 아니라 현재에서 미래를 창조한다

완벽한 직업을 설계하는 것은 당신을 모두 표현해주는 그림을 그리는 것과 같다. 몇 년 전에 그렸던 캔버스에 덧칠하지 말고 새로운 캔버스에 그림을 그려보자. 서두를 이유는 하나도 없다. 최종 그림에 집어넣기 전에 모든 것을 신중하게 검토하자. 지금이 바로 당신이 바라던 삶을 살 수 있는 좋은 기회다.

머릿속에서 끊임없이 오가는 말들 때문에 우리는 종종 편견에 사로잡힌다. 심지어 훌륭한 전문가들조차 단순하고 분명한 진실을 놓치곤 한다. 예를 들면 대부분의 과학자들은 동물이 복잡한 감정을 느끼지 못한다고 굳게 믿고 있다. 그러나 개나 고양이를 길러본 꼬마들이 더 잘 안다. 아이들은 자기가 기르던 애완동물이 즐거워하고 당황하고 뿌듯해하고 장난치는 모습을 보았을 것이다. 아이들의 직관은 편견이나 분석에 가려져 있지 않기에 있는 사실을 그대로 볼 수 있다. 평소에 우리는 생각하고 분류하고 비교하느라 너무나 바빠서 우리 주변에서 실제로 벌어지고 있는 일에 주의를 기울이지 못한다. 삶에 대한 가장 기본적인 진실조차 알아차리지 못한다. 우리가 결정 내리고 삶의 방향을 정하고 있다고 착각하고 있는 동안 사실은 내면의 장치가 우리의 삶을 조종하고 있다는 사실 말이다.

컴퓨터는 스스로 선택하지 못한다. 단지 프로그램을 실행할 뿐이다. 결정하는 것처럼 보이는 모든 것이 사실은 그 안에 내장된 프로그램의 규칙에 의해서 자동으로 자료를 처리하는 것뿐이다. 만일 멋진 직업을 갖는 것이 중요하다고 생각한다면 당신의 자유의지가 얼마나 반영되고 있는지 한번 자세히 살펴볼 필요가 있다. 만일 당신이 대부분의 결정을 스스로 내리고 있다고 생각한다면 당신의 하루하루는 꿈같을 것이다. 내면의 장치에 의해 자동화된 결정을 내려왔다는 것을 인정하기는 쉽지 않다. 그러나 자신을 진정으로 위한다면 때때로 자유의지에 따라 결정을 하고 있지 않다는 사실을 직시할 필요가 있다. 우리가 다른 생물보다 똑똑하다는 사실이 결코 우리가 자유의지에 의해서 결정을 내린다는 것을 의미하지는 않는다.

과거로부터 자유로운 상태에서 당신의 미래를 결정하겠다고 스스로 약속하자. 과거에서 들려오는 목소리(지금까지의 기억, 부모, 친구들, 성공 경험, 실패 경험, 대중매체)로부터 독립을 선언하고 스스로 선택하겠다고 다짐하자. 당신이 알고 있는 세계 저 너머로 당신을 데려다 줄 열쇠가 바로 그 도전과 다짐이다.

핵심 질문은 이것이다. "스스로 미래를 설계할 것인가 아니면 과거가 계속 당신의 미래를 좌우하게 할 것인가?"

두 번째 열쇠, 미리 단정하지 않는다

무언가를 버리는 것은 쉬운 일은 아니다. 20년 동안이나 잡지를 버리지 못하고 모으는 사람이 있는 것처럼 누구나 자신이 아끼던 물품에 애착을 갖게 마련이다. 또 삶은 어떠해야 한다는 검증되지 않은 믿음이나 소신, 혹은 관점을 맹목적으로 신뢰하기도 한다. 자신이 썼지만 한 번도 읽어보지 않은 규정집에 따라서 우린 살아가고 있다. 이런 내면의 규정집을 자동으로 따르며 사는 것은 괜찮다. 그러나 평생 직업을 고르는 일에서만큼은 규정을 몇 가지 고칠 필요가 있다.

평균 학점이 2.0이라고 의사가 될 수 없는 것은 아니다. 아내와 아이들, 차 한 대, 전셋집 하나만 있다고 해서 당신이 세계 여행을 할 수 없는 것은 아니다.

세 번째 열쇠, 비워내야 채울 수 있다

한밤중에 시골 언덕에 앉아 있다고 상상해보자. 하늘 저편에 반짝거리는 물체가 천천히 원을 그리며 돌고 있다. 당신은 어리둥절해질 것이다. 그 물체는 아무 소리도 내지 않고 있고, 무엇인지 단서조차 찾을 수 없다. 보통 사람이라면 즉시 그 빛이 무엇인지 결론을 내리고 할 것이다. '그건 헬리콥터야. 비행접시야. 내가 환상을 보고 있는 거야. 정부가 아직 발표하지 않은 거야.'

그 물체가 불명확한 상태로 존재하는 것을 당신은 내버려두지 않을 것이다. 불확실함에 대해서 불편을 느끼기 때문에 우리는 빠른 답을 원한다.

학식이 높은 어느 교수가 덕망이 높은 선사에 관한 이야기를 들었다. 교수는 호기심 때문에 선승을 찾아간다. 교수는 선승 앞에 앉아서 그동안 자신이 불교에 대해 평생 동안 공부한 것을 한참 동안 쏟아놓는다. 교수가 끝없이 말을 해대자 선승은 차를 한 잔 따르기 시작한다. 잔에 차가 흘러넘치는데도 선승이 계속 차를 붓는 것을 보고 교수가 놀란다. 차는 흘러넘쳐서 찻상을 가득 채운다. 그래도 여전히 선승은 차를 붓는다. 마침내 교수는 처음으로 깨달음을 얻는다. 이미 가득 차 있는 곳은 더 이상 채울 수 없다는 귀한 깨달음이었다.

만일 당신이 직업 선택 과정을 초심자의 자세에서 치르고, 죽을 때까지도 초심자의 자세를 잃지 않을 수 있다면 언제나 새로운 지혜의 잔에

차를 따를 수 있을 것이다. 진정한 스승과 박식한 척하는 사람과의 차이점은 하나다. 어느 분야에서든 진정한 스승은 우리에게 하루하루 신선하고 열린 상태로 무한한 가능성을 받아들일 수 있도록 초심자로서의 마음가짐을 일깨워준다.

네 번째 열쇠, 진실은 찾는 것이 아니라 만들어내는 것이다

우리 주변에 존재하는 상징적인 것들에 대해 우리는 정해진 시각으로만 보려 한다. 어떤 사건이나 개념, 삶에 대한 '진정한 의미'를 이해하고 싶어한다. '그 사람이 전화하지 않았는데, 진심은 무엇일까? 모나리자는 왜 그렇게 의미심장한 미소를 띠고 있는 것일까?' 우리는 습관적으로 모든 것에 대해서 서둘러 결론에 도달하여 의미를 부여하려고 한다.

일단 어떤 것에 대한 '진정한 의미'를 알고 나면 우리의 관점을 방어하기 위해 장렬한 죽음이라도 선택한다. 동일한 것도 다른 사람은 전혀 다르게 받아들일 수 있다는 사실을 결코 알지 못한다. 만일 그렇다면 우리가 알고 있던 의미는 아무것도 아닌 것이 되어 버리기 때문이다. 만일 당신보다 더 현명하고 경험이 많은 사람이 당신과 전혀 다른 의미로 해석한다면, 문제는 달라질 수도 있다. 이것을 깨닫는 것만으로 다양한 사물에 대해 더 유연한 시각으로 바라보고, 더 창의적인 방식으로 의미를 찾아낼 가능성이 커진다.

내가 내리는 정의와 판단이 단지 하나의 관점일 뿐이라고 거듭 되새기는 것은 아주 큰 도움이 된다. 인간이기 때문에 우리 생각이 유일무이한 진실이라고 생각하는 것뿐이다.

다섯 번째 열쇠, 가능성의 영역으로 눈을 돌린다

'선택권'과 '가능성' 사이에는 커다란 차이가 있다. 모든 사람은 선택권을 가지고 있다. 우리의 선택권은 이미 고정적으로 결정된 시나리오와 관점, 그리고 인식의 한계로 이루어져 있는데, 이 3가지는 이미 내면의 정보 저장고에 들어 있다. 그것은 당신이 지금 살고 있는 상자 안에 함께 존재한다. "내 선택권은 뭐지?"라고 당신이 물을 때는 사실 "내 상자 안에는 무엇이 들어 있지?"라고 묻는 것과 같다. 내면의 창고 안에 있는 재고품을 가져다 쓰는 것뿐이다. 미래를 설계하는 데 당신이 가진 선택권에 의지한다면 단지 당신의 과거를 재배열하는 것에 불과할 것이다.

가능성은 전혀 다르다. "무엇이 가능할까?"라고 물을 때 당신은 익숙했던 한계를 부수고 상상의 날개를 펼쳐야 한다. 날개를 펴고 상자 안에서 나와 밖을 둘러보아야 한다.

가능성은 강한 동기를 부여해준다. 평범한 것을 뛰어넘어 특별한 인생을 영위하고 싶다면 "내 선택권은 뭐지?"라고 묻지 말고 "무엇이 가능할까?"라고 묻는 것이 현명하다.

여섯 번째 열쇠, 고유의 생각과 자기방어기제를 구분하는 법을 배운다

꿈을 실현하겠다고 다짐한 모든 사람들이 터득해야 할 가장 중요한 기술이 바로 이것이다. 모든 유기체는 생명을 유지하는 자연의 법칙을 따르는데, 바로 '항상성의 법칙'이다. 당신의 몸과 마음에는 온도조절장치와 같은 작은 스위치가 수천 개 있어서 정보를 인식하고 실행하는 모든 과정을 통제한다. 운동을 하면 체온은 37도 이상으로 올라간다. 그러면 스위치가 켜지고 원래 당신의 몸에 설정된 37도로 돌아가도록 일련의 실행 단계를 밟게 된다. 체온이 균형 상태로 되돌아오면, 몸을 식히기 위해 작동하던 장치가 모두 작동을 멈춘다.

대부분의 사람들이 놓치고 있는 사실은 이 같은 종류의 메커니즘이 자신의 결정을 대신해주고 있다는 것이다. 평소 우리가 속해 있는 '안전지대'가 이런 메커니즘으로 활동할 수 있는 범위다. 내면의 생존 장치는 과거 우리가 해왔던 것을 바탕으로 우리의 생각과 행동을 비교한다. 당신이 과거에 해온 것이 '안전한' 것이라고 이 장치는 기본적으로 가정한다. 안전지대를 벗어나야 하는 상황이 발생하면 생존을 위협하는 것으로 간주된다. 이 장치는 실제 위험과 자아 성장과의 차이를 구분해내지 못한다.

당신이 안전지대 밖으로 벗어나 삶을 개선하려고 할 때면 생존 시스템은 당신을 원래의 상태로 되돌려놓기 위해 할 수 있는 모든 반응을 한다. 이 시스템에서 사용하는 도구가 바로 자기방어기제다. 방어기제는 결정과 결단 앞에서 망설이게 하고, 포기하게 만든다. 당신이 자신의 생각과 방어기제를 구분하는 법을 깨닫게 될 때에야 비로소 방어기제는 힘을 잃는다.

일곱 번째 열쇠, 칼날 끝에서도 춤을 춘다

삶을 충실하게 살기 위해서 우리는 2개의 전혀 다른 영역을 잘 알고 있어야 한다. 한편으로, 가능성과 창조의 영역에서 사는 법을 배워야 한다. 그렇지 않으면 우리 삶은 마치 시계가 똑딱거리듯 정해진 대로 자동으로 살아가는 것 이외에 아무것도 아닐 것이다. 또 다른 한편으로는, 나무가 뿌리를 대지에 굳게 박고 서 있듯이 당신의 두 발을 대지에 굳게 딛고 서 있는 것이 꿈을 실현하는 데 필요한 기본 전제조건이다. 가능성의 영역에서만 주로 머문다면, 몽상가가 될지도 모른다. 칼날 끝에서 춤을 춘다는 것은 양쪽 영역의 중간에서 완벽한 균형을 잡으며 살아가는 것을 말한다. 한쪽으로만 치우치고 있다면 재빨리 균형 상태를 다시 유지하자. 훈련을 거듭한다면 어느 쪽에도 치우치지 않는 삶을 살 수 있을 것이다. 당신은 주로 어느 편에 머무르는가?

안전이란 미신에 불과하다.
자연 세계에 안전이란 존재하지도 않고 우리가 경험할 수 있는 것도 아니다.
위험을 피하는 것이 오히려 자신을 모조리 드러내는 것보다 안전하지 않다.
삶은 과감한 모험이며 그렇지 않다면 아무 의미도 없다.

헬렌 켈러

3부 핵심정리

1. 합리적이고 논리적으로 결심하는 것도 중요하지만 더 중요한 것은 결단하고 행동하는 것이다. 실천하지 않으면 아무것도 달라질 것이 없다.

2. 자신이 도전하고 싶은 삶의 목표를 글로 옮겨 적어보자. 그래야 실천으로 이어지는 생명력을 지닌다. 목표를 적었으면 각각의 우선순위를 구분하여 우선순위가 가장 높은 것부터 프로젝트화 하자. 그래서 당장 행동을 시작하자.

3. 행동으로 실천하는 과정에서도 자기방어기제와 자기합리화는 끝없이 당신 발목을 잡고 망설이게 하고 넘어지게 할 것이다. 자신의 내면에서 나오는 진정한 목소리와 자기방어기제가 보내는 가짜 목소리를 구별하자.

PART 04

내일은 늦다,
지금 바로 실천하라

조금이라도 할 수 있었지만
아무것도 하지 않는 것이 최악의 실수다.
할 수 있는 것은 꼭 하자.

— 시드니 스미스 —

4부에서 학습할 내용

4부에서는 지금까지 학습한 내용을 실천할 계획을 세워, 실천에 옮기도록 하자. 지금까지 학습한 것만으로도 자신과 직업의 세계를 보는 눈이 한층 더 커졌겠지만, 행동하지 않는다면 가시적인 변화는 생기지 않는다. 그러다 보면 머지않아 익숙한 일상으로 돌아와 있는 자신을 발견하게 될 것이다. 그만큼 변화에 대한 저항은 크고, 과거의 관성은 극복하기 어렵다.

작은 것이라도 실천하자. 나 자신이 먼저 실천하자. 그러면 세상이 달라지지 않겠는가.

Chapter 19

SMART 실천법
하루가, 1년이 달라진다

나만의 SMART한 계획을 세워보자. SMART한 계획이란 구체적 Specific이고, 측정가능 Measurable하고, 행동중심적 Action-Oriented이고, 결과지향적 Result-Focused이며, 시한이 정해진 Time-Bound 계획에서 따온 머리글자이다. 스마트한 커리어 계획을 어떻게 세울 수 있을까?

S : 구체성

구체적인 커리어 계획은 자신의 장래에 가장 큰 영향을 미칠 한두 가지 부분에 집중되어야 한다. 예를 들면, 자신의 커리어를 업그레이드 하고자 한다면 거기에 필요한 '비즈니스 프레젠테이션' 능력을 전문가 수준으로 끌어올린다는 계획을 세울 수 있다.

M : 측정가능성

측정할 수 없다면 관리할 수 없다고 피터 드러커 교수는 말했다. 개인의 경력개발도 마찬가지다. 측정할 수 있을 정도의 계량화가 가능해야 한다. 예를 들면, "비즈니스 프레젠테이션 강사 양성 과정까지 우수한 성적으로 이수한다."와 같이 계량화할 수 있어야 한다.

A : 행동지향성

추상적이거나 개념적인 목표는 메타 목표로서는 가치가 있을지 몰라도 '실천'을 끌어내기에는 부족하다. 따라서 구체적인 행동이 들어간 계획이어야 한다. 예를 들면, "프레젠테이션 전문가가 된다."는 식의 개념적인 목표보다는 "영어 프레젠테이션을 10차례 성공적으로 실시한다." 처럼 행동중심으로 작성하는 것이 실천 가능성이 높다.

R : 결과지향성

과정지향적인 계획은 단지 '과정에 충실했다'는 것만으로 낮은 결과를 합리화할 우려가 있다. 따라서 "프레젠테이션을 10회 실시한다."는 식보다는 "10회의 프레젠테이션에서 '최고'라는 피드백을 얻어낸다."와 같이 기대하는 결과를 명시하는 것이 바람직하다.

T : 시한성

시한이 정해지지 않은 계획은 호지부지 끝날 수밖에 없다. 완료 시한 또는 마감 시한을 구체적으로 정해야 실천 가능성이 높아진다. 시한을 정할 때는 최종 시한만 정하는 것이 아니다. 단계별로 이루어지는 일이라면 중간 시한도 정하는 것이 좋다. 예를 들면, 최종 프레젠테이션이 6월 말까지라면 "프레젠테이션 안을 완성하는 것은 6월 10일, 리허설은 6월 20일까지." 이런 식으로 중간 시한을 정해두는 것이 바람직하다.

선택과 집중

SMART한 계획을 세울 때도 과욕은 버려야 한다. 아무리 능력이 있어도 한 사람이 한꺼번에 에너지를 투입할 수 있는 대상은 4개 또는 최대한 5개를 넘지 못한다. 그러므로 지금까지 워크북에 적은 여러 실천 아이디어 중에서 가장 우선순위가 높은 4~5개만 가려서 구체적인 계획을 짜보자.

4~5개 중에도 분명한 우선순위가 존재해야 한다. 우선순위를 정할 때 중요도는 A, B, C급으로, 긴급도는 1, 2, 3으로 정하는 것이 바람직하다. 그래야 두 가지를 조합해서, A1(최우선 순위)에서부터 C4(최하위 순위)까지, 우선순위 관리가 가능해진다.

이제 우선순위가 정해졌으면 최우선 순위에 시간과 돈을 집중 투자하자. 선택과 집중, 이렇게 할 수 있을 때 변화가 만들어진다.

지금까지의 진도는 각자 다를 수 있다. 그래야 정상이다. 어떤 이는 아직 전제조건과 질문에 일차적인 답을 하지 못했을 수도 있다. 어떤 이는 전제조건에 맞는 직장을 찾아 인터뷰를 진행하고 있을 수도 있다. 어떤 이는 궁합이 더 잘 맞는 직장을 찾아 전직을 준비하고 있을 수도 있다. 어떤 경우든 지금까지의 진도보다는 앞으로의 계획과 예상되는 진도가 더 중요하다. SMART한 계획을 잣대로 해서 지금까지의 실행 과정을 분석해보고, 앞으로의 계획을 보완해 나간다면 큰 성과가 있을 것이다.

쉽게 포기하지 말라

우리가 세상을 살아가는 모습은 산을 오르는 모습에 비유된다. 높은 산을 오르는 사람에게 가장 중요한 것은 베이스캠프를 어디로 할 것인가이다. 베이스캠프를 너무 낮게 정하면 처음엔 쉽지만 그다음이 힘들어진다. 반대로 베이스캠프를 너무 높게 치면 처음부터 지쳐서 정상 탈환이 수포로 돌아갈 수 있다. 우리의 삶도 그러하다. 삶의 중간 기착지를 어디로 정하느냐 하는 것은 최종 목적지에 다다를 가능성을 결정한다.

어떤 사람은 인생의 목표를 너무 많이 정해두어서 좌절하기도 한다. 어떤 사람은 목표가 아예 없어서 문제가 되기도 한다. 적절하고 합리적이지만 약간은 힘겨운 도전적인 목표를 가졌다면 삶이 따분하거나 무미건조하지 않을 것이다. 도전하고 성취하는 재미도 있을 것이다. 성취의 희열은 세상 어떤 것으로도 대체가 불가능한 것이다.

항상 성공만 하는 사람도 없고, 항상 실패만 하는 사람도 없다. 그런데 왜 어떤 사람은 지속적으로 성공한 것처럼 보이고, 어떤 사람은 실패만 하는 것으로 보일까?

삶의 궤적을 분석해보면 누구에게나 어두운 면과 실패의 흔적이 있다. 그러나 성공한 사람들의 삶을 보면 살아오면서 직면한 어려움과 시행착오, 실패의 경험을 실패로 인식하지 않는다는 것을 알 수 있다. 성공한 이들은 삶의 밝은 면과 어두운 면 중에서 극단적이라 할 정도로 밝은 면을 보는 습성이 있다. 낙관적이라는 것이다. 심각한 상황에서도 그들은 "바닥까지 내려왔으니 이젠 올라가는 길밖에 남지 않았다"고 여긴다.

미래를 어느 정도는 계획하고 준비할 수 있지만 완전히 통제하는 것은 불가능하다. 그러나 우리에게는 일어난 일은 물론 앞으로 일어날 일까지도 원하는 방향으로 해석하고 기대할 수 있는 자유가 있다. 그러한 자유가 모든 차이를 만들어낸다.

한국인으로서는 미국 연방정부의 최고위 관리가 된 강영우 박사는 "자신이 맹인이었다는 사실에 감사한다."고 말했다. 왜냐하면 맹인이었기 때문에 세상을 다른 각도에서 볼 수 있었고, 더 크게 성공할 수 있었기 때문이다.

이 세상에 단점이 없는 사람은 없다. 그러나 그 단점을 극복하고, 오히려 "단점 때문에 성공했다"고 말할 수 있는 사람이라면 진정한 인간 승리로 기억될 것이다.

Chapter 20

이력서,
자신의 브랜드 명세서

　이력서는 작성하는 것이 아니라 만들어가는 것이다. 왜냐하면 작성할 사실 하나하나를 만드는 데 엄청난 시간이 투자되어야 하기 때문이다. 그래서 이력서는 영어로 '쓴다write'라는 말 대신 '만들어간다build-up'는 말을 쓴다.

　이력서는 나라는 브랜드의 가치를 보여주는 명세서라 할 수 있다. 나라는 브랜드가 가진 가치 중에서도 이력서가 가장 잘 보여주는 것이 있다면 바로 '성실성'이다.

　이력서는 한 사람이 얼마나 성실하게 삶을 살아왔는가 하는 개인의 역사책이다. 다음에 나오는 '취업 5종 세트'라는 것도 따지고 보면 성실성의 증거에 지나지 않는다. 그렇다면 이력서를 어떻게 설계하고 만들어나가야 할까?

　취업시장에서 돋보이는 이력서는 다음의 5가지 조건을 갖추고 있다.

하나하나 살펴보고 그러한 조건을 계획적으로 준비하고 만들어가도록 하자.

1. 목표지향형

자신이 목표로 하는 기업이 분명하고, 오랜 기간 지속적으로 관심을 가지고 준비해온 사람은 어떤 사람들보다 돋보이게 되어 있다.

2. 관심형

특정 기업에 오랫동안 관심과 애정을 가져온 사람은 기업에 대해서 내부인 못지않은 정보와 애정을 가지고 있다. 그러한 내용은 자기소개서에 묻어난다.

3. 성실형

학교 성적은 기본이고 학업 이외에 다양한 활동을 통해서 적어도 인생을 '수동적'으로 살아가는 사람이 아니라는 것을 증명하는 사람은 좋은 평가를 받게 된다. 왜냐하면 세상에는 시키는 대로만 일하려는 '피동적'인 사람이 넘쳐나기 때문이다.

4. 창의형

창의성이 평가받는 공모전에 입상했다든지, 창의적인 아이디어를 객관적으로 평가받은 적이 있다든지, 아니면 이력서나 자기소개서라도 창의적으로 작성한 사람은 돋보이게 된다(그러나 규격화된 지원서에는 창의성이 들어갈 자리가 없다).

5. 열정형

남들은 시도하지도 않는 자격증에 도전해서 땄다든지, 다른 사람이면 도전하지 않을 어려운 과제를 적극적으로 수행하였다든지 하는 기록은 모두 열정의 증거가 된다. 성실형과 유사하지만, 성실형보다는 더욱 행동지향적이고 도전적이다.

탐구과제 22

비전 이력서 만들기

워크북 92쪽

　지금으로부터 10년 후 또는 15년 후에 자신이 되고 싶은 인물 또는 갖고 싶은 경력을 비전 이력서로 만들어보자. 계획 세우기의 위력처럼 글로 표현된 장래 이력은 실천력과 마력을 지닌다.

　가능하면 지나치게 현실적인 것보다는 약간 이상에 가까운 중도적인 경력 계획을 이력서에 설계해 넣는 것이 바람직하다. 그래야 계획대로 성취하지 못하더라도 계획에 유사한 결과를 얻을 수 있다.

　특히 이 비전 이력서의 핵심은 주요 경력과 업적을 정해 넣는 것이다. 경력이 가장 중요한 이유는 세 가지다.

　첫째, 자신의 경력 방향을 정하는 것은 진로를 정하는 것이고, 경력관리 계획의 기본을 정하는 것이기 때문이다. 이것은 가장 어려운 결정이므로 조기에 정해두는 것이 시행착오를 줄일 수 있는 방법이다.

　둘째로는, 사람은 일을 통해서 가장 많이 개발되기 때문이다. 어떤 일을 경험할 것인가 하는 것은 어떤 분야에서 개발할 것인가를 정하는 일이다.

　셋째, 자신의 커리어 스토리를 형성하는 핵심은 업무경력이기 때문이다. 장래의 업무에 대한 확실한 방향을 가지고 있으면 현재에 하는 일이나 공부에서도 분명한 의미와 가치를 발견할 수 있다.

Chapter 21

면접,
자신의 브랜드 품평회

　　　　면접은 나라는 브랜드가 가진 가치를 프레젠테이션할 수 있는 절호의 기회다. 마치 마케팅 프레젠테이션이 충분한 사전 준비와 리허설 없이는 효과적일 수 없듯이, 면접도 그렇다. 그래서 준비가 필요하다.

　이력서를 작성하기 전에 수년간에 걸친 경력관리와 경력개발 과정이 필요하듯, 면접에서도 자기개발 과정이 필요하다.

　요즈음 면접은 순간적인 기지나 순발력, 요령으로 대처할 수 있는 것이 아니다. 지속적으로 실천해온 증거만 가치를 지닌다. 예를 들면, 모든 기업이 찾고자 하는 '창의성'을 평가받기 위해서는 공모전이나 경진대회 같은 데서 자신의 아이디어나 작품이 평가받고 인정받은 증거가 있어야 한다. 흔히 말하는 '취업 5종 세트'라고 하는 것이 생겨난 것도 그런 취지에서다.

취업 5종 세트	면접이나 이력서에서 주는 메시지
인턴십 경험	실무능력을 검증받았다는 증거로 작용한다. 실무형 면접이 유행하는 요즈음 중요한 조건이다.
아르바이트 경험	전문분야와 관련된 아르바이트라면 '적극성'을 증명할 좋은 증거다. 책벌레가 아니라는 증거로도 훌륭하다.
공모전 입상경력	'창의성'을 증명할 좋은 증거다. 최소한 '적극성'과 '도전근성'을 증명할 좋은 물증이 된다.
봉사활동 경험	인간적인 성숙도와 성실성을 증명할 좋은 증거다.
자격증	가장 가치가 약하기는 하지만, 성실성과 적극성의 증거 자료다.

'취업 5종 세트'라고 하는 증거가 면접과 이력서에서 어떤 메시지를 주는지 알아보자.

위의 표에서 보면 '학점'이나 '외국어 성적' 또는 '어학연수' 경험은 들어 있지 않다. 그 이유는 학점이나 외국어 연수나 토익 성적 등이 실제 업무 능력과 상관관계가 없다는 것을 기업들이 잘 알고 있기 때문이다. 따라서 그러한 자격이나 그 분야의 성취도는 특별한 것이 아닌 한 (예를 들면 전교수석이나 토익에서 한국 최고점수 등) 서류전형 등에서는 평가가 되지만 면접에서는 가치를 두지 않는다. 자격보다는 실제로 영어로 질문을 했을 때 네이티브 스피커 뺨칠 정도의 실전 능력을 보여주는 것이, 또한 그러한 능력을 이력서나 자기소개서 특기 란에 증명해 보이는 것이 결정적이다.

면접이라는 '나' 브랜드 설명회장에서 나 자신을 어떤 브랜드로 설명할 것인지는 이미 앞의 자기탐색 과정과 직업조사 과정에서 분명해졌을 것이다. 만약 그렇지 않다면 앞으로 돌아가서, 자신이 원하는 직업에서는 무엇을 요구하고 있고, 자신이 보여줄 수 있는 것은 어떤 것인지를 찾아보기 바란다.

그다음에 필요한 것은 직접 발로 뛰면서 물증을 확보해 나가는 것이다.

4부 핵심 정리

1. 실천 계획을 세우는 것도 중요하지만 적어도 2~3개월 동안 계획대로 실천해서 새로운 습관이 형성되도록 하는 것은 더욱 중요하다. 일단 습관이 형성되면 마치 컴퓨터가 프로그램된 대로 작동하듯 어려움 없이 실천할 수 있을 것이다.

2. 자신과 직업세계를 탐색하면서 얻은 결과는 이력서에도 반영해 두자. 적어도 10년 후에 갖고 싶은 이력서를 비전이력서로 가지고 있으면 경력개발이나 경력관리를 중도에 포기하지 않게 된다. 무엇인가를 성취했을 때마다 실제 이력서를 업데이트해 나가는 재미도 맛보기 바란다.

3. 책상 앞에서만 자기탐색을 하는 사람은 이력서와 면접에서 자신이 어떤 사람인지 증명해 보일 만한 증거를 확보하지 못한다. 그러므로 작은 행동이라도 기록으로 남기고 이것을 면접에서 적극 활용하자. 면접 준비는 적극적인 행동 기록을 남기는 것에서부터 시작해야 한다.

살아갈 날을 위한
미래나침반

초판 1쇄 인쇄 2010년 8월 9일
초판 1쇄 발행 2010년 8월 20일

지은이   니콜라스 로어   편역 하영목
펴낸이   유정연

책임편집 하선정   책임디자인 손은숙

기획편집 김은영
마케팅   박상준 유경민 김지영
제작부   문정윤
경영지원 박승남

펴낸곳   흐름출판
출판등록 제313-2003-199호(2003년 5월 28일)
주소   서울시 마포구 서교동 464-41번지 미진빌딩 3층(121-841)
전화   (02)325-4944   팩스 (02)325-4945
이메일   book@hbooks.co.kr
홈페이지 http://www.hbooks.co.kr   블로그 blog.naver.com/nextwave7
인쇄·제본 (주)상지사P&B

ISBN 978-89-90872-95-1 03320

살아가는 힘이 되는 책 흐름출판은 막히지 않고 두루 소통하는 삶의 이치를 책 속에 담겠습니다.

- 이 책은 저작권법에 따라 보호를 받는 저작물이므로 무단전재와 복제를 금지하며, 이 책 내용의 전부 또는 일부를 사용하려면 반드시 저작권자와 흐름출판의 서면 동의를 받아야 합니다.
- 파손된 책은 구입하신 서점에서 교환해드리며 책값은 뒤표지에 있습니다.
- 흐름출판은 독자 여러분의 원고 투고를 기다리고 있습니다. 원고가 있으신 분은 book@hbooks.co.kr로 간단한 개요와 취지, 연락처 등을 보내주세요. 머뭇거리지 말고 문을 두드리세요.

살아갈 날을 위한
미래나침반

| 실천 워크북 |

흐름출판

"당신이 무엇을 할 수 있든, 무엇을 꿈꾸든,
일단 그것을 하기 시작하라.
과감하게 행동으로 옮길 때 천재성이 드러나고,
마법과 같은 힘이 생긴다."

― 괴테 ―

실천 워크북 활용 안내

이 책은 경력관리 지침서이자 진로탐색 지침서인 『살아갈 날을 위한 미래나침반』의 워크북이다. 이 워크북은 자칫 이론적인 학습으로 끝나기 쉬운 직업탐색과 진로탐색 작업이 실제적이고 결과 중심적으로 마무리되도록 하기 위해 기획되었다.

특히 진로탐색 목적으로 이 책을 손에 든 청소년이나 대학생들은 직장경험이나 사회경험이 없기 때문에 자칫하면 이론적인 학습으로 끝나기 쉽다. 이론적인 학습이 나쁜 것은 아니지만, 실천하지 않는다면 어떤 이론도 반쪽의 가치밖에 지니지 못한다. 따라서 이 책을 읽어가면서 워크북을 함께 펼쳐놓고, 책의 진도에 따라서 제시된 과제를 성실히 수행해 주기를 당부한다. 그러면 책을 다 읽은 후에 많은 것을 얻게 될 것이다.

워크북을 통해서 자신이 목표로 하는 직업이나 직장의 요구조건과 특성을 명확히 결정하고, 자신의 기질과 특성도 정확하게 파악해서 자신이 희망하는 직업 또는 진로를 제대로 찾기를 간절히 바란다.

자신의 핵심 강점은 개발할 대상이 아니라 내면에서 찾아야 할 대상이다. 자신의 진정한 핵심 강점을 찾아 잘 활용할 수 있는 일을 한다면 누구든 만족할 만한 성과를 내고 삶의 희열과 보람까지 만끽할 것이다. 워크북을 따라 성실히 실천하는 모든 독자들에게 축복이 함께하기를 기원한다.

차례

탐구과제 1 : 나는 어떤 직업적 환상을 갖고 있는가? 6
탐구과제 2 : 지금 하고 있는 일이 나와 얼마나 잘 맞는가? 11
탐구과제 3 : 나에게 꼭 맞는 직업을 가진다면 어떤 기분일까? 13
탐구과제 4 : 인생로드맵 그리기 15
탐구과제 5 : 나만의 주요 목록 만들기 16
탐구과제 6 : 내가 원하는 것 목록 만들기 19
탐구과제 7 : 도전과제와 필요조건 찾기 36
탐구과제 8 : 질문목록 평가하기 37
탐구과제 9 : 고려대상 직업 찾기 39
탐구과제 10 : 지금 내가 서 있는 곳은 어디인가 52
탐구과제 11 : 나의 기질 탐색 56
탐구과제 12 : 내가 타고난 재능은 무엇인가? 57
탐구과제 13 : 내가 일하는 의미 찾기 60
탐구과제 14 : 인생의 사명 찾기 65
탐구과제 15 : 목적을 정하고 그 목적대로 살기 68
탐구과제 16 : 탁월한 8가지 직업 찾기 69
탐구과제 17 : 업무의 주 기능 찾기 78
탐구과제 18 : 자기방어기제 찾기 84
탐구과제 19 : 자기방어기제 처치하기 85
탐구과제 20 : 자유로운 선택 훈련하기 86
탐구과제 21 : 목표와 프로젝트 관리 88
탐구과제 22 : 비전 이력서 만들기 92

탐구과제 1

나는 어떤 직업적 환상을 갖고 있는가?

❶ 어린 시절 내가 꿈꾸었던 내 미래는 어떤 모습이었나? 가능하면 구체적으로 적어보자. 자신을 지배해온 직업적인 환상이 있는지를 알아보는 데 도움이 된다.

탐구과제 1

❷ 당신이 가끔 떠올리는 미래의 모습은 어떤 것인가? 어떤 일을 하고 있으며, 어떤 기분으로 일하는지 적어보자. 커리어 비전과 목표를 구체화하는 과정이다.

탐구과제 1   Date   No

❸ 당신이 어릴 적부터 꿈꿔온 직업적인 환상이 있다면, 그것은 어떻게 해서 생긴 것인가? 특별한 이유가 있다면 적어보자. 만약 특별한 이유가 없다면 어떤 점이 당신의 관심을 사로잡았는가? 만약 여러 가지 직업에 관심을 가져왔다면 여러 직업의 공통점은 무엇인가?

탐구과제 1　　　　　　　　　　　　　　Date　　　　　　　No

❹ 앞에서 적은 것 중에서 당신이 생각하는 미래의 직업이 갖추어야 할 기본조건은 무엇인가? 어떤 조건과 환경에서 일하기를 원하는지 적으면 된다. 가능하면 희망사항과 필수사항을 나누면 더 바람직하다. 핵심 단어를 중심으로 적어보자.

희망사항 리스트

필수사항 리스트

탐구과제 1　　　　　　　　　　　　　　Date　　　　　　　No

❺ 나의 미래 직업이 갖추어야 할 조건 중에서 필수사항이라고 여기는 것을 따로 적어 보자. 여기에 적은 필수요건 리스트는 앞으로 자신의 장래 직업을 결정하는 데 중요한 기준이 되므로 성실히 적어주기 바란다.

탐구과제 2

지금 하고 있는 일이 나와 얼마나 잘 맞는가?

❶ 체크리스트에 체크되지 않은 것 중에서 앞으로 당신의 직업에서 얻을 수 있었으면 하는 것이 있다면 적어보자. 추상적이고 애매하던 직업에 대한 '희망사항'도 글로 적어보면 구체화된다.

탐구과제 2

❷ 당신이 이전에 했던 일 중에서 지금 하고 있는 일과 달리 만족스러웠던 것이 있는가? 있다면, 만족스러웠던 점과 그 이유까지 함께 적어보자. 만족스러웠던 점은 불만족스러운 점과 대비해서 생각해볼 때 더욱 분명히 드러난다. 자신의 직업에서 바라는 점을 구체화하는 효과가 있다.

탐구과제 3

나에게 꼭 맞는 직업을 가진다면 어떤 기분일까?

❶ 만약 당신이 일하러 가는 즐거움에 가슴 설레며 잠자리를 박차고 일어나서, 하루 종일 당신이 타고난 강점을 충분히 발휘하며, 진정으로 좋아하는 일을 한다면 어떤 기분일까? 그 기분을 가급적 상세히 적어보자. 자신의 소망을 구체화하는 데 도움이 된다.

탐구과제 3

❷ 당신이 좋아하는 일을 즐겁게 하면서 능력도 개발하고 최고의 성과도 낸다면 어떤 기분일까? 그런 기분을 느낄 수 있는 일이 있다면 함께 적어보자. 이 작업은 자신의 희망 직업을 찾는 데 결정적인 역할을 한다.

탐구과제 4　　　　　　　　　　　　　Date　　　　No

인생 로드맵 그리기

❶ 자신의 인생 로드맵을 그려보자. 지나온 여정을 이벤트 중심으로 먼저 그리고, 현재 시점도 표시하자. 앞으로 기대하는 여정도 희망하는 이벤트 중심으로 그려보자.

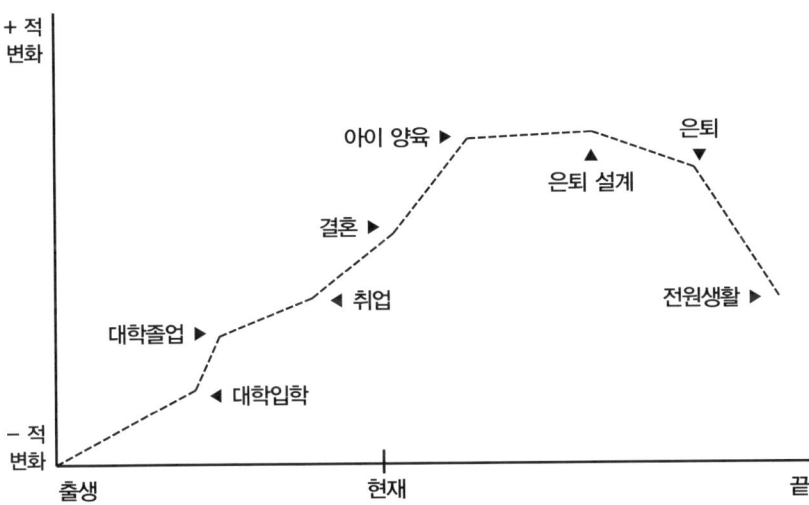

탐구과제 5

나만의 주요 목록 만들기

이 과제에서는 세 가지 차원에서 리스트를 만들어 볼 것이다. 리스트를 만드는 목적은 자신의 희망 직업에서 원하는 것과 전제 조건, 더 알아보고 싶은 것을 망라해서 자신의 생각을 체계적으로 정리해보기 위한 것이다. 귀찮다고 여겨 적지 않고 넘어가면 효과가 없다. 일단 생각나는 대로 중요한 것 몇 가지만 적어보고, 다음 탐구과제 6과 7에서 생각을 확장하고 정리해보자.

❶ 원하는 것 목록

탐구과제 5 　　　　　　　　　　　　　　　Date　　　　　　　No

❷ 필요조건 목록

탐구과제 5　　　　　　　　　　　　　　　Date　　　　　　No

❸ 질문 목록

탐구과제 6   Date   No

내가 원하는 것 목록 만들기

❶ 자신이 원하고 열망하고 꿈꾸고 바라는 것이라면 무엇이든 적어본다. 원하는 것 목록은 원하는 직업을 찾는 기준이 된다.

원하는 것 목록

탐구과제 6

필요조건 목록

자신의 직업에서 꼭 필요하고 중요한 요소는 무엇인지 적어보자. 이 리스트는 직업이나 진로를 결정할 때 기준 역할을 하게 된다.

탐구과제 6   Date   No

기존조건 목록

지금까지 늘 생각해온 조건을 적어본다.

탐구과제 6   Date   No

추가조건 목록

이 책을 읽으면서 생각난 조건을 정리해서 적어본다.

탐구과제 6

질문 목록

자신의 장래 직업을 결정하기 전에 답해야 할 질문은 무엇인가?

의사결정에 필요한 정보를 입수하기 위해서 필요한 작업이다.

탐구과제 6   Date   No

질문 목록 참고 사항

아래의 질문 항목과 각 항목에서 고려할 점, 질문 예를 참고해서 자신만의 질문을 만들어보자.

지리적 환경

- 일하거나 거주하고 싶은 구체적인 지역이나 특정한 물리적 환경이 있는가? 만일 그렇다면 그 기준은 무엇인가? 예를 들어 기준은 다음과 같을 수 있다. 그 지역에서 원하는 직장을 구할 수 있는지, 도시나 동네의 크기는 어떤지, 고향처럼 편안한지, 여가활동을 즐길 수 있는지, 자연풍광이 아름다운지, 평화로운지, 즐거운지, 가족 중 한 사람이 그곳에 살아야 할 이유가 있는지, 날씨가 좋은지 등이다.
- 이런 요소는 얼마나 중요한가?
- 도시/ 근교/ 시골 중에서 어떤 환경을 선호하는가?

물리적 환경

- 내근/ 외근 – 둘의 비율은 어느 정도가 적당한가?
- 출장 – 장기 출장, 비교적 잦은 출장, 어쩌다 한 번쯤 떠나는 출장, 출장 불가 중 어느 쪽인가?
- 작업 공간의 물리적 위치 – 책상 앞에 앉아 일한다, 매일 몇 군데를 들러야 한다, 여러 사람들 앞에 서야 한다, 빈번하게 출장을 떠난다, 구축물 위에서 일한다?
- 개인 사무실/ 칸막이 – 넓은 사무실에 많은 사람들이 함께 있는 환경을 선호하는가 아니면 프라이버시가 보호되는 공간을 선호하는가?
- 사무실은 얼마나 넓어야 할까?
- 당신에게, 혹은 당신의 업무 능률에 영향을 끼치는 요소가 있는가? (예: 조명이나 소음, 음악, 환기, 창문, 오염물질 등)

탐구과제 6   Date   No

조직의 환경

- 피고용인/ 자영업자
- 영리/ 비영리/ 국영기업
- 서비스업/제조업
- 거대기업/ 대기업/ 중기업/ 소기업/ 영세기업/ 당신과 애완견 한 마리
- 조직의 사명, 철학, 성향
- 모든 조직에게는 일정한 수명이 있다. 가령 똑같은 조직이라 해도 어떤 단계에 있는가에 따라서 장단점이 다르다. 이것이 당신에게 중요한가? 만일 그렇다면 당신이 일하기 가장 좋을 때는 조직이 어떤 수명주기(Life cycle)에 있을 때인가?

  1. 생성기 – 초기 단계, 조직에 영향력을 발휘할 최대의 기회, 최소의 규칙, 긴 업무시간, 개척자 정신, 자신의 위치를 확고히 할 수 있는 가장 좋은 기회, 가장 위험, 단명할 가능성이 높음.

  2. 벤처기 – 빠른 성장에 따른 보상과 흥분, 위험, 불안정, 예측불허, 모험과 불확실로 가득 찬 환경, 창의적인 문제 해결 능력이 높이 평가받고 보상받음, 개척자 정신, 자신을 완벽하게 자리매김할 수 있는 기회, 통상적으로 긴 업무시간, 빠른 승진을 위한 절호의 기회.

  3. 성장기 – 비교적 안정적, 전투적인 문제 해결 능력은 상대적으로 덜 필요하지만 창의성과 새로운 사고방식은 여전히 어느 정도 필요함, 안정적이고 매끈한 시스템을 구축하려는 사람들에게 최적, 성장과 창의성뿐만 아니라 안정과 안전을 원하는 사람들에게도 최적, 업무에 많은 시간을 투자해야 할 가능성도 있음.

  4. 안정기 – 모든 것이 갖추어져 있음, 정해진 규정과 절차에 의해 조직이 운영됨, 안정적임, 모든 것이 항상 그대로임, 안정을 추구하는 사람에게 가장 안전한 둥지가 됨, 창의성과 개인주의에 대한 평가는 상대적으로 낮은 편, 대개 보수적인 가치관을 지님, 한 걸음씩 꾸준히 접근하는 방법 선호, 자신이 마치 큰 기계의 부품처럼 느껴짐(사실 기계 속의 부품이나 마찬가지).

5. 쇠퇴기 – 안정기의 특징과 비슷함, 다른 단계와 비교할 때 병적 징후를 더 강하게 보임, 가라앉는 배를 지키고 싶어하는 사람을 제외하고는 누구에게도 건전한 환경이 될 수 없음, 가라앉는 배를 구하기 위해 혁신적인 사람이 종종 투입되지만 이 사람의 의견은 받아들여지지 않음. 왜냐하면 변화하기보다는 차라리 가라앉고 말겠다는 안정기 사고방식을 가진 경영진에 의해 조직이 운영되기 때문.

- 승진은 어떤 기준에 의해 이루어져야 하는가? 업무 성과/ 사내 정치 능력/ 연공

인적 환경
- 함께 일하는 사람들과 어떤 관계를 맺고 싶은가?
- 외향성과 내향성의 비중은 어느 정도가 적당한가?
- 다른 사람들과 직접적인 대면은 얼마나 자주 할 것인가?
- 하는 일이 어느 정도의 외향성과 내향성을 필요로 해야 할까? 내향적으로 일해야 하는 시간은 얼마가 적당한가?
- 내향적으로 일해야 하는 시간에는 혼자만 있는 것이 효과적인가 아니면 혼자 일하지만 사람이 주변에 있는 것이 효과적인가?
- 어떤 사람을 만나는 것을 더 선호하는가? 회사동료/ 고객/ 성인/ 어린이
  : 그들을 만나고 싶은 이유는 무엇인가?
  : 그들을 만나면 무엇을 얻을 수 있는가? 그들은 당신에게서 무엇을 얻는가?
  : 어떤 종류의 사람들을 대하는 일을 하겠는가? 젊은 사람/ 나이 든 사람/ 전문가/ 도움이 필요한 사람/ 물건을 구매하려는 사람/ 배우거나 문제를 해결하려는 사람/ 다른 나라 다른 문화권의 사람/ 특정한 직업군이나 배경을 가진 사람/ 특정한 사회경제단체의 사람
- 한 부류 이상의 사람들을 만나야 한다면 각각 어느 정도 비율로 만나고 싶은가?
- 다른 사람들과는 어떤 관계를 맺고 싶은가?

탐구과제 6

: 팀워크를 발휘해야 한다면 어떤 팀을 만들고 싶은가? 팀의 규모는? 팀원들의 직무는 얼마나 다양하게?

: 공통 목표를 향한 협동은 어느 정도 필요할까?

: 독립과 의존은 각각 어느 정도 필요할까?

: 동료 직원들은 어떤 사람들인가? 특징이나 성격은 어떠해야 하는가? 전문가/ 기능인/ 보조원/ 사무직 종사자/ 전통적인/ 자유로운/ 보수적인/ 창의적인/ 지지하는/ 협력하는/ 고도로 동기부여 되어 있는/ 아무런 장애가 없는/ 젊은 등등

: 당신에 대한 감독이 필요한가? 어느 정도냐? 얼마나 자주? 어떤 방식으로?

: 감독 체계는 전통적인 상명하복 식이어야 하는가 아니면 다른 방법이 있는가?

: 함께 일하는 사람들과 여가도 함께 즐기기를 원하는가?

: 업무 환경이 일 이외의 삶과 얼마나 연결되어 있거나 분리되어 있어야 하는가?

일에 관한 정의
- 전혀 정의하지 못했다.
- 큰 그림과 같은 목표는 정의했다.
- 목표를 정의했을 뿐 아니라 그 목표를 어떻게 달성할 것인지에 관한 방법과 절차도 분명히 정했다.
- 당신은 일에 대해 어떻게 정의하는가?

속도
- 미친 듯이 빨리/ 빨리/ 적당히/ 느리게
- 변함없는/ 변화하는
- 하루 종일 바쁜/ 여유 시간이 넉넉한

탐구과제 6

의사결정
- 얼마나 많은 의사결정을 해야 하는가? 하루 종일? 가끔?
- 어떤 문제에 대해서 고민해야 하나?
- 어떤 종류의 의사결정을 하나?
- 의사결정 지렛대의 한쪽 끝은 끊임없이 결정을 내리는 것이다. 반대쪽 끝은 꼼꼼하고 신중하고 조심스럽게 계획해서 의사결정을 내리는 것이다. 당신은 어느 쪽으로 더 기울어져 있는가?

예측가능성
- 직장에 출근했을 때 어떤 일이 당신을 기다리고 있을지 모두 예측하고 있는가? 예측가능성의 범위는, 직장에 도착했을 때 전혀 감을 잡을 수 없는 것에서부터 100퍼센트 예측할 수 있는 것까지다.

다양성
- 일상에 얼마나 많은 다양성이 내포되어 있을까?
- 당신의 일은 매년, 매달, 매주, 매일, 하루 중에도 얼마나 많이 달라야만 할까?
- 지속적으로 새로운 프로젝트나 과제가 주어져야 할까?
- 해결해야 하는 새로운 문제는 얼마나 자주 있어야 할까? 끊임 없이/ 매일/ 가끔/ 매년 또는 매월 새롭고 중대한 문제가 주어져야 하나?
- 얼마나 정형화되어 있어야 할까?
- 비상 소방 훈련은 얼마나 강도 있게? 얼마나 자주?

시간관리
- 인생에서 얼마만큼의 시간을 일에 보낼 것인가? 일에 직접적으로 소비되는 시간과 업무를 위해 부가로 소비되는 시간을 계산해보면 인생에서 얼마만큼의 시간을 일에 보내고 있는

탐구과제 6

지 알 수 있는 자료가 나온다. 여기엔 모든 요소가 고려되어야 하는데 예를 들자면 통근시간, 업무를 위해 의복과 장비를 구입하고 관리하는 데 들어가는 시간, 접대하는 시간, 교제하는 시간, 집에서 업무를 보는 시간, 일과 관련된 문제에 대해 생각하거나 걱정하느라 보내는 시간, 안정된 상태로 회복하는 데 걸리는 시간 등이 포함된다.

- 일이나 일과 관련된 활동에 보내는 가장 이상적인 총시간은 얼마인가? 그 이상적인 시간에 얼마나 가깝게 일하려 하는가?
- 일주일에 몇 시간이나 일할 의사가 있는가?
- 당신이 깨어 있는 모든 시간과 1그램의 에너지까지 일에 바치도록 요구하는 특별한 요청에 얼마나 자주 응할 의사가 있는가?
- 가족이나 취미를 위한 시간을 갖는 것이 당신에게는 어느 정도나 중요한가? 얼마만큼의 시간이 이상적일까? 얼마나 필요할까?

안전성
- 안정성의 문제에 관해서는 잠재적으로 중요한 면이 몇 가지 있다. 안전성이란 말은 사람에 따라 다른 뜻으로 사용되기도 하는데 어떤 사람들은 완전히 다른 의미로 받아들인다. 어떤 사람에게 안전성이란 안정된 조직에 안전한 둥지를 트는 것을 의미한다. 기업가 정신을 가진 사람들에게 유일하고도 진정한 안전성이란 자기 밥그릇은 자기가 챙기는 것을 의미한다.
- 지난 10년 사이에 직업의 안정성이라는 개념이 엄청나게 달라졌다. 만일 당신이 평생 동안 일할 수 있는 안정된 보금자리를 원한다면, 잘 찾아보면 여전히 그런 자리는 있다. 오늘날 '직업안정성'에 대한 개념은 아주 뛰어난 능력을 지닌 사람이 되어 수요를 창출해내 집 앞에 헤드헌터들이 줄지어 서 있게 만드는 것을 의미하게 되었다. 당신에게 안정성이란 무엇을 뜻하는가? 당신에게 직업 안정성이란 무슨 의미인가?
- 당신에게는 어떤 종류의 안정성이 중요한가?

- 그것이 얼마나 중요한가?
- 어느 정도의 안정성이 필요한가?
- 다음 중에서 어떤 곳을 찾는가? 평생직장/ 몇 년 동안만 일할 곳/ 미래의 목표를 위해 징검다리처럼 잠시 거쳐 갈 곳

은퇴 준비
- 은퇴할 계획을 가지고 있는가 아니면 길 가다가 쓰러질 때까지 일할 텐가?
- 얼마나 오래 일할 것인가? 어떤 사람들은 65세, 55세, 45세, 35세에 은퇴할 계획을 세우고 실제로 그렇게 하는데, 나는 언제인가?
- 은퇴 후의 생활은 어떻게 준비하고 있는가?
- 당신의 은퇴에 회사는 어떤 역할을 하고 있는가?
- 연금을 제공하는 조직에 머물러 있을 의사가 있는가?

이동성
- 물리치료나 간호직과 같은 일부 직업은, 세계 어느 곳을 가도 금방 일을 찾을 수 있을 만큼 이동성이 좋다. IT관련 직업도 비교적 이동성이 좋다. 지역을 옮긴다고 해도 쉽게 적당한 자리를 구할 수 있다. 사실 어떤 직종에서는 회사를 옮기면서 승진하는 경우가 많다. 어떤 직종은 이동하면 아무런 가치가 없어진다.
- 이동성이 당신의 직업에 중요한 요소인가?
- 만일 그렇다면 얼마나 중요한가? 얼마나 이동성이 좋아야 할까?

지속적인 도전의 정도
- 도전이란 무엇인가?
- 어느 정도의 도전이 필요한가?
- 무엇에 도전 의욕을 느끼는가?

탐구과제 6

기타 고려 사항

- 당신의 경력에 영향을 줄 만한 어떤 계획을 갖고 있는가? 또는 어떤 사람이 있는가?
- 직업 이외의 사적인 계획은 무엇인가?
- 결혼을 계획하고 있는가? 혹시 이혼을 계획하고 있는가?
- 누구의 경력이 우선인가? 당신인가 아니면 배우자인가? 둘 다 만족할 수 있고, 당신이 원하는 것을 가질 수 있는 방법은 없을까? (방법은 있게 마련이다. 단, 두 사람 모두 '나 먼저' 라는 태도를 버리고 윈윈전략을 택한다는 조건 하에서만 가능하다. 윈윈하는 문제해결 방법에 관한 책을 한두 권 읽어보는 것도 좋다.)
- 챙겨야 할 자녀가 있는가?
- 부모님도 챙겨야 하지 않을까?
- 당신이 꿈꾸는 동네로 이사하고 싶은가?
- 일찍 은퇴하고 싶은가?

경쟁과 협조

같은 부족 내 침팬지들 간에도 경쟁이 존재한다. 부족 내 지위에 대한 경쟁심의 정도는 침팬지마다 다르다. 각 침팬지는 자기만의 장점이 될 수 있는 재능을 하나씩 갖고 있다. 침팬지 세계에서 재능의 범위는 인간 세계의 것보다 훨씬 좁다. 예를 들면, 몸집의 크기, 힘, 성별, 지능, 정치적 능력 등이다. 각 침팬지는 독자적인 정치적 네트워크를 갖고 있다. 부족 내에서 침팬지의 지위는 경쟁심과 재능, 정치적 연줄을 관리하는 능력 등을 합한 결과물이다. 어디서 많이 듣던 얘기 같지 않은가? 어떤 침팬지는 덩치가 작고 성질이 괄괄하고 영리하고 고집이 세다. 그 결과 부족의 최고 위치에 오른다. 다른 침팬지는 덩치가 크고 느리고 정치적인 기술이 없다. 주도적이고 공격적인 침팬지가 있는가 하면 무조건 고분고분한 침팬지가 있다. 또 주도권 게임을 피하려는 침팬지도 있다. 그러나 명심해야 한다. 경쟁을 피하는 것도 게임을 즐기는 또 다른 방법일 뿐이라는 사실을. 두세 사람이 함께 일하면 언제나 어느 정도의 경쟁이 따르게 마련이다. 세 사람 이상과 함께 일한다면 정치싸움은 더 복잡해질 수 있다.

탐구과제 6

무인도에서 혼자 살지 않는 한 경쟁과 정치싸움을 피할 길은 없다. 어쨌든 현실과 직면해야 한다. 직장에는 항상 경쟁과 정치싸움을 부추기는 사람이 있게 마련이다. 이런 문제가 해결되지 않을 때 어떤 사람들은 심한 스트레스를 받기도 한다. 어떤 조직은 경쟁을 부추겨서 조직원들을 꼭두각시처럼 조종하려고 한다. 동물의 왕국에서는 자기보다 위에 있는 동물과 경합하는 행위가 당연한 일이다. 무엇이 당신의 성공과 안녕에 힘을 보태주는지, 무엇이 당신의 삶에 양념과 같은 즐거움을 선사해주는지, 또 무엇이 극도의 스트레스를 주는지 분명히 알고 있는 것은 실로 중요하다.

- 본래 경쟁심이 얼마나 강한가?
- 성공을 위해서 다른 사람과 경쟁해야만 하는가?
- 경쟁적인 환경에서 성취동기가 더 강해지는가? 아니면 협력적인 환경을 더 선호하는가?
- 경쟁과 협력, 각각 어느 정도가 당신에게 맞는가?
- 경쟁이라고 한다면 동료들 간의 경쟁을 의미하는가 아니면 당신이 속한 조직과 다른 조직과의 경쟁을 의미하는가?
- 만일 협력적인 환경을 찾고 있다면 구체적으로 어떤 것인가? 얼마나 협력적이어야 하는가?
- 만일 당신이 원하는 자리까지 올라가는 데 심한 경쟁을 치러야 한다면 당신에게 문제가 될 수도 있는가?

미래에 대한 요구 사항
- 어떤 환경에서 일하고 싶은가? 급팽창하고 있는 분야/ 천천히 성장하고 있는 분야/ 더 이상 성장하지 않고 늘 그 상태를 유지하는 분야
- 만일 더 이상 팽창하지 않거나 오히려 줄어들고 있는 분야에서 일한다면 리더로서의 자리를 유지하기 위해 당신은 어떻게 자리매김하겠는가?

탐구과제 6

해당 분야에 처음 뛰어들 때의 어려움

- 범위: 쉬운 일(햄버거 가게에서 버거 뒤집는 사람)부터 혹독한 일(영화배우나 정치인)까지.
- 어느 정도의 어려움을 감수할 의사가 있는가?
- 당신이 원하는 분야에 진입할 수 있을지 확실히 알 수 없는 상황이라면 그렇게 원하는 직업을 좇는 것이 당신에게 얼마나 어려운가?
- 매우 경쟁이 치열한 분야를 고려하고 있다면, 그 분야에서 성공하기 위해 반드시 필요한 것은 무엇인가?

대가와 보상

한 개인의 정체성은 자기 자신과의 관계, 주변 세상과의 관계로 이루어져 있다. 개인의 정체성을 구성하는 요소는 직업의 현실에 따라서 강화되거나 약화되기도 한다. 남을 잘 배려하는 사람이라고 스스로 생각하는 사람은 끊임없이 다른 사람들과 부딪쳐야 하는 업무 환경에서는 성공하기 어렵다. 타고난 스타일을 발휘하면서 일할 때 큰 보상이 따른다. 가장 큰 보상은 있는 그대로의 자기 모습이 된다는 것이다. 개인이 가진 정체성에서 긍정적이고 유용한 면이 일에서도 더 큰 성과를 만들어낸다.

- 당신이 가진 정체성 중 어떤 면이 직업적 특성 때문에 약화될 수도 있다면, 결코 약화되고 싶지 않은 면은 어떤 면인가?
- 어떤 분야에 종사할 때 스스로 자랑스럽겠는가? 이것이 '고려대상 직업 목록'에 들어 있는가?
- 일에 관한 한 자기 자신과 다른 사람들에게 어떻게 인식되고 싶은가? 특정한 방식으로 누군가에게 인식된다는 것은 자신과 주변 세상과의 끊임없는 양방향 대화에 중요한 요소다. 살아가면서 다른 사람들에게 어떻게 인식되는가 하는 것은 직업이 당신에게 주는 중요한 보상이다. 주변 사람들 눈에 당신이 어떻게 비치는지가 당신의 자긍심을 강화시키기도 하고 약화시키기도 한다. 누구나 주변의 관심을 먹고 자라는 자아(ego)를 갖고 있다.
- 당신이 다른 사람 눈에 어떻게 비치는지에 관심을 두는가? 만일 오래된 친구들 눈에 띄었

탐구과제 6

을 때 당신의 자긍심에 커다란 손상을 입을 만한 직업은 무엇일까? 다른 사람들 눈에 띄었을 때 당신의 자긍심이 가장 고취될 만한 직업은 무엇일까?
- 일에 관해서 다른 사람들에게 어떻게 인식되고 싶은가?
- 재능이나 성격과 같이 천부적으로 물려받은 것을 활용하는가?(이것에 대해 신중하게 고려할 필요가 있다. 장기적인 만족과 성공에 커다란 영향을 주는 중요한 요소인데 종종 사람들은 무시하기 때문이다.)
- 독특한 문제 해결책을 갖고 있는가? 사람들을 대할 때 가장 편하게 느끼는 방식이 있는가? 더욱 창의력을 발휘할 수 있는 특정한 방식이 있는가?
- 수입과 잠재 수입은? 지금/ 5년 뒤/ 그 이후에는?
- 다른 경제적 보상은 무엇이 있는가?
- 당신의 미래를 위한 자리매김은?
- 조직, 상사, 그 외 다른 사람들, 그리고 세상에 알려지거나 칭찬받고 인정받는 것은?

권력과 지위
- 권력이나 지위에 대해 중요한 가치를 부여하지 않는 사람이라도 여전히 영장류에 속한다. 부족을 이루는 영장류에게는 권력과 지위가 삶의 한 부분이다. 하지만 당신이 내리는 정의가 다른 사람들이 공통적으로 내리는 정의와 전혀 다를 수도 있다. 권력과 지위 그 자체보다 '더 높은 가치'를 가질 수 있는 권력과 지위를 원할 수도 있다. 이 두 가지가 당신에게는 어떤 의미인가?
- 이것이 당신에게 얼마나 중요한가?
- 일반 대중의 인정인가 아니면 명성인가?
- 일의 성취가 당신이 속한 곳을 넘어 다른 세계에까지 널리 알려지는 것이 중요한가?
- 다른 사람들의 존경과 흠모는?
- 지위는? 직장에서/ 해당 분야에서/ 사는 지역에서/ 모든 사람들에게.

탐구과제 6

그 밖에 중요한 것

- 편안함과 모험, 어느 쪽인가?
- 일과 당신, 궁합이 자연스럽고 부드럽게 맞아야 하는가?
- 스스로 만족할 수 있는 업무 성과를 창출하기를 원하는가?
- 일을 하면서 즐거움을 만끽하기를 원하는가?

사회적 영향 – 이타주의

자기가 일하는 회사의 제품이나 서비스가 사회에 부정적인 영향을 끼치거나 해롭지 않기를 바라는 사람이 있다. 반면에 그런 데 아예 관심이 없는 사람들도 있다.

- 어떤 사람들은 자신의 회사가 사회나 다른 사람들의 안녕에 기여하는 것이 중요하다고 여긴다. 당신은 어떤가?
- 만일 당신도 사회에 기여하는 것이 중요하다고 여긴다면 구체적으로 어떤 분야에서 기여하고 싶은가?
- 특별히 어떤 단체에 영향을 끼치고 싶은가?
- 어떤 종류의 영향을 끼치고 싶은가?
- 얼마나 영향을 끼치고 싶은가?
- 당신이 하는 일이 꼭 직접적으로 사회에 기여해야 하는가?
- 당신이 직접 기여하지는 않지만, 당신이 관심을 갖거나 믿고 있는 가치를 위해 애쓰는 조직에서 일하는 것은 어떻게 생각하는가?

탐구과제 7

도전과제와 필요조건 찾기

앞에서 작성한 전제조건 중에서 나의 직업에서 필수불가결한 것 다섯 가지만 고른다면 어떤 것이 선택될까?

다섯 가지를 한번 적어보자. 기존조건과 추가조건을 구분하지 말고 중요도 순으로 적어보자. 그것은 자신에게는 성취해야 할 '도전과제'가 되고, 충족되지 않으면 자신에게 최고의 직업이 될 수 없다.

1

2

3

4

5

탐구과제 8　　　　　　　　　　　　　　Date　　　　　　No

질문 목록 평가하기

앞에서 작성한 질문목록 중에서 가장 중요하다고 생각하는 질문 15개를 골라보자. 각 질문에 대해서 어디서 답을 찾을 수 있는지, 어떻게 답을 찾을지도 적어보자.

중요한 질문		
질문	답변을 어디서 찾을 것인가	어떻게 답변할 것인가
1		
2		
3		
4		
5		
6		
7		

탐구과제 8　　　　　　　　　　　Date　　　　　No

중요한 질문		
질문	답변을 어디서 찾을 것인가	어떻게 답변할 것인가
8		
9		
10		
11		
12		
13		
14		
15		

탐구과제 9

고려대상 직업 찾기

고려대상 직업을 찾기 위해서 질문해야 할 '예상 질문 리스트'를 실어 놓았다. 질문 중에서 자신이 관심을 가진 직업을 심층적으로 알아보기 위해서 필요하다고 판단되는 질문을 선택하고 다음에서 실제 질문에서 사용하자. 이 부분은 관심을 가진 직업에 대해서 조사할 때 질문지와 답변 기록지로 사용할 수 있도록 복사해서 사용하자.

- 지금 몸담고 계신 분야와 직업에 대해서 가장 만족스러운 점은 무엇이고 가장 좌절감을 느끼게 되는 점은 무엇인가요?
- 밤늦게 일거리를 집까지 가져가야 하는 상황인가요? 또는 일과시간 외에도 업무적으로 사람들을 만나야 하나요?
- 얼마나 자주, 얼마나 많이 근무 외 시간에 일을 해야 하죠?
- 하루 중 몇 시간이나 (사람, 컴퓨터, 모니터 등을 대하며) 일하세요?
- 업무상 어떤 기술(기능)을 가장 많이 사용하시죠?
- 어떤 사람들이 이런 일을 가장 잘하죠?
- (창의적인 문제 해결법을 사용하는 일이나, 컴퓨터를 사용하는 일, 해외로 출장 가는 일)은 업무상 얼마나 큰 비중을 차지하고, 또 얼마나 자주 하나요?
- 사람들을 대하는 일과는 별도로, 정보나 서류를 다루는 일은 하루 중 몇 시간이나 해야 하나요?
- 조언이나 도움이 필요할 때 누구를 먼저 찾나요? 찾아갈 사람들이 충분히 있나요?
- 얼마나 반복적인 업무를 해야 하고, 업무에 변화 요소는 얼마나 있나요? 어떤 것들인가요?
- 업무를 통해서 당신을 표현할 수 있다고 느끼세요?
- 그 일은 어떤 도전과제를 제공하나요?
- 하시는 일이 경쟁적인 쪽에 가깝나요, 아니면 협력적인 쪽에 가깝나요? 왜 그렇죠?
- 잠재 소득이나 기회, 잠재 수요의 측면에서 안정된 직업/분야인가요?
- 고객이나 동료, 상급자, 직원들과 어떤 관계를 맺고 있나요?
- 사람들과 일대일로 작업하는 비중은 얼마나 되나요?

탐구과제 9

- 마감에 대한 압박이 얼마나 심한가요?
- 세부적인 교육을 받는 것이 중요한가요?
- 얼마나 많은 독서와 조사 작업을 필요로 하죠?
- 얼마나 많은 의사결정을 필요로 하죠?
- 얼마나 많은 설득을 필요로 하죠?
- 누구의 인정이나 칭찬을 받을 수 있나요?
- 임금 폭이나 특전 등을 포함해서, 어떤 보상을 기대할 수 있나요?
- 성장을 위한 잠재 가능성은 무엇인가요?
- 만일 성장한다면 어떤 방향으로 이어질 수 있나요?
- 언제든 직장을 옮길 수 있는 이동성 높은 직업인가요?
- 전형적인 업무 일상은 어떤 식인가요?
- 업무와 관련하여 짜증나거나 불쾌한 점은 어떤 것들이 있나요?
- 업무와 관련하여 어떤 부분에서 만족스럽나요?
- 어째서 당신이 하는 일이 의미 있고, 중요하고, 가치 있다고 느끼나요?
- 일과 관련하여 어떤 행정적 업무가 있나요? 이런 업무에 얼마나 많은 시간을 보내야 하나요?
- 하루나 일주일의 업무 내용이 얼마나 예측가능한가요?
- 이런 일을 하기 위해 필요한 학력이나 자격 등의 필요조건은 무엇인가요?
- 이 분야에 적임자라는 평가를 받기 위해서 제가 해야 할 것은 무엇이 있을까요? 학위를 이수하는 방법 외에 대안은 무엇일까요?
- 업무 환경은 구체적으로 어떤가요?
- 몸담고 계신 분야와 회사에서 현재 어떤 변화가 이루어지고 있나요?
- 그쪽 분야나 회사에 입문할 수 있는 가장 좋은 방법은 무엇인가요?
- 당신은 전문가협회에 가입했나요? 제가 연락하려면 어떻게 해야 하죠?

탐구과제 9

- 더 자세히 알아보기 위해서 읽어볼 만한 책이나 업종관련 저작물을 추천하신다면?
- 만일 당신이 제 입장이라면 이 분야로 진출하기 위해 어떤 식으로 접근하시겠어요?
- 제가 찾고 있는 자리를 제공해줄 만한 회사가 있을까요?
- 또 다른 질문이 떠오른다면 연락드려도 괜찮을까요?
- 이 분야에서 일하시는 분들 중에서 제가 더 질문을 할 수 있거나 다른 각도에서 답을 얻을 수 있을 만한 분을 추천해주실 수 있나요?

탐구과제 9　　　　　　　　　　　Date　　　　　　No

조사를 통해서 밝혀진 고려대상 직업의 좋은 점(+요인)과 나쁜 점(−요인)을 적어보자.

❶ 직업명 [　　　　　　　]

+ 요인

− 요인

탐구과제 9　　　　　　　　　　　　　Date　　　　　No

❷ 직업명 [　　　　　　　]

　+ 요인

　− 요인

탐구과제 9　　　　　　　　　　　Date　　　　　No

❸ 직업명 [　　　　　　　]

＋ 요인

－ 요인

탐구과제 9 　　　　　　　　　　　　　Date　　　　　　No

❹ 직업명 [　　　　　　]

+ 요인

− 요인

탐구과제 9   Date   No

❺ 직업명 [   ]

+ 요인

− 요인

탐구과제 9 Date No

❻ 직업명 [   ]

+ 요인

− 요인

탐구과제 9　　　　　　　　　　　　Date　　　　　No

❼ 직업명 [　　　　　]

＋ 요인

－ 요인

탐구과제 9　　　　　　　　　　　　Date　　　　　No

❽ 직업명 [　　　　　　]

＋ 요인

－ 요인

탐구과제 9   Date   No

❾ 직업명 [　　　　　]

+ 요인

− 요인

탐구과제 9　　　　　　　　　　　　　　Date　　　　　No

❿ 직업명 [　　　　　　]

＋ 요인

－ 요인

탐구과제 10   Date   No

지금 내가 서 있는 곳은 어디인가

❶ 내가 하는 일을 구체적으로 묘사해보자.

❷ 한 달 동안 내가 시간을 어떻게 사용하는지 파이차트에 그려보자.

탐구과제 10

❸ 나의 직업에서 어떤 부분이 마음에 들고, 어떤 부분이 마음에 들지 않는지 적어보자.

❹ 나의 직업에서 어떤 점이 아쉽고, 어떤 점이 부족한지 적어보자.

❺ 주변 사람들이 말하는 나의 뛰어난 점은 무엇이고, 잘하지 못하는 점은 무엇인지 적어보자.

❻ 주변 사람들이 말하는 나만의 특징이나 자질, 성격 중에서 어떤 면 때문에 문제가 되고 실수를 하게 된다고 말하는가? 타고난 문제점(예: 성격)을 적어보자.

탐구과제 10

❼ 개인적인 문제나 건강상의 문제 중에서 직업에 영향을 미칠 만한 것을 적어보자.

❽ 재정 상황은 어떠한가. 더 나아지고 있는가, 버는 만큼 쓰고 있는가, 갈수록 악화되는가?

❾ 변화에 대한 나의 태도와 자세는 어떠한가. 전적으로 몰입할 준비가 되었는가? 그저 의사만 있는가?

탐구과제 10　　　　　　　　　　　　　　　　Date　　　　　　　No

❿ 학력이나 기술, 재정과 같은 현실적인 제약이 없다면 내가 되고 싶고, 하고 싶고, 갖고 싶은 것은 무엇인가.

⓫ 앞으로 5년만 살수 있다면 어떻게 보낼 것인가.

⓬ 삶에서 흥미를 가진 분야와 열정을 쏟아부은 분야는?

탐구과제 11 Date No

나의 기질 탐색

나의 MBTI 유형 :

❶ MBTI 유형을 기준으로 볼 때 나에게 가장 잘 맞는 분야 5가지를, 내가 관심을 가진 순서대로 적어보자.

1.

2.

3.

4.

5.

탐구과제 12 Date No

내가 타고난 재능은 무엇인가?

❶ 나의 타고난 재능은?(연습에 의해서 개발된 것은 제외하라)

❷ 내가 잘 못하는(재능이 없는) 분야를 적어보자.

탐구과제 12

❸ 나의 재능 프로필을 책에 나온 예를 참고하여 작성해보자.

❹ 재능에 대한 설명을 읽고 자신의 재능 프로필과 비교해보라. 당신이 가진 재능이 특별히 차별화되는가, 그저 평균 이상인가, 평균인가, 아니면 못하는 편인가. 능력에 대해서 더 잘 이해하기 위해서 친구들이나 가족의 의견을 참고하라. 이 분야에서 얼간이 소리를 들을 만한 사람은 누구인가? 누가 귀재인가?

탐구과제 12

❺ 재능에 대한 설명을 읽고 자신이 미처 몰랐던 것이 있다면 자신의 재능 목록에 추가로 포함시키자.

❻ 목록에 적은 재능 중에서 직업 선택에서 가장 큰 역할을 할 재능은 무엇인지 적어보자.

❼ 도전과제 목록에 추가하고 싶은 것은 무엇인가. 도전과제에 추가하자.

탐구과제 13

내가 일하는 의미 찾기

'의미 있는 일'을 한다는 것은 나에게 어떤 의미인가? 아래 추가 고려사항이 있다. 참고해가며 '나에게 일이 어떤 의미를 지니는지' 찾아보기 바란다.

❶ 당신이 중요하다고 생각하는 분야에 대해 영향을 미치거나 기여하는 것이 중요하다고 생각한다면 어떤 영향을 끼쳐야 할까? 조직의 성격 자체는 영향을 직접적으로 끼치지만 그 안에서 일하는 조직원인 당신이 실제로 하는 일은 직접적인 영향을 끼치지 못한다고 해도 그 일을 하겠는가?

❷ 의미 있는 일을 하는 데 걸림돌이 되는 것은 무엇인가?

중요한 장애물을 모두 적어본다. 예를 들어, 비영리 조직에서 일하려는 사람에게 자주 출현하는 2가지 걸림돌은 다음과 같다. '작은 대가를 위해 긴 시간을 일해야 하다니.' '강간, 약탈, 강도짓을 하려는 사람을 위한 직업은 많은데 비해서 의미 있는 일을 하고 싶어하는 사람을 위한 직업은 별로 없는 것 같아.' 걸림돌을 모두 적었다면 각 걸림돌별로 해결책을 모색하는 것이다. 이 경우에는 브레인스토밍이 필요하다. 머리 한쪽에서 나오는 빈정대는 소리에는 귀 기울이지 말고, 무리라고 보이는 가능성조차 모두 적어보자.

탐구과제 13

❸ 당신의 귀중한 생을 투자할 만한 충분한 가치가 있는 것은 무엇인가? 이상이나 기준이라는 필터를 거치지 말고 직접 당신 내면에 물어보라. 아직까지 확신이 들지 않는다면 다음 과제를 함께 해보자.

- 의미 있다고 생각되는 모든 것을 목록에 적어보자. 우선순위에 따라서 위에서부터 아래로 배열하라. 우선순위가 높은 것은 가장 위에, 낮은 것은 가장 아래 둔다.
- 당신이 하고 싶은 직업명이나 특정 분야를 여러 가지 적어도 좋다.
- 성취하면 좋을 것 등 이 목록에 어울릴 만한 것은 모두 적는다.
- 목록을 다시 한 번 살펴보자. 우선순위를 재배열하자. 아래쪽에 있는 항목보다 위쪽에 있는 것이 당신에게 분명히 더 의미 있어야 한다.

탐구과제 13   Date   No

❹ 이제 목록을 보며 충분히 의미가 있는 것과 그렇지 않은 것에 대해 구분선을 평행으로 그어라. 충분히 의미가 있는 것과 그렇지 않은 것의 차이는 어떻게 알 수 있을까? 알 수 없을 것이다. 이미 알았다면 당신은 이 탐구과제를 보고 있지도 않을 것이기 때문이다. 당신이 스스로 선택해야 한다. 스스로 결정하라.

구분선 위의 항목은 직업적으로 충분히 의미가 있는 것이고 그 아래에 있는 것들은 자격조건 미달이다. 당신이 기억해야 할 것은 지금 이 과제에서 찾는 것은 '충분히 의미가 있는 것'이라는 점이다.

탐구과제 13

❺ 목록을 다시 한 번 살펴보자. 충분히 의미 있는 것을 더 최소화할 수는 없을까? 혹시 의미는 충분히 있지만 마음속에서는 별로 내키지 않는 항목이 있지는 않은가? 항목을 5개 이하로 줄여보라. 그렇다고 목록에 정말 있어야 할 것을 버리지는 마시길.

탐구과제 13

❻ 당신에게 의미 있는 것들에 대해 어떤 결과가 필요한가? 어느 정도까지의 결과를 원하는가? 어떤 결과가 의미 있는 것일까? 어느 정도 결과를 얻어야 스스로 성공했다고 선언할 수 있을까? 눈에 보이는 결과여야 할까? 만일 그렇다면 어느 정도 눈에 보여야 할까?

탐구과제 14

인생의 사명 찾기

❶ 마음이 가는 대로 '나의 인생 사명'이라고 할 수 있는 목록을 적어보자. 현실성은 따지지 말고, 마음 가는 대로 작성하자. 인생 사명을 정할 때는 좌뇌의 논리적인 접근보다는 우뇌의 직관에 의존하는 것이 바람직하다. 논리성이나 합리성은 나중에 따질 것이다.

❷ 방금 작성한 목록을 보면서 당신이 실제로 행동으로 옮기지 않을 것은 모두 삭제하라. 스스로에게 100퍼센트 솔직해져라. 고상하고 흥미 있어 보이지만 당신이 최선을 다해서 실천할 것 같지 않은 것은 모두 목록에서 삭제한다.

❸ 방금 당신이 지운 것을 왜 삭제했는지 스스로에게 이유를 물어보라. 무엇 때문에 목록에서 사라져야 했는가? 이것은 중요한 정보다. 왜냐하면 남아 있는 것이 중요한 이유를 '삭제한 이유'가 역으로 설명해줄 수도 있기 때문이다.

탐구과제 14

❹ 남아 있는 것들 중에서 어떤 것이 가장 적절하고 끌리는가? 어떤 것이 당신을 가장 분명하게 잘 표현하는가? 하나만 골라서 체크한다.

❺ 방금 체크한 것에 그토록 끌리는 이유는 어떤 요소 때문인가?

❻ 앞의 목록을 압축시켜 최종 후보 한두 개로 줄일 수 있는가?

탐구과제 14 | Date | No

❼ 최종 결승에 오를 항목을 선정하기 위해 좀 더 알아보고 주변 사람과 상의해보고 싶은가? 만일 그렇다면 구체적으로 무엇을 하면 될까? 여러 가능성을 한두 개로 압축시키기 위해 무엇을 더 알아야 할까? 스스로에게 어떤 질문과 대답을 해야 할까? 지금부터 조사를 시작하고 조사가 끝나면 다시 여기로 돌아온다.

탐구과제 15

목적을 정하고 그 목적대로 살기

내면의 목소리에 귀 기울이면서 '삶의 목적이 무엇인지' 생각하고 적어보자.

탐구과제 16

탁월한 8가지 직업 찾기

이제 관심을 갖고 있는 8개 직업에 대해서 좋은 점과 나쁜 점을 비교 평가할 것이다. 각 직업마다 한 페이지를 할애했다. 매 페이지 중간에 수평선이 그어져 있다. 선 위에는 플러스(+) 요인을, 아래에는 마이너스(-) 요인을 적어보자. 그러고 나서 직업을 다양한 면에서 비평한다.

먼저 '플러스 요인은 무엇인가'라는 질문에 대답하자. 그 직업에 대한 긍정적인 요소, 즉 무엇이 끌리는지, 무엇이 잘 맞는지, 무엇이 좋은지, 무엇이 당신의 목표에 부합하는지 적어보자. 심도 있게 생각한 뒤에 답하자. 모든 가능성을 다 탐색하라.

만일 플러스 요인 중 하나가 '사람들과 일하는 것'이라면 사람과 관련된 다른 질문을 스스로에게 던져보라. "얼마나 많은 사람들과? 얼마나 자주? 어떤 부류의 사람들과? 왜 그 사람들이어야 할까? 그런 관계에서 생기는 결과는 무엇일까?

마이너스 요인에 대해서도 똑같은 작업을 하라. 충분히 시간을 갖고 심도 있게 탐색하라. 이 작업을 완료하는 데 적어도 몇 시간이 소요될 것이다.

각 직업에서 플러스 요인만 모아서 별도의 플러스 요인 목록을 하나 만들어보자. 마찬가지로 마이너스 요인만 모두 모아서 별도의 마이너스 요인 목록을 하나 만들어보자. 각각 우선순위를 매겨서 10위까지 추려보라. 자신이 생각하는 직업이 갖추어야 할 전제조건과 피해야 할 요건이 분명해질 것이다.

탐구과제 16

❶ 직업명 [   ]

＋ 요인

－ 요인

탐구과제 16　　　　　　　　　　　　　　　Date　　　　　No

❷ 직업명 [　　　　　　　]

　+ 요인

　− 요인

탐구과제 16　　　　　　　　　　　　Date　　　　　No

❸ 직업명 [　　　　　　]

＋ 요인

− 요인

탐구과제 16　　　　　　　　　　　　　　　　Date　　　　　No

❹ 직업명 [　　　　　　　]

＋ 요인

－ 요인

탐구과제 16　　　　　　　　　　　　　Date　　　　　　No

❺ 직업명 [　　　　　　　]

＋ 요인

－ 요인

탐구과제 16 Date   No

❻ 직업명 [   ]

+ 요인

− 요인

탐구과제 16　　　　　　　　　　　　　　　　Date　　　　　　No

❼ 직업명 [　　　　　　　]

+ 요인

− 요인

탐구과제 16　　　　　　　　　　　　　　Date　　　　　　No

❽ 직업명 [　　　　　　］

＋ 요인

− 요인

탐구과제 17 Date   No

업무의 주 기능 찾기

❶ 지금까지 탐구과제 17을 실행하면서 테마를 끌어낼 수 있었는가? 대부분의 항목이 특정한 영역(사람, 정보, 사물)에 집중되어 있는가? 예를 들어 당신이 선택한 기능이 대부분 사람(조직)과 관련된 것일 수도 있다. 또 어떤 사실을 발견할 수 있는가?

탐구과제 17   Date   No

❷ 지금쯤이면 당신만의 '주 기능'이 무엇인지 선택할 수 있을 것이다. 또는 당신이 어느 영역(사람, 정보, 사물)에 특별히 강점을 가지고 있는지 확인했을 것이다. 당신의 주 기능은 '대중 앞에서 말하는 것'이거나 '행사를 기획하는 것'이 될 수도 있다. 어쩌면 주기능이 하나가 아니라 몇 가지가 될 수도 있다. 아니면 몇 가지 기능을 조합해볼 수도 있다. 때때로 이렇게 조합하는 것이 의외로 잘 들어맞는다.

탐구과제 17

❸ 아래 예에서 보는 것처럼 왼쪽에는 주 기능을, 오른쪽에는 보조 기능을 적어보자. 먼저 첫 번째 주 기능의 후보가 될 것을 선택한다. 그 기능이 해당하는 영역을 왼쪽 첫 번째 칸에 적어보자. 그 아래에는 예①과 같이 그 기능을 적어보자. 같은 방식으로 예②와 같이 적당한 보조 기능을 적어보자. 이와 같은 작업을 계속하자. 더 이상 조합할 것이 없을 때까지 계속해서 주 기능과 보조 기능의 조합을 적어보자. 다양한 조합을 만들어 보고 그중에서 가장 당신에게 잘 어울리는 조합이 무엇인지 찾아보자.

주 기능	보조 기능
1.	
2.	
3.	
4.	
5.	
6.	

탐구과제 17

❹ 앞에 적은 주 기능을 조합해 볼 때 당신에게 가장 잘 어울리는 직업은 어떤 것이 있을까? 당신이 가진 기능을 최고로 조합해 도출할 수 있는 직업을 가능한 많이 적어보자.

이쯤이면 조사를 시작할 때가 되었다. 당신이 가진 기능들을 조합한 것이 어떤 직업에 잘 어울리는지 모르겠다면 주변 사람들에게 물어보자. 가급적 많은 사람들에게, 가족과 친구들에게도 물어보자. 비슷한 조합을 활용하고 있는 직업을 가진 사람에게 물어보는 것은 아주 훌륭한 방법이다.

탐구과제 17   Date   No

❺ 당신의 장래 직업에서 활용하게 될 기능을 보여주는 파이차트를 그려보자. 주 기능과 보조 기능만 넣을 것이 아니라 해당 직업과 관련된 모든 기능을 넣는다. 이쯤이면 당신이 어떤 기능을 수행하고 싶은지 분명히 알 수 있을 것이다. 그렇지 않다면 파이차트를 활용해서 좀 더 탐색해보자. 다양한 조합을 만들어보자.

탐구과제 17

❻ 전제조건 목록과 질문 목록을 펼쳐보자. 이번 탐구과제를 통해 새롭게 발견하고 결정한 것을 목록에 추가하자.

탐구과제 18	Date	No

자기방어기제 찾기

당신의 꿈과 계획을 접게 만드는 자기방어기제와 자기합리화의 사례를 적어보자. 워크북은 누군가에게 보여주기 위한 것이 아니다. 그러므로 솔직하게 적어야 한다. 그러지 않으면 극복할 수 없을 것이다.

탐구과제 19   Date   No

자기방어기제 처치하기

앞에서 적은 '자기방어기제' 리스트 중에서 당신의 꿈을 포기하게 만들 덩치 큰 녀석들만 골라서 적어보자. 그런 다음 언제나 이 목록을 지니고 다니는 거다. 책에서 알려준 방법대로 이 녀석들을 무력화시키자.

자기방어기제	이름
1.	
2.	
3.	
4.	
5.	
6.	

탐구과제 20 　　　　　　　　　　　　　　Date　　　　　　No

자유로운 선택 훈련하기

❶ 지난 몇 년간 당신이 내린 중요한 결정 세 가지를 적어보자.

-
-
-

❷ 지난 3개월간 당신이 내린 결정 중에서 덜 중요했던 세 가지를 적어보자. 덜 중요해도 최종 결정에 이르는 과정에 당신이 참여하거나 주도한 것이어야 한다.

-
-
-

❸ 어떠한 방법(논리 또는 정서)과 기준으로 결정했는지 처음부터 끝까지 진행 과정을 적어보자.

탐구과제 20   Date   No

❹ 위의 결정 방법이 자신에게 잘 어울리는 방법인가? 논리적인 사람에게는 합리적이고 분석적인 접근법이 잘 어울리고, 감성적인 사람에게는 정서적이고 통합적인 접근법이 잘 어울린다.

❺ 앞에 적은 중요한 결정 세 가지를 지금 다시 결정한다면 어떻게 달라지겠는가? 각각 그 방법을 적어보자.

탐구과제 21

목표와 프로젝트 관리

❶ 먼저 당신의 원대한 메타 목표를 적는다. 메타 목표란 당신이 진정으로 가치 있게 여기는 것이자 삶의 기준으로 삼는 것이다. 예를 들면 나눔, 봉사, 삶의 균형과 같은 것들이다.

탐구과제 21　　　　　　　　　　　　　　Date　　　　　　　No

❷ 10개의 주요 목표에 대해 각각 반 페이지씩 할애해서 우선순위를 정하고 실천 방안을 정리해 나간다.

목표 1 [　　　　　　　　] 우선순위 [　　] 마감일 [　　　　　]
달성 방안

목표 2 [　　　　　　　　] 우선순위 [　　] 마감일 [　　　　　]
달성 방안

목표 3 [　　　　　　　　] 우선순위 [　　] 마감일 [　　　　　]
달성 방안

탐구과제 21　　　　　　　　　　　　Date　　　　　No

목표 4 [　　　　　　　　] 우선순위 [　　] 마감일 [　　　　]
달성 방안

목표 5 [　　　　　　　　] 우선순위 [　　] 마감일 [　　　　]
달성 방안

목표 6 [　　　　　　　　] 우선순위 [　　] 마감일 [　　　　]
달성 방안

목표 7 [　　　　　　　　] 우선순위 [　　] 마감일 [　　　　]
달성 방안

| 탐구과제 21 | Date | No |

목표 8 [   ] 우선순위 [   ] 마감일 [   ]
달성 방안

목표 9 [   ] 우선순위 [   ] 마감일 [   ]
달성 방안

목표 10 [   ] 우선순위 [   ] 마감일 [   ]
달성 방안

탐구과제 22

비전 이력서 만들기

비전 이력서가 나침반 역할을 하게 하자.

비전 이력서

이름:

- 경력 및 주요 업적

- 학력 및 교육훈련

- 사회활동 및 공헌

- 연구 및 저술

탐구과제 22

지금부터 10년 후 또는 15년 후에 자신이 되고 싶은 인물, 갖고 싶은 경력을 담은 비전 이력서를 만들어보자. 완성된 비전 이력서는 출력해서 책상 앞에 붙여두고 수시로 자극 받도록 하자.

비전 이력서

이름:

- 보유 자격 및 면허

- 상훈

- 개인적 정보

살아갈 날을 위한
미래나침반

초판 1쇄 인쇄 2010년 8월 9일
초판 1쇄 발행 2010년 8월 20일

지은이   니콜라스 로어   편역   하영목
펴낸이   유정연

책임편집 하선정   책임디자인 손은숙

기획편집 김은영
마케팅   박상준 유경민 김지영
제작부   문정윤
경영지원 박승남

펴낸곳   흐름출판
출판등록 제313-2003-199호(2003년 5월 28일)
주소   서울시 마포구 서교동 464-41번지 미진빌딩 3층(121-841)
전화   (02)325-4944   팩스 (02)325-4945
이메일   book@hbooks.co.kr
홈페이지 http://www.hbooks.co.kr   블로그 blog.naver.com/nextwave7
인쇄·제본 (주)상지사P&B

ISBN 978-89-90872-95-1 03320

살아가는 힘이 되는 책 흐름출판은 막히지 않고 두루 소통하는 삶의 이치를 책 속에 담겠습니다.

• 이 책은 저작권법에 따라 보호를 받는 저작물이므로 무단전재와 복제를 금지하며, 이 책 내용의 전부
  또는 일부를 사용하려면 반드시 저작권자와 흐름출판의 서면 동의를 받아야 합니다.
• 파손된 책은 구입하신 서점에서 교환해드리며 책값은 뒤표지에 있습니다.
• 흐름출판은 독자 여러분의 원고 투고를 기다리고 있습니다. 원고가 있으신 분은 book@hbooks.co.kr로
  간단한 개요와 취지, 연락처 등을 보내주세요. 머뭇거리지 말고 문을 두드리세요.